U0094641

幫孩子找到自信的
成長型
數學思維

學好數學不必靠天賦，
史丹佛大學實證研究、讓孩子潛力大爆發的關鍵方法
●增訂版●

$=3,14$

$(x+y)^2-(x-y)^2$

$x^2+2xy+y^2-x^2+2xy-y^2$

裘‧波勒 Jo Boaler
畢馨云——譯

Mathematical Mindsets
Unleashing Students' Potential through Creative Math,
Inspiring Messages and Innovative Teaching
Second Edition

數感 FN2005X

幫孩子找到自信的成長型數學思維（增訂版）：學好數學不必靠天賦，史丹佛大學實證研究、讓孩子潛力大爆發的關鍵方法

MATHEMATICAL MINDSETS (Second Edition)：Unleashing Students' Potential through Creative Math, Inspiring Messages and Innovative Teaching

原 著 作 者	裘·波勒（Jo Boaler）
譯　　　者	畢馨云
特 約 主 編	賴以威
責 任 編 輯	鄭家暐（一版）、黃家鴻（二版）
行　　　銷	陳彩玉、林詩玟
業　　　務	李再星、李振東、林佩瑜
發 行 人	何飛鵬
事業群總經理	謝至平
編 輯 總 監	劉麗真
副 總 編 輯	陳雨柔

出　　　版	臉譜出版
	城邦文化事業股份有限公司
	台北市南港區昆陽街16號4樓
	電話：886-2-25000888　傳真：886-2-25001951
發　　　行	英屬蓋曼群島商家庭傳媒股份有限公司城邦分公司
	台北市南港區昆陽街16號8樓
	客服專線：02-25007718；25007719
	24小時傳真專線：02-25001990；25001991
	服務時間：週一至週五上午09:30-12:00；下午13:30-17:00
	劃撥帳號：19863813 戶名：書虫股份有限公司
	讀者服務信箱：service@readingclub.com.tw
	城邦網址：http://www.cite.com.tw
香港發行所	城邦（香港）出版集團有限公司
	香港九龍土瓜灣土瓜灣道86號順聯工業大廈6樓A室
	電話：852-25086231　傳真：852-25789337
	電子信箱：hkcite@biznetvigator.com
馬新發行所	城邦（馬新）出版集團
	Cite（M）Sdn Bhd.
	41-3, Jalan Radin Anum, Bandar Baru Sri Petaling,
	57000 Kuala Lumpur, Malaysia.
	電話：+6（03）90563833　傳真：+6（03）90576622
	讀者服務信箱：services@cite.my
封 面 設 計	陳文德
內 頁 排 版	漾格科技股份有限公司、陳瑜安
一 版 一 刷	2018年12月
二 版 一 刷	2024年12月

城邦讀書花園
www.cite.com.tw

ISBN　978-626-315-539-8（紙本書）、978-626-315-537-4（EPUB）
售　　價　540元（本書如有缺頁、破損、倒裝，請寄回更換）
版權所有·翻印必究（Printed in Taiwan）

國家圖書館出版品預行編目(CIP)資料

幫孩子找到自信的成長型數學思維（增訂版）：學好數學不必靠天賦，史丹佛大學實證研究、讓孩子潛力大爆發的關鍵方法 / 裘.波勒(Jo Boaler)著；畢馨云譯. -- 二版. -- 台北市：臉譜出版，城邦文化事業股份有限公司出版：英屬蓋曼群島商家庭傳媒股份有限公司城邦分公司發行, 2024.12
面；　公分. --（數感；FN2005X）
譯自：MATHEMATICAL MINDSETS (Second Edition)：Unleashing Students' Potential through Creative Math, Inspiring Messages and Innovative Teaching
ISBN 978-626-315-539-8（平裝）

1. 數學教育　2. 中等教育　　　　　　　　　　　524.32　　113010391

CONTENTS

獻給每天激勵我、給我靈感的兩個女兒 *Jaime* 和 *Ariane*。

各界推薦

　　如果您正在思考如何幫助那些受數學創傷的低成就學生，或者是雖有高成就表現卻對數學缺乏熱情與興趣的學生，那麼這本書可以提供一些建設性的做法。作者提供已有實證的教學策略，引例說明如何為學生布置一個接受算錯、努力能被肯定並為學習負責的學習空間；如何設計豐富多變的探究式課程活動，激發學生發展成長型思維，並樂於合作解決問題。這本書值得現職與職前的數學老師做為隨身的教學指引。

——李信昌（昌爸），數學網站「昌爸工作坊」站長

　　個人相當認同所謂「數學腦」或「數學天分」並非先天決定不再改變。透過不斷地體驗與建構，可以培養「數學腦」。

　　本書作者所說的「數感」也正好是新課綱的核心的素養。就像神經的可塑性一樣，透過不斷地體驗與認知的建立，可以培養數感並真正地理解數學。作者在論證的同時也提供了豐富的素材，不管是否相信神經可塑性，對於數學教學者或是學習者，本書都值得仔細讀一讀。

——洪士薰，台南女中數學教師

　　「數學學習僅適合於一些少數擁有數學腦的人嗎？」在本書中作者認為每個人的思維模式（mindset）很重要，當他持成長型思維（growth mindset）時，他的學習軌跡就會改變而達到更高的層級。這和我一直倡導的理念是一致的，雖然不是每個人都能成為數學家，但每一個人卻都能夠享受數學思維的樂趣與成就。怎麼做？有什麼理論依據？都可以在這本書中找到答案。108 年新課綱數學素養導向，箭在弦上，數學教學必有另一番挑戰與不同風景。在此，特別推薦這本書給大家。

——陳維民，EECC 創始人

只用紙筆測驗來評斷你，然後說你沒有數學腦是不公平的。只用固定模式來訓練你，然後讓你痛恨數學是必然的。

我們愛推理小說漫畫，就有可能愛上邏輯推理訓練；我們愛魔術桌遊，就有可能愛上背後的數理知識；我們常被天地中的大美所感動，就會被自己發現的規律所感動。

數學絕不是只有解題，只要引導方法多元，就有可能透過有趣有效又有用的課程設計，透過各種感官來探索、思考、推理、預測、歸納……

這本書可能提供了讓我們找到數學學習北極星的方向。

——彭甫堅，台中市立中港高中教師、「數學咖啡館」創辦人

之前成長型思維概念出現時，我就心想人是複雜多面向的，應該會是某方面成長型而某些方面僵固型的吧，如果這可以針對某個項目來做練習就好了。此書《幫孩子找到自信的成長型數學思維》讓我大感驚豔！透過心理學與數學的結合，創造出如此好的教學方針。透過書中所提的方法，不僅能提升數感，還能建立孩子成長型思維的概念，一舉兩得。

——蔡宇哲，哇賽心理學創辦人兼總編輯

「考試的成績無法預估孩子在職場上的成功與否」，多有力一句話！

作者介紹數學的美、有創造力的教法、允許學生犯錯、引導學生思考促進思維的進步，用溫柔而堅定的提醒，並透過大量的例子為強調「多算數學」就會進步的家長及教師來個震撼教育。

此外作者提出「低地板、高天花板」的教學策略再造了數學課的風貌，使學生不再是教室中的過客，時值國內新課綱實施之際，本書提供可行而具體的參考。

不僅是學生，身為家長或教師的讀者都能在本書中找到數學新世界！

——蘇恭弘，台南市新課綱創思教學研發中心專任研究教師暨國中數學輔導團輔導員

推薦序　數學好好玩

「數學是少數人的專利。」

「聰明的孩子才學得好數學。」

根據自我的學習經驗，這兩句話，你認同嗎？你相信嗎？

多數的我們，在學校或多或少都有數學學習的創傷經驗，班上總是只有極少位怪胎同學，數學一直表現得很傑出。因此，這兩句話多數人是相信的，而這也是大眾對數學的普遍信念。但裘・波勒認為這是一種大眾迷思，因此她撰寫本書，開宗明義要打破這種想法。

波勒引用腦神經科學研究的證據，證明我們的大腦都具有「可增長、適應、變化」的特性，只要教學和傳遞的訊息是恰當的，人人都能學好數學。

她相信孩子一生經歷的大腦增長經驗，遠比任何先天的大腦差異來得重要。據此，她提出數學教育上「人人可以學好數學」的主張：

> 「不是每個人的腦袋生來都一樣，但我（……）要說，並沒有所謂的『數學腦』或『數學天分』，沒有誰生來就懂數學，也沒有哪個人天生欠缺學習數學的能力。」

波勒提出的學習理論很「皮亞傑式」——就是學習的平衡理論：犯錯、知錯、認知上產生不平衡、認知衝突、再調適以達到再平衡狀態。這也正是主要的學習歷程。讓學生重新定位自己每次數學上所犯的錯誤，是學習的最好材料，也是最好的學習機會，因此亦成為有效教學策略上極關鍵的一環。

關於「數學是什麼？」這個哲學問題，作者提出歐陸盛行的觀點：

> 「數學是一種文化現象，是我們能夠用來理解世界的一系列概念，關聯和關係。」

　　她引用數學家德福林（K. Devlin）的著作，同樣認同數學是樣式（pattern）的科學。

　　波勒的哲學觀跟我國十二年國教數學課程的主張很一致。例如我們課綱所闡釋的：數學是一種語言，數學是一種實用的規律科學，數學是一種人文素養。這跟波勒哲學觀的基本論述完全一致。另外，作者也強調學校所教的數學應該是一門有創意、有關聯性、充滿活力的科目，也就是學校數學應該是「活的」，不是一直背誦的「死知識」。這個信念也成為波勒數學教學實證研究的主軸，換句話說，這本書是符合新課綱數學素養教學精神很好的參考資料。

　　本書的教學實證篇章所提供的教學策略，充分凸顯教學互動的重要性；動手操作培養體驗的感受、玩數學遊戲激發數學思維，這些實作型的篇章，都很值得數學教師與家長參考。其中，特別值得一提的是針對數學學習的性別差異論述，波勒花了一個章節的篇幅來破除「數學只是男生的專利」這個迷思，與提出「有效的教學策略可以改進高等數學或理工科系女性很少之性別差異現象」的主張。

　　這本書的原文書名 Mathematical Mindsets 用了時下很夯的「mindset」，在心理學上有「心態」的中譯，而 Mathematical Mindsets 譯為「數學的思維態勢」或由多位數學教育學者討論後可簡譯為「數學的思勢」。

　　本書主要關注的是數學的信念之思維態勢的兩種類型，本書用充分的資料詮釋，一種是相信數學人人都有能力學好的「成長型」，一種是對立的，認為只有少數人可以學好數學的「僵固型」。

　　閱讀波勒教授的著作，讓我感覺很親切，因為在數學教育的理念想法上或教育實務的推動上，都有很多一致處。或許是源自上世紀八〇年代，有不連續的兩年，個人在劍橋大學進修，曾經常性地拜訪波勒數學教育養成的英國倫敦大學國王學院，且與當時的數學教育團隊密切互動學習的關係。

　　讀者閱讀本書，如果進一步想在台灣找到同樣精神理念下發展的數學好好玩的「數學奠基活動模組」，可以上台師大數學教育中心網站（http://www.sdime.ntnu.edu.tw/main.php）。

　　透過這是教育部委辦，由台灣小學教師、國中教師、數學教育學者的共同教學智慧結晶。這套活動式、遊戲式、能驅動數學思維的數學學習活動模組，已然成為點燃台灣學子熱切想學好數學的火把！

　　　　──林福來　國立臺灣師範大學名譽教授、遠哲科學教育基金會董事長

等這本書很久了！

　　由於長期擔任國小高年級老師，看過數百個孩子學習數學，加上近年來到各研習場合和老師們交流數學教法，以及教授 TFT（為台灣而教）的老師們數學教學法的經驗，讓我愈發覺得，不論是導師或家長，最重要的是培養孩子內隱卻無法被剝奪的強大能力：成長型思維。尤其近來，美國心理學家達克沃斯博士發現，「恆毅力」是預先判斷是否成功的重點，而擁有恆毅力的關鍵，就是相信自己做得到的「成長型思維」。

　　有成長型思維的孩子，不論在言談、思考切入、努力或堅持，都和僵固型思維的孩子有著顯著的差別，這也會影響孩子是否持續「刻意練習」。在孩子學習的各科當中，「數學」，通常是差距最大、最容易令孩子淚灑課堂的科目。因此看見這本《幫孩子找到自信的成長型數學思維》出版，我心中的驚喜，可見一斑。

　　收到書稿的時候，我正在和一群孩子奮鬥數學。我常在教學之前，調查孩子對數學的觀感。卻發現他們常常覺得自己沒有天賦、沒有數學細胞、沒有學習數學的天分，因此我通常需要和孩子歷經「排毒」的過程。在這段期間，我使用不同於紙筆算數的遊戲、教具或遊戲，讓孩子們不覺得是數學，在放下對數學的焦慮之後，才進入課程銜接。獎勵錯誤、專注在思考而不是對錯，以及重視討論而不是正確與否。經過正確歸因、正確的數學學習方法之後，歷屆以來孩子的成績告訴我，他們不僅能通過補救教學、學會思考，還能因此對數學產生興趣，這些都是可以辦得到的！

　　「不是你不行，只是這題需要多幾次練習」、「答對很好，但答錯可以提醒我們下次可以注意」、「我看見你的努力，讓我們來研究成績不理想的原因，想想有什麼方法可以改進」，對我來說，學生學習不好，只是我「還沒有」找到適合他們的學習方法，成長型思維對於教學者和學習者都一樣重要。因此，要讓孩子有成長型思維，我注重身教，注意我在教室的每一句話和每一個思考。

　　這樣的我，在閱讀了本書之後，發現自己的數學課堂還有很多可能，史丹佛

大學數學教育系教授裘‧波勒經過多年數學教育研究，發現當今教育體系主要採用的教法是以「固定題目」為主，讓學生重複練習題目，甚至當作回家作業。這些都無助於提升數學實力，也對善於思考的孩子不利，只讓算得快的孩子得到高分，而其餘孩子則錯誤歸因認為自己不擅長數學，讀到這裡，我點頭如搗蒜。波勒教授認為，算得快或想得快不等於數學好，數感、聯想力、論證力才是關鍵，數學的本質應是要找到事物背後的模式以及事物之間的關聯性，並能用數學模型精準的敘述，這也就是所謂的「數感」。讓孩子們真正學習到「數感」（也是這本書的可貴之處），在於作者不僅提出拋開過去錯誤的教學方式，更分享了完整的方法。

　　從基本的課堂開始，我對每個孩子就充滿信心，沒有數學腦或數學基因這種東西，而且我也相信每個人都能達到最高程度。我喜歡他們犯錯，因為每犯一次錯，大腦都會增長一點。失敗和吃力不代表他們學不好數學，這些是數學與學習中最重要的一環。我看重的不是學生做得快；我重視他們做得很深入，創造出有趣的步驟和表示法。我喜歡學生提問，也會把這些問題寫在海報上並貼在牆上，讓全班一起思考。

　　在課堂教學上也有詳細的指標和具體的例子：1. 放寬課堂活動的限制，如此就會有多種方法、思路與表示法。2. 把深入探究問題的機會找回來。3. 先問問題，再教方法。4. 添加圖像要素，問學生他們是如何看待數學的。5. 延伸課堂活動的範圍，讓任務「地板變低，天花板變高」。6. 要求學生具說服力、會推理；還要保持懷疑態度。

　　本書全面地從課堂規範、數學課程設計、和學生對話、作業指導、改變評量方式、和行政部門溝通、如何給弱勢學生一個公平的學習數學空間，甚至連學生如何省思自己學習數學態度的題目，都提出了詳實的紀錄和引導。作者已和許多優秀的老師合作多年，將這套成長性數學教學引進課堂，設計激勵方法，並看見改變，接地性十足。因此，可以立即使用在課堂中，也是我強烈推薦的原因。

　　我尤其喜歡作者提出數學這個科目對所有學生的前途極為重要，因為數學是

大學和很多領域的必備條件。這就表示，數學老師應該有額外的責任和機會讓所有人都能平等地接觸數學，包括怎麼平等介紹數學、鼓勵弱勢學生、引導學生為自己負責。成長型數學思維除了讓更多學生體會創造性、有美感的數學外，更可以為他們的人生帶來更大的學習成就、快樂和價值感，看見自己有無限潛能、改變他們和世界的互動方式。

　　身為師長，並相信教育力量的我們，如果可以藉由培養孩子的成長型思維，讓孩子在學習路上及學習數學路上，願意挑戰、克服、堅持、盡力，並能發現學習的美好和數學之美，那不僅會使孩子的人生更開闊，我們的人生也會因此更加豐美。誠摯地邀請您閱讀本書，看見數學教學及學習的桃花源！

——林怡辰　彰化縣原斗國中小教師

別因錯誤的數學成見，限制了自己的孩子

這本書，改變了我很多想法。

你是不是覺得：

- 數學是個重要的學科，但很吃天分，甚至有性別差異，有些小孩適合，有些小孩就是反應不過來？
- 數學這種東西，在課堂上讓小朋友分組討論，七嘴八舌，讓程度不好的跟程度好的彼此搶話打斷思考，只是浪費時間？
- 最好的教學方法是讓小孩自己想，想不出來就解給他看？

以上，都是錯的。除了「數學是個重要的學科」之外。

作者裘‧波勒，就是一般社會認定「比較少精通數學」的女性，在她的成長過程中，體會到教育體系是怎麼一步一步讓孩子對數學失去自信。波勒除了在教育現場工作，還長年從事「數學教育」相關研究，對於從理論到應用、從實證到教育現場，都有深刻理解。本書內容，就在破除這些常見的刻板印象，用實證研究論述、教學實例說明，再提供各種可行的策略，協助老師與家長們改變教養方式，讓「每個小孩」都能順利一路學到微積分！

「反應快＝數學好」是孩子被放棄的開始

以「反應快」就是「數學好」，這件事情來說，問題其實是在解題方式的不同。例如同樣是計算 9×19，現有的教育體系，只重視誰能最快算出 171 這個答案，我們認為這樣的孩子「數感」很好、「數學」很好或很有天分。

但事實是，這類的孩子常是「找到一個方法就會直接衝向終點」的個性，當他們遇到困難的時候，思考其他方法和繞過困境的能力或許較差。

　　而被認為反應慢、數學不好的孩子，可能正在思考的是「我可以用 10×19，然後再扣掉多加的一份 19，嗯，這個方法，跟我用 9×20 後，再扣掉多加的一份 9 有什麼不一樣呢？」或者「我應該先算 9×10，然後再加上 9×9 這樣會不會比較容易呢？」

　　課堂上，就在第一個孩子說出 171，並被稱讚後，其他的孩子的思考都被認為沒有意義。而他們也逐漸學會，原來思考各種方法、比較不同解題方式，只是「浪費時間」。但偏偏多元思考的能力，在深度數學題以及面對真實世界的困境時，才是真正有用的。

　　認為小孩沒天分是很危險的，因為孩子很敏感，可以察覺到大人對他的期待降低，於是內化認定自己不行。或許他在四則運算上不夠快，但在被認定「沒天分」後，自己也逐漸認同，後續即使在幾何、推論、三角等方面具有長才，也會因此被埋沒了。

　　進一步說，本文作者反對能力分班，並用實證研究告訴你，能力分班不只對能力不好的孩子有傷害，其實對被分到好班的這些「高材生」傷害更大，因為被分到好班，他們認定自己的資質好，但當成就不如預期時，他們也傾向於認定「原來自己其實沒那麼好」，不願意繼續努力突破。

　　這些，書中都有詳細的實例與說明。

台灣父母教養現場的應用

　　家長都知道，在台灣，孩子回家就累，只想放鬆，剩下的時間其實不多。要把種種美好的教育理念應用在生活中，其實非常困難。因此，關於本書的應用，我的建議如下。

　　第一，**閱讀本書**。理解實證研究確定的事實，並理解教育現場的各種可能性。不管是跟老師溝通、選家教或甚至親自教，若有正確的觀念，在關鍵時刻的決斷就會正確，在自己跟孩子都疲倦的夜間對話，才能直覺地說出對的話，給予對的支持。

　　第二，**正向看待測驗的價值**。對孩子來說，最重要的「成績」，是最終能呈現在履歷上的那些大型且重要的考試。平時的小考、複習的考卷、家裡的評量，分數都不重要。（現在我們家裡寫的評量或教材都不打分數了。）

　　這些小型測驗，假設孩子考七十分，我們應該抱持著「太好了，我們找到三十分不熟的領域，來一起學習吧」這樣的正向態度，而不是「你怎麼才考七十分」的嚴厲責備。如果我們預設孩子應該每次都拿到九十五分以上，孩子會傾向挑簡單的試題做，並對難題產生反射性的嫌惡，「這個太難，寫完又要被爸爸媽媽念」，因此逃避超越自己能力的任何挑戰。這樣很可惜，因為挑戰難題的過程，才真正是讓孩子動腦且持續成長的寶貴機會。

　　第三，**用對的方式看待錯誤，也要用對的方式說**。因為爸媽說的話，可以是令人心碎的匕首，也可以是最溫暖的支持。

　　「怎麼這麼粗心？又忘了寫單位，又急著寫答案，有沒有在看題目啊！」（X）
　　「我們這次發現了你的弱點，就是單位忘了寫，以及算出答案後，太開心，結果忘記看題目到底問什麼，給了不對的資料。我們知道了，下次就能改進囉！」（O）

　　「算幾次了，連這個也不會！你不會用 17 除除看嗎？」（X）
　　「還好我們有寫評量，才發現原來你約分的時候，常會沒注意到 17 的倍數。來，我們一起列出哪些是 17 的倍數：17／34／51／68／85／102。」（O）

　　第四，**努力必留下好痕跡**。算錯的計算紙揉成一團只要攤開後，上頭的所有摺痕，都像是大腦形成的新突觸連結、新思考軌跡。即使最後算錯，過程的嘗試都值得。你也可以在孩子算滿一張計算紙，心情低潮挫折時，這樣跟孩子說。

　　第五，**永遠不要說孩子沒天分**。不要降低對孩子的期待，永遠當最願意陪伴並等待孩子的那個人。讓他們不怕面對超越自己程度的挑戰。勇敢去做任何嘗試，克服過去自己無法克服的困難，這才是最重要的。

　　第六、**為孩子提供個人化的關注**。如果你的孩子在學校永遠得九十五分以上，分數高低都取決於粗心、單位沒寫，這表示題目對他來說太簡單，你需要幫他找到更困難的教材，避免讓他的思考能力閒置。如果你的孩子，成績一向有改進空間，請回家後不要罵他，陪他分析那些錯的題目，並歸類出他的知識缺口，協助他一起補上。如果父母沒辦法教，可以根據這樣的原則，去選擇適合的補習班或家教。

　　我們家也是採取這些方法，而且效果顯著，幾個禮拜後，孩子就更願意挑戰難題，對不熟或困難的領域依然保有企圖心。

　　出社會後，人生的長遠競賽，比的不是幾秒鐘的快速反應與小聰小慧，而是分析困境、辨認問題、勇於挑戰、補足技能、切細任務、團隊合作，並一步一步拼湊出更好的未來。這些也正是未來世界需要的人才特質。這本書讓我們重新看待數學教育，也讓我們思索更深刻的教育價值。

——蔡依橙　素養教育工作坊核心講師、

臉書專頁「蔡依橙的小孩教養筆記」板主

導讀　錯誤是學習的起點！

我父親的教育方針非常開明、自由，唯獨在成績上沒有商量空間。

比起前三名，為什麼不努力獲得第一名？

如果是全班第一名了，為什麼不再努力一點，爭取全年級第一名？

儘管我的學習之路大致順遂，但還是常常感受到壓力。

記得國中有一次數學小考我考得非常差。比平常低幾十分的考卷分數被寫在聯絡本上，回家路上都在苦惱著該怎麼交差。

「剛好考的都是我習題沒練到的。」

「這只是小考，不是段考。而且你想，一張滿分的考卷沒有意義，我只能因此知道『我都會了』，沒辦法學到什麼新知識。正因為有錯，我才知道哪個觀念還不懂，哪邊還沒想清楚，找出哪邊有錯，這樣下次就不會犯錯了。」

「錯誤是學習的起點！」

晚上簽聯絡簿時，我背出這段連自己也覺得像是藉口的台詞。

提出成長型思維、全球暢銷書《心態致勝：全新成功心理學》的史丹佛心理系教授卡蘿・杜維克提過：

> 假如孩子回家之後說他們在上課或小考時答對了所有的題目，家長應
> 該要說：「噢，真是可惜，那表示你沒機會學到東西。」

如果當年讀過本書，我就可以再補上這句強而有力的論述。原來當年想出來的藉口，竟然是對的。

真的有「數學腦」嗎？

如今網路充斥著非常多的資訊，每條都宣稱自己能帶來新知，但只要上網逛一天，你就知道真正有意義的資訊少之又少。本書，正是少數能讓你享受吸取

新知樂趣的作品之一。它有兩大特色：首先，改變你對數學以及學數學的諸多觀點。其次，它的論點都奠基在嚴謹的學術研究結論上。比方說，很多人認為存在所謂的「數學天分」、「數學腦」，如果學不好數學，很可能是因為沒有數學腦，畢竟有人上課聽完就懂，有人在補習班複習，回家熬夜寫習題，卻還是考不好，當努力與成果不成正比，難免會歸因到天分不足。

但真相並非如此。

雖然有一些孩子情況特別，有特殊的教育需求，會增加數學學習的難度，但對於絕大多數（大約95％）的孩童來說，任何程度的學校數學都在能力範圍內。

或許有數學腦，但沒有嚴重到那麼多人因為沒天分而學不好。請讓我舉一個台灣的例子：106年國中會考非選第一題講到選舉開票。四個投開票所，其中有三個完成開票，三位候選人票數如下表：

投開票所	候選人			廢票	合計
	甲	乙	丙		
一	200	211	147	12	570
二	286	85	244	15	630
三	97	41	205	7	350
四					250

（單位：票）

資料來源： 106 年國中教育會考數學科非選擇題

第一小題問「甲、乙、丙目前的得票數」，需要的數學能力是三個三位數的加法，約莫是國小中低年級的難度。

然而，這道題目難倒了將近四分之一的國三學生。

理當不至於每四位十五歲的青少年之中，就有一人因為天分不足而學不會三位數加法。是努力不夠嗎？從小學一年級到國三，就算課後不複習，光是學校的數學課也有上千小時，要學會三位數加法應該綽綽有餘吧！

當努力跟天分都足夠，卻依然沒獲得該有的成效，我們就該思考是否有別的地方疏忽了。

疏忽的地方，或許正是本書提出的「數學思維」；數學不好的人可能不是因為沒有數學腦，而是因為抱著「我沒有數學腦」這樣的念頭，畫地自限，扼殺了自己的數學學習。

數學思維

成長型思維已經是個被廣泛接受的事實，簡單地說就是遇到挫折時，不將失敗歸因於天分等不可抗力因素，而是信任自己，相信自己更努力嘗試不同做法後得以克服挫折。書中提到一段對成功與不成功企業人士的調查，發現兩者的區別不在成功的次數，而是犯錯的次數，而且是成功人士犯錯的次數比較多。

對具備成長型思維的人來說，犯錯、失敗都是學習的機會。

這不是什麼新觀念，我們在鼓勵小孩時常用「失敗為成功之母」，愛迪生挑選燈絲材料失敗了無數次，更是某個年代人人都聽過的勵志故事。但在數學學習上，我們卻沒有那麼讚頌失敗。我們通常假設講解完、例題做完就該掌握知識，頂多再給幾次小考的機會，但段考、大型考試是不允許犯錯的。在考試階段，我們把錯誤（或許不僅限於數學）與負面意涵連結在一起，搭配各種對數學的刻板印象，比方說認為考得好的方法應該是：

數學考不好→題目練習不夠→再多練習題目

這樣的三步驟。但很遺憾地，第三步結束後往往會回到第一步，整個學習陷入惡性循環，學生就像滾輪上的小白鼠，怎麼跑都在原地踏步，最後對數學產生

恐懼、數學焦慮（一種針對數學專有的焦慮現象，讓人連原本會的數學都算不出來）、放棄數學，因此學了上千小時的數學課後，依然答錯三位數的加法。

擁抱錯誤，破除數學天分論，是這本書最主要的概念。當然，它不只是喊喊口號，在後面章節，它提出了幾種給老師與家長的引導策略，包括教學與評量，協助學生建立對數學正確的認知與態度。108 新課綱強調素養教育，以數學來說就是數學素養，包括運用數學於生活情境等能力。這些新的方針，都顯示我們的教育正在進步。我希望，透過這本書的翻譯，讓我們能在提倡數學素養的同時，更認識「數學思維」這個新名詞所強調的心理層面在學習上的重要性。

父親的數學思維

最後回到我與父親的故事。當年在我講完一堆話後，記得父親一反常態地沒罵我，只說：

「既然你知道錯在哪裡，記得《論語》裡有說到顏回『不貳過』吧！」

「拿顏回來比喻也太抬舉我了，而且一簞食、一瓢飲、居陋巷，我會很困擾，快樂不起來的。」

「要有志氣，顏回能做到，你也可以做到！舜何人也，禹何人也，有為者亦若是。」

我嘆了一口氣，父親每次講到學習，一定會搬出這句話，我總覺得很不切實際。但現在長大了回頭想想，很多時候遇到不懂的題目，我願意多花時間去思考，不會認定自己沒有數學天分，或許正是因為父親恆常不斷的這幾句勉勵。

父親可能很早就知道「數學思維」這個道理了。

賴以威

臉譜「數感書系」特約主編

國立台灣師範大學電機系副教授

數學推廣平台「數感實驗室」共同創辦人

序

　　紐約市的南布朗克斯區（South Bronx）有很多資源不足、學業成績差的弱勢學生，而我有個以前在史丹佛大學的學生，現在在那一帶教四年級，她的學生總認為自己數學很差，如果去看他們過去的成績，你可能也會這麼想。不過，經過一年之後，她的那班四年級生變成全紐約州四年級的第一名：全班都通過了州立數學考試，而且班上九成的人考最高分。這說明了所有的學生都學得會數學，而且還有很多像這樣的例子。

　　假如我們認為有些孩子就是不會做數學，只有那些公認為「聰明」的孩子學得好數學，或認為對沒有正常家庭背景的孩子來說已經嫌晚，那麼就很容易相信許多學生數學考不及格而討厭數學。事實上，我們發現很多老師安慰學生的方式是告訴他們，不是每個人都擅長數學，所以不用擔心自己數學不好。無論家長還是老師，這些大人都在縱容孩子還沒開始學習就放棄數學，難怪有不少學生對成績不好只是輕描淡寫地表示：「我的數學就很爛啊。」

　　家長、老師和學生覺得數學只有少數人學得好的看法是從哪裡來的？新的研究顯示，這種看法深植於數學領域中。研究人員對（美國大學）不同專業領域的學者做問卷調查，詢問受訪者他們認為在自己的領域若要有所成，除了努力、付出時間和精力學習之外，要靠多少與生俱來而無法傳授的能力；結果發現，在所有的理工領域當中，數學學者是最強調天生資質的（Leslie, Cimpian, Meyer, & Freeland, 2015）。其他的研究人員也發現，很多數學老師會在課堂一開始，提到哪些學生有資質而哪些沒有。有人聽到某位大學講師在第一天上入門課時就說：「如果你覺得不容易，你在這裡就會適應不來。」（Murphy, Garcia, & Zirkel, in prep）假如這個訊息一代一代傳承下去，學生那麼害怕數學就不奇怪了，也難怪他們一遇到不容易學會的，就認為自己數學很爛。

　　但當我們開始見證大部分學生（而且有可能是幾乎所有的學生）都有能力把數學學得很好而且喜愛數學，就像你在接下來各章會看到的，有那麼多學生數學

考不好而討厭數學就不再是可以容許的事了。那麼我們要怎麼做，才能讓所有的學生不放棄數學？我們要如何協助老師和孩子，相信他們能夠培養出數學能力，然後告訴老師們，什麼樣的數學教學方式可以實現這個信念？這正是這本書要談的。

裘・波勒（Jo Boaler）把她多年的經驗和卓有成效的智慧，濃縮在這本精采獨特的書裡，告訴老師們該如何介紹數學、構思數學問題、引導學生解題，以及該如何給予回饋才能幫助學生發展出並保持住「成長型思維」（growth mindset）。波勒是少見的傑出教育工作者，不但知道卓越教學的祕訣，也懂得如何把這個天賦傳給他人。成千上萬的老師從她身上學到很多，以下是他們的現身說法：

> 「在求學階段……數學一直讓我覺得自己很笨，沒辦法學好……現在我不但可以自學數學，還能告訴學生他們也辦得到，這真是難以言喻地如釋重負。」
> 「（妳）幫助我思考該如何改變幫助學生準備共同核心標準測驗的方式，以及要如何協助我的學生培養出對數學的喜愛與好奇心。」
> 「我在尋找一種學習數學的過程，會把學生的態度從不喜歡轉變成樂在其中……這正是我需要的改變。」

不妨想像你的學生快樂地沉浸在非常難的數學問題裡，想像他們央求你當著全班的面檢討他們算錯的地方，想像他們說出：「我數學很好！」這種理想境界此刻正在全世界的教室裡發生，只要按照這本書的建議，你很可能也會在自己的教室裡看著它實現。

卡蘿・杜維克（Carol Dweck），心理學教授，

《心態致勝：全新成功心理學》（*Mindset: The New Psychology of Success*）

一書的作者

第二版作者序

　　我寫初版《幫孩子找到自信的成長型數學思維》已經是六年前的事了，這六年的時間真是不尋常啊！在我寫這篇序的時候，我們才剛擺脫一場全球疫情大流行，這個疫情讓老師的技能提升到前所未有的地步。看到老師們的工作成果和創造力，看到他們即使是在線上授課，還能繼續把數學打造成美麗又令人興奮的學科，很不可思議。我寫這類書籍，並在我們的網站 youcubed.org 上分享資源，以此當成我一直支持老師教學工作的個人使命。我很高興第一版的《幫孩子找到自信的成長型數學思維》成為國際暢銷書，被翻譯成八種語言，並受到這麼多人的讚賞。出版社詢問我要不要寫增訂版的時候，我認真思考了過去六年來產生的新知識和想法，決定應該來寫了。

　　我寫第一版《幫孩子找到自信的成長型數學思維》的原因之一，是分享當時剛發展出來的神經科學，我知道那對教育工作者、學生及家長來說非常重要。神經科學方面的證據在今天同等重要，而且我在這個版本中分享的一些新研究現在都已經發表了，也轉化成可用於教學的想法。我很幸運，能夠直接和史丹佛大學的神經科學家合作，這本書就分享了我們從第一版開始攜手完成的一些成果，其中包括初次試教國中一年級的學生！身為前中學數學老師，我覺得觀察一年級學生的學習是非常有趣的事。

　　在寫初版《幫孩子找到自信的成長型數學思維》時，Youcubed 平台才剛上線。那時我剛完成第一個線上課程，收到了許多老師的電子郵件，詢問下一步的計畫。凱西・威廉絲（Cathy Williams）和我決定架設一個網站 youcubed.org，根本不會想到六年後我們會慶祝造訪次數達五千萬次。我很喜歡那些經常使用平台資源的老師自稱 Youcubians，在過去幾年裡，我很榮幸和他們當中的許多人見面並且一起工作。就像凱西所說的，每當我們聚在一起參加專業成長研討會，就是在辦數學派對！

　　自從寫了初版之後，我也有機會認真思考該如何打造公平的團隊作業。我知

道，優秀的老師總會想要製造機會讓學生一起學習，讓小組公平討論——所有的學生都能參與在內。在第二版中，我給團隊作業的建議更為周詳，特別是在我親自在 Youcubed 加州夏令營教了中學生之後。這個增訂版分享了那次夏令營，以及 Youcubians 在美國、蘇格蘭和巴西各地的夏令營中學到的經驗。經過一番仔細研究，這些成果很不可思議。

我自己的數學教書生涯是在倫敦市中心貧民區展開的，在文化極為多元的公立學校教導十一至十八歲的學生。這重新點燃了我對學生學習數學的興趣——這是我在學校時就產生的興趣。為了再多了解數學教育方面的研究，我決定去倫敦大學國王學院攻讀碩士學位。我白天在哈弗史托克（Haverstock）中學教課，晚上去修課，那幾年我記得最清楚的事情之一就是，在結束白天忙碌的教學後，晚上從倫敦北端搭地鐵坐到倫敦南端的國王學院。我第一次和保羅‧布萊克（Paul Black）爵士一起工作，就是在那段時間——他很了不起，開創了「促進學習的評量」，後來擔任我的博士指導教授。

與我共事過或參加過我的線上課程的人，都知道我的用字是 maths，而不是 math，部分原因是忠於我的英國出身，但也是因為我偏愛這個複數用語。mathematics 這個詞彙原本縮寫成 maths，因為它是複數名詞 mathematics 的縮寫。大家把 mathematics 這個字定成複數，是為了反映數學的許多構成部分以及和數學產生關聯的各種方式。我覺得 math 這個縮寫聽起來比較單一又狹窄，而 do the math 通常是「做計算」的意思。對我來說，複數的 maths 就可以保留了多面向、多變學科的概念——包含了所有不同的數學。但在寫書的時候，我希望讀者感受到書中的想法是流暢的，所以我選用 math 這個縮寫——儘管我下筆時腦袋裡說的是 maths！

完成碩士學位後，我決定留在國王學院攻讀博士學位。在英國，博士學位的主要環節是一份研究論文。我決定設計一項為期四年的研究，來嘗試回答一個在英國各地辯論多年的問題：用什麼方法教數學最好？我決定拿兩種方法來比較，一種是世界各地課堂上常見的教學法，由老師解釋方法，然後讓學生做完課本上

的習題；另一種方法是老師讓學生參與更開放的任務和專題。我特別想調查，學生透過這兩種教學法所建立起來的數學關係。為了比較這些方法的成效，我花了三年收集多種形式的證據，本書後面幾章會分享其中幾項證據。結果，這項研究獲得英國教育博士最佳論文獎，我的獲獎引起了史丹佛大學遴選委員會注意，促成我從倫敦搬到加州，也是我現在生活和工作的地方。

　　身為史丹佛大學教育研究所的教授，我很幸運能向許多人學習，包括和我一起工作的老師和學生、Youcubed 團隊以及跟我合作的數學家、科學家、工程師和神經科學家。這促使我了解和學習與大腦有關的最新研究，以及這群優秀的人產出的創新想法。我教導新進老師、史丹佛大學部學生和博士生，而且定期和經驗豐富的老師一起工作，這一切機會都幫助我發想出這本書中的想法，我非常感謝所有供我學習的人，尤其是這本書裡特別提起的那些老師。不論你是熱心的 Youcubian，或這是你第一次接觸這些想法，我都希望你喜歡這次的增訂版，也希望這些想法日後會幫助你開啟學生的無限潛能。和往常一樣，我很樂意得知你利用這些想法進行的工作，也鼓勵你親自或透過社群媒體（@joboaler）和我保持聯繫。數學革命萬歲！

——裘

前言　思維模式的影響力

　　我清楚記得那個秋日午後，我跟系主任坐在她的辦公室等著開會，那是場很重要的會面。那個時候我才剛結束瑪麗・居禮數學教育講座教授（Marie Curie Professor for Mathematics Education）的任期，從英國返回史丹佛大學，還在從英格蘭薩塞克斯沿岸伴我三年的灰濛濛天空，慢慢適應史丹佛校園幾乎未曾間斷的日照。那天我帶著期盼踏進系主任辦公室，因為即將和卡蘿・杜維克初次見面。要跟赫赫有名的學者見面，我有點緊張，她在思維模式方面的著作已經讓我們的人生產生重大變革，影響力遍及世界各地，而她的研究成果也促使政府、學校、家長甚至頂尖球隊，換個方式處理生活與學習。

　　杜維克和她的研究團隊多年來蒐集的資料，證實了一項無可置疑的發現：每個人都有思維模式（mindset），一種攸關學習過程的核心信念（Dweck, 2006b）。持成長型思維（growth mindset）的人相信，聰明才智會隨著努力而增加，而持僵固型思維（fixed mindset）的人則認為，人可以學習，但無法改變根本的智力高下。思維模式十分重要，因為已經有研究指出思維模式會導致不同的學習行為，進而在學生身上產生不同的學習成果。如果能改變思維模式，開始相信自己能學到更高的程度，他們的學習軌跡就會改變（Blackwell, Trzesniewski, & Dweck, 2007）而達到更高的層級，正如我在本書中要分享的。

　　那天的交談中，我問杜維克有沒有考慮過跟數學老師及學生合作，因為我知道，思維模式介入雖然對學生有幫助，但數學老師對學生的學習可能有長期持續的深遠影響。杜維克的回應很熱切，她同意我所說的，數學是最需要扭轉思維模式的科目。那是我們第一次會面，隨後又開展出接下來四年的許多愉快晤談和合作，現在還包括了我們與數學老師進行的共享研究計畫，以及在工作坊中向數學老師介紹我們的研究與理念。我自己近幾年在思維模式與數學上的研究成果，幫助我深刻領會，我們必須把存在於數學**內部**的思維模式灌輸給學生，而不是廣義上的思維模式。學生對數學的看法太過強烈且往往是負面的，結果儘管他們在

生活中其他方面都培養出成長型思維，卻仍然相信數學不是學得很好就是無法學好。如果要扭轉這些負面的想法，學生就必須培養出**數學思維模式**，而這本書將教你一些鼓勵學生的方法。

很多人對數學抱持的僵固型思維，經常和其他跟數學有關的負面想法結合在一起，後果不堪設想。這正是為何那麼需要跟學習者分享我們在數學和學習方面的新知，這些新知我都會在本書中闡述。

過去幾年，我開了一些線上課程，分享了一些理念：有一個是開給學生與家長的免費課程（www.youcubed.org/online-student-course/），目前已有約五十萬人修過課；還有三個開給老師的課程，分享了我運用這些帶來公平高成就的理念來教數學的方法。我總會在課程中與人互動，這也讓我察覺到有多少人因數學產生心理創傷。我不但發現這種創傷有多普遍，我所蒐集到的證據也顯示，這種創傷來自對數學和智力的錯誤看法。這些不正確的看法實在太普遍了，瀰漫在世界各國的社會中，因此數學創傷和數學焦慮永駐在一般人心頭，揮之不去。

我是在第一本書問世之後的那幾天，開始意識到數學創傷的普遍程度，那本書是為家長和老師寫的，美國版的書名是《干數學什麼事？》（*What's Math Got to Do with It?*），英國版的書名則是《教室裡的大象》（*The Elephant in the Classroom*），書裡詳述了要讓數學更充滿樂趣、更能力可及，在教學與教養上必須做的改變。書上市之後，我受邀上了大西洋兩岸的許多廣播節目，跟主持人聊數學學習。這些節目形形色色，有早餐時段的閒聊節目，也有長達二十分鐘、跟思慮周密的美國公共電視網（PBS）主持人進行的深度討論，還有在英國備受喜愛的 BBC 廣播節目《女性時間》（*Women's Hour*）的一段插播廣告。和電台主持人談天是很有趣的經驗，一開始我多半是講我們必須做哪些改變，指出數學令很多人恐懼。這番話似乎讓那些主持人放鬆了心情，也使很多人打開心扉，跟我分享他們自己的數學創傷往事。很多訪問後來變成像是治療時間，高成就、學識豐富的專業人士分享各種數學創傷故事，他們的創傷通常是某一位數學老師說出或做出的某件事引發的。我到現在還記得威斯康辛州的凱蒂・鄧恩（Kitty Dunne）

告訴我，她的代數課本的書名像是被「燒錄」進腦袋似的，透露出她的負面聯想久久揮之不去。《女性時間》的主持人珍·賈維（Jane Garvey），我非常敬佩她，她告訴我她非常怕數學，所以在訪問我之前很恐懼，而且已經跟兩個女兒說她在學校時數學很爛（千不該萬不該這麼做，稍後我會討論到這一點）。由數學引發的強烈負面情緒是很常見的，數學比任何科目更有辦法讓學生情緒低落，若學生的數學經驗是負面的，他們也沒有放下這些經驗，就容易產生無法學好數學的念頭，往後他們跟數學也就維持負面的關係了。

　　不是只有藝術界或娛樂圈的人才有數學創傷。我的幾本書問世之後，也讓我有機會跟幾位傑出人士見面，薇薇安·裴瑞（Vivien Perry）博士是其中最有趣的一位。薇薇安是英國頂尖的科學家；不久前她才獲頒大英帝國官佐勳章（OBE），這是英國女王頒發的最高榮譽。她有長長一串的成就，包括：擔任倫敦大學學院（University College London）理事會副主席、英國醫學研究委員會（MRC）委員、BBC 電視台科學節目主持人。有這樣的科學職涯，薇薇安居然公開坦率地說起她對數學的恐懼感，這或許很令人意外。薇薇安和我分享，因為她太怕數學了，所以只要遇到必須在家裡填寫報稅文件，她就算不出百分比。在我準備離開英國、回到史丹佛大學的前幾個月，我在位於倫敦的皇家科學院做了一次報告。皇家科學院是英國最古老、最受尊崇的學術殿堂之一，它的宗旨是向大眾介紹科學研究成果，能在那裡報告是莫大的殊榮。一年一度的聖誕講座（Christmas Lecture）都會在英國的電視上播出，這個講座是法拉第（Michael Faraday）在一八二五年創設的，每年都有傑出的科學家跟大眾分享他們的研究成果。我事前已經請薇薇安在皇家科學院擔任引言人，她在做引言時，跟在座的觀眾分享了她小時候被數學老師罰站的故事：因為她背不出 7 的乘法表，格拉斯老師就罰她站在角落。接著她又告訴觀眾，有一次她在 BBC 分享這段往事，結果有六個女性觀眾打電話到電視台，詢問是不是巴克斯伯里小學（Boxbury School）的格拉斯老師？這讓現場觀眾哄堂大笑，薇薇安告訴大家，正是那位老師。

　　所幸這種嚴酷的教學方式現在幾乎絕跡了，而跟我一起工作的大部分數學

老師的奉獻與投入，也持續激勵我。但我們知道，每天仍然有一些會造成傷害的負面訊息傳遞給學生——這些訊息雖然不是存心造成傷害，不過我們知道那會讓學生走向有害而持續很久的數學軌跡。這樣的軌跡隨時可以反轉，可是對許多人來說辦不到，而且會影響大家往後的每一個數學經驗。很遺憾，要改變學生接收到的數學相關訊息，並不像去改變老師及家長的用詞那麼容易，儘管言語確實非常重要。學生也會從數學教學的許多層面，接收和掌握很多跟數學有關的間接訊息，譬如從他們在課堂上求解的問題、從他們得到的回饋、他們被分組的方式，以及我們將在這本書裡一起思考的其他數學教學層面和輔助。

薇薇安深信自己有一種叫做計算障礙（dyscalculia）的腦部缺陷，害她數學不好，但如今我們知道，只要一個經驗或訊息，就能替學生改變一切（Cohen & Garcia, 2014），而且薇薇安過去的負面數學經驗，看來很有可能是她現在每天對抗數學焦慮的根本原因。儘管如此，薇薇安還是成功了，甚至在量化的領域也很成功，對那些受惠於她的工作成果的人來說，這是很幸運的一點，但大多數人的運氣就沒那麼好了，早年帶來傷害的數學經驗已經替他們往後的日子，關上了接觸數學的大門。

> 上數學課很重要。已經有研究指出，學生上過的數學課越多，十年後的收入就越高，如果是高等數學課程，高中畢業後十年的薪資預計會增加達19.5%之多（Rose & Betts, 2004）。研究也發現，修了高等數學課程的學生學到的工作及思考方式，尤其是學會推斷與注重邏輯，讓他們工作起來更有效率。修過高等數學的學生會學到如何思考數學情境，一旦受雇用，他們會比沒修過高等數學課的人晉升到更需要技能、更高薪的職位（Rose & Betts, 2004）。在我針對英國學校所做的研究中，我發現英國的學生會在工作中求進步，最後獲得更高薪的工作，因為他們在高中是利用專題式學習法來學數學的，我會在後面的章節討論這種學習法（Boaler, 2005; Boaler & Selling, 2017）。

　　我們都知道有數學創傷存在，而且會削弱人的志氣；已經有很多書籍專門探討數學焦慮的問題及幫人克服這種焦慮的方法（Tobias, 1978）。這世上深受拙劣數學教學之害的人數，無論說多少大概都不為過，但對於數學的普遍負面想法可不是只產生自不良的教學方式。這些想法來自一個非常強烈的念頭，這個念頭充斥在許多社會中，而且是數學不好與低成就的根本原因：也就是認為，只有一些人能學好數學。認為數學是少數人擁有、其他人都不具備的「稟賦」的這個信念，正是世人數學普遍不好的主因。

　　那麼這個有殺傷力的看法又是從哪來的？在一些數學成績全球排前幾名的國家如中國、日本等，顯然沒有這個看法。在我兩個女兒年幼時，我會不時瞥見電視上一些兒童節目，而這可不是什麼樂事。很具啟發性、同時也令人憂心的是，這一類的電視節目幾乎每天都會以負面的角度提到數學。數學被說成是非常困難的科目，既不有趣又聽不懂，只適合「書呆子」；數學不適合率性、魅力十足的人，也不適合女孩子。難怪有這麼多學童跟數學斷絕關係，覺得自己沒辦法學好。

　　這種認為只有少數人能學好數學的想法，深深烙印在美國人和英國人的心裡。這是數學很特殊的一面，大家對其他科目都不會秉持像對數學一樣的看法。很多人會說，數學是答案對錯分明的科目，所以跟其他科目不同，但事實不是如此，而我們必須在數學當中看到的改變，是要去承認數學的創造性與詮釋性。數學是包羅萬象、非常多元的科目，需要推理、創造力、建立關聯和解釋方法；數學是一組幫忙闡述世界的觀念，數學是不斷在改變的。數學問題應該要能鼓勵和承認我們對數學的不同看法，以及我們解題時採取的不同途徑。只要這些改變發生了，學生就會跟數學建立起較深刻、較正面的關係。

　　對數學的另一個普遍誤解，是認為能學好數學的人都是最聰明、頭腦最好的，這會使學生對於學不好數學覺得格外挫折，因為他們會認為這代表自己很笨。我們必須破除這個迷思。普遍存在於社會中對數學的種種錯誤看法加總起來，會給許多孩子極其嚴重的影響——他們相信數學能力是智力的象徵，認為數學是一種天分，如果不具備這種天分，自己不但數學不好，還不夠聰明，未來的

人生也不可能成功。

在我寫這本書的時候，全世界顯然正漸漸認識與理解思維模式的重要性。卡蘿‧杜維克的著作已經翻譯成二十多種語言（Dweck, 2006b），大家對思維模式帶來的影響的興趣有增無減。然而人們對思維模式存在一種危險的誤解，即認為就算使用固定的方式教學——數學題只有一個答案和一種被重視的方法——只要傳達正面的訊息，就能灌輸學生成長型思維。要改變學生對於數學的看法，老師的角色相當重要，而本書的目標正是要教他們如何做到這件事。我跟老師和家長分享並在這本書裡闡明的觀念包括：要留意學生在做的數學問題及課堂活動、老師和家長鼓勵或評量學生的方式、在課堂上採用的分組形式、處理錯誤的方式、課堂上建立起來的規範、我們能夠給學生的數學訊息，以及他們面對數學的學習策略——事實上就是整個數學教學與學習的經驗。我迫不及待和各位分享這些新知，我確信這對各位和跟你一起研讀數學的人都有所幫助。

在下一章，我會先闡述幾個來自近年研究的有趣又重要的觀念；為了落實我在前言及第一章分享的理念，在隨後八章，我將把重點放在數學課堂及家裡可採用的策略。我非常建議各位讀過每一章，因為如果不甚了解基本理念，直接跳到策略對你不會有任何幫助。

在我開設給老師及家長的 MOOC 線上課程推出後幾個月，我收到上千封來自課程參與者的信件、電子郵件及其他訊息，跟我分享他們在自己的課堂上與家裡做的改變，以及這帶給學生的巨大影響。在教學與教養上小小的轉變，可以改變學生的數學軌跡，因為我們在腦研究、思維模式、數學學習方面，獲得了真正具革命性的新知。這本書就在談透過新的教學與教養方式來產生**數學思維模式**的過程，而在此過程的核心，是成長、革新、創造力及實現數學潛能。謝謝你和我一起踏上讓你自己及你的學生跟數學的關係可以永遠改變的道路。

CHAPTER 1

大腦與數學學習

　　過去十年我們看到許多技術出現，讓研究人員有新的機會探索心智與大腦的運作。現在科學家可以在兒童和成年人做數學的時候進行研究，監測腦部的活動；他們可以觀察大腦的發育和退化，以及看到不同的情緒及狀況對大腦活動的影響。近年來出現了一個涉及「大腦可塑性」的領域，讓科學家很驚訝。過去我們認為，與生俱來的大腦是無法改變的，不過這個看法現在已經徹底證明是錯的。一項又一項的研究已經顯示，大腦有不可思議的能力，能夠在極短的時間裡發展與轉變（Abiola & Dhindsa, 2011; Maguire, Woollett, & Spiers, 2006; Woollett & Maguire, 2011）。

　　當我們學習新概念時，有三種可能性會出現（見圖 1.1）：第一種是大腦內會出現一條新的路徑，學習得越深入，這條路徑就越強；第二種可能是你會強化一條已經存在的路徑；最後一種可能則是你會將兩條現有的路徑連結在一起。這種大腦發展時時刻刻都在執行，而這些被建立、強化或連結在一起的路徑，都不是與生俱來的，而是由你的學習經驗創造。

　　我希望所有學生都能了解：當你在教他們數學，你也是在改變他們的大腦！神經科學家諾曼・多吉（Norman Doidge, 2007）喜歡和他的聽眾分享這件事：每天醒來時，你的大腦都與前一天不一樣——這是每天發生的大腦生長和變化程度。如果深入學習某件事情，就會形成可重新探究並使用的永久大腦路徑，但如果某個想法你只探究一次，或以粗淺的方式探究，那條路徑可能就會像沙地上的足跡般「消散掉」。這些大腦連結在學習發生時形成，但學習也

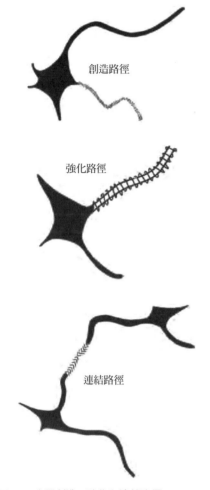

創造路徑

強化路徑

連結路徑

圖 1.1　大腦創造、強化和連結路徑

圖 1.2　倫敦的黑色計程車
資料來源：Peter Fuchs/Shutterstock。

不僅僅發生在課堂上或閱讀時；我們都知道，在進行交談、玩遊戲或玩具，以及在許多其他經歷的過程中，我們都在形成大腦連結。

針對倫敦黑色計程車司機腦部發展的研究結果震驚了科學界，而這是第一份對於神經可塑性（neuroplasticity）的研究。我是英國人，在倫敦搭過很多次計程車，還記得小時候興奮地跟家人坐幾小時的車到倫敦一日遊，這些都是美好的回憶。成年之後，我在倫敦大學國王學院讀書、工作，於是有更多機會搭計程車在倫敦到處跑。倫敦地區有幾種計程車在營運，但在倫敦最常見的就是黑色計程車（稱為 Black Cab，見圖 1.2）。

我在倫敦搭黑色計程車穿街走巷的大部分歲月裡，我並不曉得那些司機多麼駕輕就熟。原來，要在倫敦開黑色計程車，申請人必須先受訓至少四年，記住查令十字街（Charing Cross）方圓二十五英里內的兩萬五千條街道和兩萬個地標。在倫敦市要學會認路，比起大部分的美國城市更具挑戰性，因為倫敦的格局不是棋盤式的，而是成千上萬交織、相互連通的街道（見圖 1.3）。

受訓結束時，這些黑色計程車
司機需要接受檢定，這項檢定就簡
單又直接地稱為「知識大全」（The
Knowledge）。如果你坐在倫敦黑色計
程車上，跟司機問起「知識大全」，他
們通常會很樂意告訴你這個檢定多麼難
考，並跟你分享他們受訓期間的故事。
「知識大全」是全世界公認要求最嚴格

圖 1.3　倫敦地圖
資料來源：jason cox/Shutterstock。

的課程之一，申請人平均要考十二次才有辦法通過檢定。

　　在二十一世紀初，科學家決定研究倫敦黑色計程車司機，想找尋多年下來
複雜空間訓練對這些司機腦部造成的改變，但那些科學家沒料到結果竟然這麼驚
人。研究人員發現，計程車司機腦部的海馬迴在受訓結束時明顯增大（Maguire et
al., 2006; Woollett & Maguire, 2011）；而海馬迴（hippocampus）是腦中負責取得
並使用空間資訊的區域（見圖 1.4）。

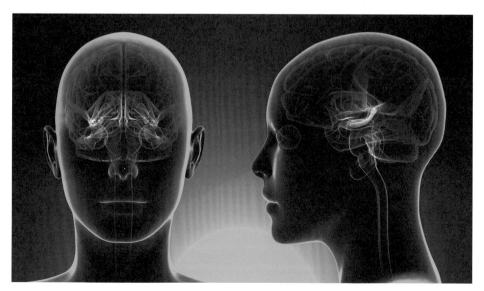

圖 1.4　海馬迴
資料來源：decade3d/Shutterstock。

　　科學家也做了其他的研究，把黑色計程車司機的腦部生長和倫敦公車司機的腦部生長進行一番比較。比起計程車司機，公車司機只要熟記單一的路線，這些研究結果也顯示，他們的海馬迴沒有類似的增長（Maguire et al., 2006）。這就證實了科學家所做的結論：黑色計程車司機的腦部有驚人增長，是因為他們接受格外複雜的訓練。科學家在進一步的研究中更發現，黑色計程車司機退休後，他們的海馬迴又會縮小下來（Woollett & Maguire, 2011），但這不是因為年紀增長，而是缺乏使用這些路徑。

　　現在已經有很多針對黑色計程車司機所做的研究（Maguire et al., 2006; Woollett & Maguire, 2011），都顯示出大腦有一定程度的適應性或可塑性，這讓科學家很吃驚。他們先前並沒想過居然會測出這麼大幅度的腦部生長，這也使得科學界對於「學習」、「能力」以及「大腦是否有可能改變與成長」的想法有所轉變。

　　就在黑色計程車司機研究出現的同時發生了另一件驚動科學界的大事。九歲女孩卡麥蓉・莫特（Cameron Mott）患有嚴重的癲癇，很多醫生都束手無策。她的內科醫生喬治・傑羅醫師（Dr. George Jello），提議採取根本而又極端的療法：切除她的左半腦。這是項革命性的手術——幸好最後也成功了。卡麥蓉在手術後幾天癱瘓，醫生們都推測她會有幾年的時間處於肢體障礙，因為左半腦掌管的是肢體動作，但幾個月之後，她的肢體及動作的恢復狀況讓醫生目瞪口呆，而這只說明了一件事——她的右半腦發展出執行左半腦功能所需的連結。這些醫生都認為這是大腦不可思議的可塑性所致，他們只能推斷，卡麥蓉的腦實際上是「重新長出來的」，新腦生長得比醫生們想像的還要快（https://www.today.com/health/meet-girl-half-brain-1C9402834）。

　　這項手術現已在許多人身上進行過了。克莉絲汀娜・桑豪斯（Christina Santhouse）八歲時就動過這個手術，切除了半個腦。克莉絲汀娜後來獲得許多矚目的成就，包括高中時進入榮譽榜、拿到碩士學位及成為語言治療師。

　　關於腦可以增長、適應、變化的一些新發現，讓科學界大為震驚，也促使科學家紛紛利用不斷發展出來的新技術與腦部掃描設備，重新研究人腦與學習。

其中有一項研究由美國國家心理衛生研究院（NIMH）的研究人員進行，他們讓受試者每天進行十分鐘的訓練，持續三週，然後把受試者的大腦和對照組進行比較。結果顯示，每天訓練幾分鐘的人的大腦發生了結構性的變化。總共十五個工作天、每天進行十分鐘的心智任務，這些參與者的大腦呈現出「重新布線」（rewired）和增長的反應（Karni et al., 1998）。

　　在另一項關於數學學習的研究中，泰瑞莎・尤庫蘭諾（Teresa Iuculano）和她在史丹佛大學醫學院的同事發現了極重要的資訊。他們把兩組學生帶到實驗室，其中一組在學校診斷出有數學學習障礙，另一組是有「正常」表現的學生。他們透過磁振造影（MRI）掃描，觀察兩組學生做數學題時的腦部變化，結果發現了十分有趣的差異——診斷出有學習障礙的學生在做數學題時，有更多的腦區亮起來。這對許多人來說是違反直覺的，因為他們會認為有學習障礙的學生腦部活動較少，而不是更加活躍。這些研究人員指出，成就未必來自**更加**活躍的腦部活動，反而集中在特定腦區的活動。接下來的研究變得更加有意思。他們讓兩組學生接受為期八星期的一對一輔導，在八週結束時，兩組學生不但有同樣的成績，而且活化的腦區完全相同（Iuculano et al., 2015）。

　　以上和更多研究的結果或許能促使教育工作者揚棄那些仍然充斥在校園裡、既傳統又根深柢固的想法：認為孩子不是聰明就是笨；不是學得快就是學得慢。如果大腦能夠在八個星期內就產生顯著改變，而且（持續）給予學生有趣的任務，讓他們接收到對自己潛能的肯定，那麼上了一年的數學課會發生什麼變化也就可想而知了。在第 5 章將會解釋哪種本質的數學課堂活動最能幫助學生感受到這樣的改變。

　　來自大腦研究的新證據告訴我們，只要教學和傳遞的訊息是恰當的，人人都能學好數學，都能在學校獲得最好的成績。雖然有一些孩子情況特別，有特殊的教育需求，會增加數學學習的難度，但對於絕大多數（大約 95％）的孩童來說，任何程度的學校數學都在能力範圍內。不僅如此，在經診斷在學習上有特殊需求的孩子身上，大腦增長變化的潛力也同樣強大（另見 Boaler & LaMar, 2019）。

發生在澳洲的一件好事清楚說明了這一點。尼可拉斯・萊奇福德（Nicholas Letchford）在成長過程中，被診斷出「患有學習障礙」，在上學的第一年，他的父母得知他「智商非常低」，老師還告訴他們：「他是他們教書二十年來見過程度最差的孩子。」尼可拉斯覺得很難專心、了解東西之間的關係、認字或寫字，但尼可拉斯的母親蘿依（Lois）拒絕接受貼在她兒子身上的標籤，她陪在尼可拉斯身邊，教他怎麼專心、了解關係、認字和寫字。二〇一八年，尼可拉斯從牛津大學畢業，拿到了應用數學博士學位——這是可能達到的最高成就（Letchford, 2018）。

家長和老師必須從神經科學和人的紀錄中獲知這些資訊。我在工作坊和演講中與老師們分享這兩種證據時，大多數人都受到鼓舞和啟發，但還有少數持保留態度。最近我和一群老師交換意見，有一位高中數學老師顯然深受這個想法所困擾。他說：「你該不會是要告訴我，我學校裡的**任何**一個六年級學生升上十二年級時都可以修微積分吧？」當我說出「這正是我要說的意思」，可以看出對方真的受這個想法困擾——然而他沒有完全排斥這個想法，這點值得讚許。無論什麼人都能學習高階數學，是某些老師覺得難以接受的想法，特別是他們已經花了很多年來判定誰可以、誰不可以學數學，且採取了相對的教學方式的話。當然，六年級學生打從出生以來就已有許多經歷，接收過許多訊息，會阻礙他們當中一些人的發展，甚至有些學生升上六年級時具備的數學知識，可能比其他人少很多，但這不代表他們不能急起直追，達到最高的程度——如果受到所有學童應有的高品質教學與支持，他們就能做到。

經常有人問我，我是否認為每個人的腦袋生來都是一樣的。並不是。我的意思是，孩子一生經歷的大腦增長經驗，遠比任何先天的大腦差異來得重要。一般人都認定，我們生來的模樣決定了我們的潛能；他們會舉公認為天才的名人當作例子，譬如愛因斯坦或貝多芬。然而現在科學家知道，我們出生後的學習經歷會蓋過出生時存在於大腦的任何差異（Wexler in Thompson, 2014）。大腦每分每秒都在創造、強化和相互連結其路徑，只要給予學生激勵的訊息和豐富的數學環境，什麼事都難不倒他們。大腦的差異雖然會讓一些人在起步時有優勢，但具

備這種先機並且因而獲得長期優勢的，只是極少數人。此外，被稱為天才的那些人，往往會強調自己付出多少努力和犯了多少錯誤。大家公認的天才當中，最出名的大概就是愛因斯坦，他到九歲時才會識字，而且經常講自己的成就來自所犯過的錯誤以及所展現的堅持。他會盡力嘗試，出錯了就更加努力，他以成長型思維者的態度思考研究工作與人生。許多科學證據顯示，成功者與不成功者的差異不在於與生俱來的大腦，而在於他們看待人生的態度、接收到與自己潛能有關的訊息，以及擁有的學習機會。當學生對自己有信心，最好的學習機會就會出現。太多學生因為在學校裡得到否定訊息而阻礙學習，這些訊息讓他們以為自己不如人，沒有別人具備的潛力。這本書就是要提供各位需要的資訊，不管你是老師還是家長，目的就是要給學生需要且應該要有的自信；要把他們放在一條通向數學思維的學習軌跡上，不論先前的經驗是好是壞。正如後面各章會描述的，這條新的軌跡是要讓學生改變看待自己的方式，也要改變他們思考數學這門科目的方式。

雖然我的意思不是每個人的腦袋生來都一樣，但我還是要說，並沒有所謂的「數學腦」或「數學天分」。沒有誰生來就懂數學，也沒有哪個人天生欠缺學習數學的能力。很不幸的是，相信資賦優異的這個信念十分普遍。近來有些研究人員想知道大學教授對於各自的領域是否需要資賦的相信程度（Leslie, Cimpian, Meyer, & Freeland, 2015），結果他們驚人地發現：數學界的教授對於誰能念數學，最固執己見；他們還發現，在越重視資質的學術領域，擁有博士頭銜的女性就越少，而且對領域專業能力的信念，與他們調查的三十個學術領域的女性人數，兩者是相關的。在教授相信只有「資優者」才能有所成就的那些領域，女性人數之所以比較少，是因為對於誰真正適合的刻板信念仍舊普遍存在，就如第 6 章所描述的。我們必須改變對於數學學習的見解，在跟學生交談與互動的過程中採取更公正開明的觀點，這對我們的社會勢必會有幫助。學校需要認真考量這些大腦的新科學研究，向所有人傳達人人都能學好數學（包括高等數學），這可能會是開啟不同前途的關鍵——未來，數學創傷將成往事，各種出身背景的學生都能獲得良好的數學學習機會。

　　在卡蘿‧杜維克和她的同事所做的研究中，發現約有 40％的孩子抱持負面的僵固型思維，認為智能是一種天賦，有的人有，有的人沒有。另外也有 40％的孩子持成長型思維，而其餘的 20％則在兩種思維模式之間搖擺不定（Dweck, 2006b）。持僵固型思維的學生比較可能輕言放棄，而持成長型思維的學生即使遇到難題也會繼續努力、堅持不懈，展現出心理學家安琪拉‧達克沃斯（Angela Duckworth）所稱的「恆毅力」（grit）（Duckworth & Quinn, 2009）。在一項研究中，研究人員針對國中一年級學生做了一份調查，想要評量他們的思維模式，接著追蹤這些學生兩年，密切觀察他們的數學成績。研究結果出人意料：持僵固型思維的學生成績保持不變，持成長型思維的學生成績卻不斷提高（Blackwell et al., 2007）（見圖 1.5）。

　　在其他的研究中，研究人員證實學生及成年人的思維模式可以從僵固型思維轉變為成長型思維，而且他們的學習方式會隨著思維模式的轉換明顯變得更積極成功（Blackwell et al., 2007）。我們還有新的證據，顯示那些持成長型思維的學生在出錯的時候，會有比較活躍的大腦活動，發亮的腦區較多，而且更加注意錯誤的處理與修正，我會在第 2 章再回頭談（Moser, Schroder, Heeter, Moran, &

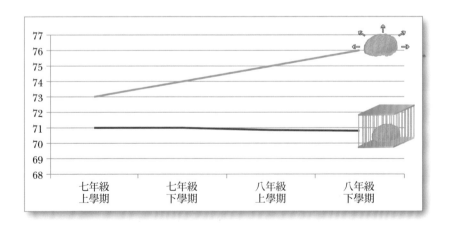

圖 1.5　擁有成長型思維的學生在數學方面的表現，勝過持僵固型思維的學生。
資料來源：Blackwell et al., 2007。

Lee, 2011）。

　　我並不需要更多的證據，來說明幫助學生及成年人發展成長型思維有多麼重要，特別是數學的成長型思維。不過由於我最近和國際學生能力評量計畫（PISA）團隊同坐在巴黎的經濟合作暨發展組織（OECD）總部，跟他們一起深入研究來自世界各地一千三百萬個學生的資料集。PISA 團隊每四年舉辦一次跨國測驗，全球的新聞媒體都會報導評量結果。測驗成績往往會在美國各地引起警覺，因為最近幾次測驗中，美國學生的數學表現在六十五個 OECD 國家當中排名第三十六（OECD, 2018）──這個結果就跟其他很多結果一樣，說明美國迫切需要改革數學教學與學習。然而 PISA 團隊所做的不只是執行數學測驗，他們還進行調查，蒐集學生對數學的看法和信念，以及他們的思維模式。在我受邀跟 PISA 團隊合作之前，幾位小組成員參加過我開設的線上課程（www.youcubed.org/resource/online-courses-for-teachers/），帕布羅・佐依多（Pablo Zoido）是其中一位，他是個講話輕聲細語的西班牙人，對數學學習有一些獨到的見解，而且在處理龐大資料有相當豐富的專業知識。當時帕布羅是 PISA 的分析師，在我跟他一起深入研究數據的過程中，看到了很讓人驚訝的事情──全世界表現最好的學生，是那些具有成長型思維的學生，而他們的優異成績相當於比其他學生多了超過一年的數學程度（見圖 1.6）。

　　負面的僵固型思維──也就是讓學生相信自己不是聰明就是笨的想法，會使學習成就大幅受到影響，其中深受這些信念所害的學生就是表現優異的女孩子（Dweck, 2006a）。事後發現，就連相信自己很聰明──這種僵固型思維的訊息，也是有害的，因為持這種僵固型思維的學生害怕犯錯，怕大家不再認為自己聰明，因而比較不願意嘗試更具挑戰性的工作或題目。有成長型思維的學生則會接受難題，他們也會把失誤視為學習更多的挑戰與動機。以僵固型思維來思考在女孩子當中是很常有的事，而這也是女生選擇不念理工科系的一大原因，這不但讓她們的人生機會變少，也會使理工科系缺乏女孩子和女性的思維與觀點（Boaler, 2014a）。

　　導致美國有那麼多學生持僵固型思維的原因之一，是來自家長和老師給予的稱讚。他們一受到既定的褒揚，譬如表現很好時被人誇聰明，一開始可能會覺得愉悅，但一旦他們失敗或陷入困境，就會認為自己根本沒那麼聰明。在一項重要的研究中，研究人員發現從父母在幼兒三歲前給予的讚美，可預測出這些幼童五年後的思維模式（Gunderson et al., 2013）。學生所受的稱讚可能會帶來非常大的影響，甚至當下就會影響他們的行為表現。在杜維克做的其中一個研究中，研究人員要四百名五年級生做個簡單的小測驗，結果幾乎全部的人都表現得很好，隨後有半數的孩子被誇獎「非常聰明」，另外一半得到的好評是「非常勤奮努力」。接著，研究人員要他們從兩個測驗當中選一個來做，其中一個非常簡單，他們應該能順利作答，另一個測驗比較有挑戰性，他們也許會答錯。結果，被誇勤奮的學生有九成選了比較難的測驗，而被誇聰明的學生大部分選擇了簡單的測驗（Mueller & Dweck, 1998）。

　　讚美讓人愉悅，但如果受到稱讚的是個人特質（例如：「你真是聰明！」）而非所做的事（例如：「這想法或作品太棒了！」），他們會覺得自己擁有固定限度

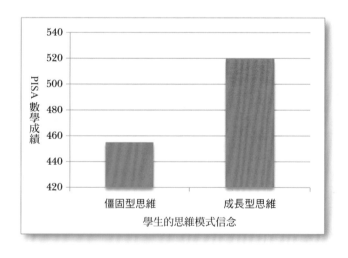

圖 1.6　思維模式與數學表現。
資料來源：PISA, 2012。

的能力。要是告訴學生他們很聰明，會為他們日後埋下隱憂。學生勢必會在求學階段和人生中遭遇許多失敗，這時他們會自我評價，判斷自己究竟有多聰明或多笨。理想的讚美不是誇獎學生的聰明或其他個人特質，而是要說「你弄懂了，真好」、「你想得非常透徹」之類的話。

　　有個傳統觀念充斥在我們的教育體系中，就是認為有些學生發展得慢，學習不了某些程度的數學。我最近在某所學校遇到的一群高中數學老師，居然上書學校董事會，辯稱有學生永遠修不過「代數二」。他們特別舉出低收入家庭的少數族裔學生為例，聲稱除非老師把課程內容簡化，否則這些學生沒辦法學會代數。我們必須把這種強調能力不足與種族差異的思維趕出校園。那些老師寫的信刊登在當地的報紙上，最後還被州議會拿來當作例子，證明有必要成立特許學校（charter school）（Noguchi, 2012）。這封信令很多人震驚，但很不幸，也有許多人認為有些學生學不了高深的數學。強調能力不足的思維可能會以各種形式出現，有時候還會帶著對學生的真正關心。很多人相信，學生在準備好學習某些數學之前，必須經歷一個發展階段。然而這些觀念落伍了，因為他們已經做好所有的準備；要是沒有，他們還是能藉由適當的經驗、他人寄予的厚望和成長型思維，輕而易舉地做好準備。學生不必按照預定的進度學習數學，也就是說，即使他們還沒達到某個年齡或情緒成熟度，仍然可以學會數學。學生之所以沒準備好學習某些數學，可能是因為他們還需要學一些尚未學會的先備基礎，而不是因為他們的年齡或成熟度不足，導致腦袋沒辦法發展出連結。只要學生需要新的連結，他們就能學習。

　　對很多人來說，若要體認到數學思維的重要性，或想要發展出改變學生思維模式的觀點及策略，就需要仔細想想我們自己的學習經驗以及跟數學之間的關係。許多和我合作過的小學老師（其中一些人也參加了我的線上課程）告訴我，我跟他們分享那些關於大腦、潛能、成長型思維的觀念，改變了他們的人生，促使他們發展出面對數學的成長型思維，讓他們用信心與熱忱看待數學，並把這一切傳遞到學生身上。這對小學老師來說往往特別重要，因為很多小學老師在他們自己的學習過程中就曾被告知，**他們**學不好數學或不是念數學的那塊料，很多人

是懷著害怕數學的恐懼感在教數學的。我和他們分享的研究，幫助他們消除這份恐懼，把他們引導到不一樣的數學旅程上。希恩‧貝蘿克（Sian Beilock）和她的同事做了一項重要的研究發現，由小學老師對數學抱持的負面情緒程度，可預測出教學班級裡的女生而非男生的數學成績（Beilock, Gunderson, Ramirez, & Levine, 2009）。會出現這種性別差異，可能是因為女生對她們的女老師產生認同，尤其是在小學的時候。女生很快就會注意到老師對於數學的負面訊息，即使這些訊息經常是出於善意的，像是「我曉得這真的很難，不過我們還是做做看」、「我以前在學校的時候數學很差」或是「我一直不喜歡數學」。這項研究也凸顯了老師釋放的訊息與學生的成績之間的關係。

＊　＊　＊

除了神經可塑性之外，神經科學也對我們理解其他領域的數學學習有非常大的貢獻。我很幸運，能夠和史丹佛大學的神經科學家一起工作，而近年來與我合作的兩位神經科學家，維諾德‧梅農（Vinod Menon）和陳浪（Lang Chen），在這方面給予了很大的協助。他們研究了腦中的交互作用網，特別是大腦學習數學的方式，並發現，每當我們處理數學，都會牽涉到五個不同的腦區，其中兩個是視覺路徑。背流視覺路徑是處理數量的主要腦區。這些研究人員和其他人也發現，不同腦區之間的溝通會強化學習和成就（另見 Park & Brannon, 2013）。舉例來說，如果學生看到某個數字計算及某個視覺表示，這會促進大腦連結——腦區之間的溝通。

其他不可思議的神經科學研究顯示，手指對於數學學習尤其重要（Boaler & Chen, 2016）。我在序中提到的一年級學生試教，是一項牽涉到教育工作者（我自己和我的 Youcubed 團隊）、神經科學家和工程師的計畫，它就是以研究手指對學數學的重要性為基礎。為了真正幫助學生把手指與數字聯繫起來，我們做了一個機器人設備，可以讓學生用手指回答問題，並感受手指的振動。這是個迷人的

實驗研究，證明了使用機器人手指設備的學生在短時間內明顯學到更多的數學知識。不過，手指的運用不需要什麼高科技或機器人科學。我們在網站 youcubed.org 上分享了一些論文資源，這些資源對於學生發展所謂的「手指知覺」也同樣有用（見 www.youcubed.org/resource/visual-mathematics/）。

我們可以透過數字來學習數學，也可以藉由文字、視覺素材、模型、演算法、表格和圖表，以及從移動和觸控來學習。用這些多元的方式體驗數學，可以促進大腦的溝通和理解。在圖 1.7 中，陳浪說明了參與數學思考的不同腦區。

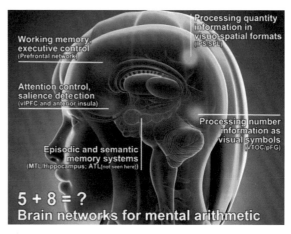

圖1.7　思考數學時會使用到的大腦部位
圖說：（右上起、順時針）以視空間形式處理數量資訊（IPS／SPL）、以圖像形式處理數（VTOC／pFG）、事件與語意記憶系統（MTL／海馬迴、ATL〔未呈現於圖中〕）、注意力控制與顯著性偵測（vIPFC、前腦島）、工作記憶與執行控制（前額葉神經網絡）。
資料來源：Lang Chen。

就像我將在後面章節中解釋的，我喜歡設計數學活動，給學生一種有關聯的數學體驗，在他們用不同的方式思考數學時，大腦的不同區域會放電、彼此溝通，如圖 1.8 所示。

我希望各位喜歡這些幫助學生在學數學時發展大腦連結的不同想法。不管你的數學思維之旅走到哪個階段，無論這些想法對你來說是否還很生疏，或者你本

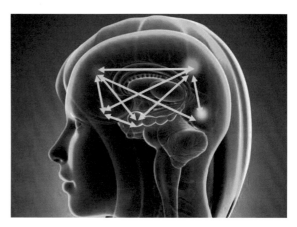

圖1.8　連結的數學經驗
資料來源：pixologic/Depositphotos。

身就是數學思維專家，我都希望我在本書中分享的資料和想法會幫助你和你的學生，把數學——任何程度的數學——視為可理解又好玩的事。在接下來的第 2 章到第 8 章，我將分享我從多年研究與教學中收集到的許多策略，目的是促進學生的數學思維經驗。

犯錯與困境的力量

　　數年前我和我在史丹佛的博士生之所以開始在工作坊講授成長型思維的數學，是因為先前有很多中小學校長告訴我，他們學校的老師讀了杜維克的書，對書中的理念「完全贊同」，但卻不知道這對他們的數學教學意義何在。第一次工作坊是在史丹佛寬敞明亮的「李嘉誠知識研究中心」內舉辦的。對我來說，那次講習的精采亮點之一，是杜維克與老師們面對面交流時說了一句話，令他們大為吃驚：「學生每次在數學上出錯，一個突觸都會變得活躍。」等老師們明白這句話的重要性之後，會議室裡頓時傳來大家倒抽一口氣的聲音。自那時起，許多研究都指出了面臨困難對於大腦成長和學習的重要性。這些研究相當重要，因為每個地方的學生在面臨困難時，都時常認為自己沒有適合的腦袋，或覺得自己不是一個「數學人」。有許多優秀的老師長年來一直告訴學生，失誤是有助益的，出錯就表示我們正在學習，不過，關於犯錯與面臨困境的正面影響的新證據指出了更加重要的意義。

　　心理學家傑森‧莫瑟（Jason Moser）曾研究人在犯錯時的腦神經運作機制，他和他的研究團隊發現了十分有趣的結果（Moser et al., 2011）。我們犯錯時，大腦會有兩種反應，第一種稱為錯誤關聯負波（ERN）反應，是大腦感受到是非衝突時增強的放電活動。有趣的是，不論做出反應的人知不知道自己犯了錯，這種大腦活動都會發生。第二種稱做錯誤正波（Pe）反應，顯示我們「意識到錯誤」的大腦訊號，當大腦覺察錯誤存在而且有意識地注意到這個錯誤時，就會發生這種反應。

當老師們聽到我說，錯誤會使大腦放電並增長，他們便回應：「這只有在學生改正錯誤，然後繼續解題的時候才會發生。」但情況並非如此。事實上，莫瑟的研究告訴我們，大腦甚至不須察覺我們犯錯就能發生放電。當老師們半信半疑時，我告訴他們：「目前最好的說法是，即使我們沒意識到錯誤存在，大腦也會在我們出錯時放電並增長，因為這是努力的時刻。腦袋遇到了挑戰，這正是大腦最具生產力的時候。」

研究過程中，莫瑟及同事觀察受試者的思維模式，並且把思維模式和他們答錯問題時的錯誤關聯負波及錯誤正波反應進行比較。莫瑟的研究得到兩個重要的結果。首先，這些研究人員發現，學生答錯時腦部的 ERN 及 Pe 反應比答對時還要強烈。其次，他們發現成長型思維的人在出錯後的大腦活動，比僵固型思維者還要活躍。圖 2.1 為研究得出的電壓地圖，顯示成長與僵固型思維者的腦部活動，相較之下，在答錯問題時成長型思維者腦部的發亮範圍大得許多。

腦部活動在我們犯錯時出現增強的反應，是非常重要的。稍後我會再回來談談這個發現。

此外，這項研究還發現，成長型思維的人比僵固型思維者更能察覺錯誤，所以更有可能回頭改錯。這項研究也證實了其他的研究（Mangels, Butterfield,

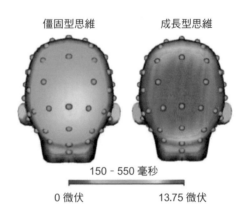

僵固型思維　　　成長型思維

150－550 毫秒

0 微伏　　　　　13.75 微伏

圖 2.1　成長型及僵固型思維者的腦部活動。
資料來源：Moser et al., 2011。

Lamb, Good, & Dweck, 2006）所做出的結論：具有成長型思維的學生對於錯誤，表現出更強的大腦反應與注意力。所有的學生犯錯時，大腦都會出現放電反應（突觸），但成長型思維的人更有可能再次放電，這顯示他們意識到自己犯了錯。我們這些最清楚的證據顯示，你對自己的看法會改變你的大腦。具有成長型思維的學生取得更多成就，這可能不意外，因為他們的大腦在每次犯錯時都會有相對明顯的發展。

從我最初得知犯錯與努力的重要性以來，我已經和許多學生分享過這個訊息了。當我和大家分享我希望學生努力，並且給他們有難度的作業，這樣才有努力的機會時，接下來我就會看到學生在作業很難的時候變得更有韌性、更願意繼續努力。我在教中學生和史丹佛大學部學生時分享了關於努力的訊息，他們對這個訊息的反應也是類似的。我們還與我在 Youcubed 的團隊一起製作了影片，在課堂上播放，分享這個訊息（見附錄 B），而從世界各地的師生得到回饋，得知這些訊息會讓學生徹底改觀。不論是數學學習、教學、父母教養還是其他生活領域，對自己有信心、相信自己能做到任何事，並且欣然接受努力的時機，真的非常重要。這些想法可以改變一切。

最近在腦部和努力時機方面的神經學研究，對我們這些數學老師和家長來說特別重要，因為它進一步證實了我們希望學生努力的理念。我們這些人大多受過教師培訓，會協助學生正確完成作業，在學生遇到難關時介入，拉他們一把。但更重要的是幫助學生在受挫時覺得自在，給他們一些可著手的數學問題（有「低地板」），但也給他們努力的機會（因為問題和活動有「高天花板」）。第 5 章會再細談這些非常棒的數學問題和任務。正如我說過的，犯錯不但是學生的學習機會，因為他們要去思考錯誤，同時也是他們的大腦成長的時機，即使他們不知道自己出錯了。

數學成績名列前茅的國家，譬如中國，處理錯誤的方式就很不一樣。最近我在上海觀摩一堂二年級的數學課（上海的學生成績在全中國與全世界都是最高的），老師讓學生想一些有深度的概念問題，然後請他們說出自己的答案。隨行口

譯員在學生很開心地分享答案的時候，俯身過來告訴我，老師點到的都是做錯的學生。這些學生卻很自豪地分享自己犯的錯誤，因為錯誤受到老師重視。在第 9 章，我會簡略分享我在中國的其中一堂課看到的有趣片段。

關於困境與大腦的各種研究不但讓我們看到困境對每個人的價值，也告訴我們，與僵固型思維的學生相較起來，成長型思維學生的腦部跟錯誤辨識有關的活動會比較活躍。這又再次說明，為什麼成長型思維對於學生的數學學習及其他科目的學習如此重要。

莫瑟的研究（顯示成長型思維者犯錯時的大腦活動，比僵固型思維者更活絡）還告訴我們一件很重要的事，那就是：我們對自己的看法——特別是對自己有沒有信心——會改變我們大腦的運作和發展方式。如果相信自己學得會、相信錯誤是有價值的，腦袋就會在我們犯錯時有更大程度的發展。這個結果極其重要，它再次強調學生對自己有信心是多麼重要的事，尤其是當我們處理難題的時候。

生活中犯的錯

針對企業成功人士與不成功人士所做的研究，顯示的結果讓人有些意外：較為成功的人與較不成功的人的區別，並非成功的次數，而在於犯錯的次數，成功人士犯的錯**比較多**。星巴克是全世界數一數二的成功企業，它的創辦人霍華・舒茲（Howard Schultz）是這個時代最成功的企業家之一，舒茲剛開始開店（星巴克的前身）的時候，仿照義大利的咖啡館。當時美國還沒有很多咖啡館，舒茲很欣賞義大利的咖啡館，於是創業開了幾家店，店裡的服務生打著過緊的領結，客人一邊聽著大聲播放的歌劇一邊喝咖啡。然而美國顧客對這種路線的接受度不高，於是經營團隊從頭再來，經歷多次失敗與錯誤，最後才打造出星巴克這個品牌。

《紐約時報》專欄作家彼得・席姆斯（Peter Sims）寫過很多文章談論錯誤對於創造性創業思維的重要性（Sims, 2011）。他指出：「人生與任何一個創造過程當中多少都有不完美之處，但出於某種原因，我們所處的文化對於失敗過分恐懼，讓人裹足不前，而且強化了完美主義。如果你希望更具創造力、更能發揮創

意或更有創業精神，這會是最讓你失去信心的心態。」

他也總結了一般成功人士的習慣，列出幾種特質：

- 坦然面對錯誤
- 願意嘗試看似瘋狂的想法
- 樂於接受不同的體驗
- 願意嘗試各種想法，不妄下評斷
- 勇於打破傳統
- 堅持到底，直到渡過難關

幾年前我設計了一個給學生的線上課程，叫做「如何學習數學：學生限定」，這個課程後來已經翻譯成西班牙語，而且在世界各地都有學生、老師和家長來上課。在寫這本書的時候，修過課程的人數已經超過 50 萬人了。這個課程的目的是要培養學生的成長型思維，告訴他們數學既迷人又刺激，以及把學習數學的重要策略教給學生。這個課程的影響已經透過隨機化對照試驗做過研究。我們為這項實驗研究招募一批中學老師，他們都在教兩班學生，而且願意在學年開始時讓其中一班參加我的線上課程。學年結束時，參加了課程的學生的數學表現有顯著提升，而他們的老師在數學課參與度方面給他們的評分，比未參加課程的學生高出 68%。由於實驗組和對照組的學生是同一位老師教的，因此這項研究的結果特別有效力；兩組學生的唯一區別，是其中一組學生參加了線上課程。想了解更多詳情，請見 www.youcubed.org/online-student-course/。可以點進 youcubed.org 網站，在「Courses」這個選單找到這個課程。很多學區已經把這個課程發送給家長，協助他們學習幫助孩子學習的方法。

我找了幾位我在史丹佛的大學部學生一起教課，請他們把席姆斯描繪的各個習慣表演出來，課程製作人柯林（Colin）還幫忙加上一些背景和素材，讓畫面變得更有趣。負責演出的學生分別是卡琳・蓋兒（Carinne Gale，圖 2.2）、孟采・科

岱羅（Montse Cordero，圖 2.3、2.4 及 2.7）、戴文・吉洛瑞（Devin Guillory，圖 2.5）、雨果・瓦狄維亞（Hugo Valdivia，圖 2.6）。

　　這些習慣在數學課堂上和生活中都同樣重要，但在數學課以及學生在家做數學作業時卻經常缺乏，這實在令人吃驚。我們希望學生在思考數學時不受拘束，盡情嘗試不同的想法，不要怕犯錯；我們希望學生樂於用不同的方式接近數學，

圖 2.2　坦然面對錯誤。

圖 2.3　願意嘗試看似瘋狂的想法。

圖 2.4　樂於接受不同的體驗。

圖 2.5　願意嘗試各種想法，不妄下評斷。

圖 2.6　勇於打破傳統。

圖 2.7　堅持到底，直到渡過難關。

資料來源：以上照片出自本書作者波勒的史丹佛線上課程「How to Learn Math: For Students」。

願意嘗試各種數學課堂活動，試試「看似瘋狂的想法」（見第 5 章）；我們希望他們打破傳統想法——顛覆「有些人學得好數學，有的人就是學不好」的看法，當然更希望他們在數學變難、甚至沒辦法馬上看出解答的時候，還能夠堅持下去。

如何改變學生對困境與錯誤的看法？

老師或家長能夠採取的行動當中，最有效的就是改變在孩子出錯和陷入困境時所表現的態度。最近我收到一支令我很感動的影片，是一位老師寄來的，這位老師參加過我的線上課程，而從這個學年開始，把錯誤的重要性和價值教給一班此前成績不好的學生。這班學生在一年之間改頭換面，讓自己從過去的失敗中重振，和數學重新建立興趣。這名老師寄來的影片是這些學生的反響，在影片中，他們說到「錯誤可以增長大腦」這個觀念讓自己完全改變了。他們說，過去他們覺得自己是個失敗者，這種思維阻礙了他們進步，新來的老師給他們很多觀念和教法，讓他們擺脫長久以來對數學的恐懼，用新的態度跟數學打交道。如果我們讓學生知道錯誤和困境是正面的，就能給他們一種如釋重負的解脫感。

在我開給老師和家長的線上課程中，我分享了關於錯誤的新觀念，也提出一個難題給大家當作課堂活動。我請上課的人設計一個新的活動，這個活動要能夠在教室或家裡重新定位「錯誤」這件事。有位老師的回應我很喜歡，她告訴我她會在上課一開始，要學生把一張紙揉成紙團，然後一邊想著數學做錯時的感受，一邊朝黑板丟紙團。她請這些學生藉由丟紙團來發洩他們的感受——通常是挫折感（見圖 2.8）。接著，她要學生撿回自己的紙團，把它攤平，然後用色筆描出紙上所有的摺痕，這些紋路就代表他們的大腦增長。最後，她要這些學生把這張紙收進文件夾，保管一整個學年，隨時提醒他們錯誤的重要性。

幾年前我開始和金‧哈莉維爾（Kim Halliwell）合作，她善於鼓舞學生，是維斯塔聯合學區（Vista Unified School district）的老師，我和該學區的一群老師已經密切合作兩年多，哈莉維爾也是其中一位。去年我去參觀哈莉維爾的教室，看到牆上貼滿學生畫的漂亮大腦圖畫，畫紙上寫滿了跟大腦成長和錯誤有關的正

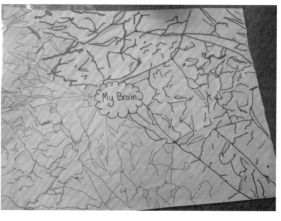

圖2.8　幫助學生了解大腦增長。

面訊息（見圖 2.9）。哈莉維爾向我解釋，他們先一起複習跟大腦成長有關的訊息，然後她要學生挑出自己最喜歡的部分，寫在自己的畫裡。

　　另外一個在課堂上讚揚錯誤的方法，是要求學生交功課，形式不拘——即使是測驗卷也行（但給學生做測驗的次數越少越好，我會在第 8 章分享這件事），然後老師再特別標出他們「最喜歡的錯」。老師應該跟學生分享，而且這些錯應該是觀念錯誤，而非數字算錯。接下來老師還可以跟全班分享，同時讓大家討論錯誤是從哪裡產生的，以及為什麼是錯的。這也是加深重要觀念的好時機。有學生犯錯是好事，因為他們正處於努力認知的階段，他們的大腦在放電與增長。分享並討論錯誤也是有好處的，因為只要有一名學生犯某個錯，也會有其他人犯下同樣的錯，所以讓每個人都重新思考錯誤是非常有幫助的。

　　如果替學生的數學功課打分數（我在後面會討論到，這是毫無益處的做法），而且一犯錯就扣分，學生就會接收到對犯錯和數學學習很負面的訊息。若要灌輸成長型思維，傳達數學學習的普遍正面觀念，老師應該盡可能捨棄測驗和打分數（見第 8 章）；假如非得繼續測驗打分數，針對錯誤的地方就應該給一樣的分數或是更高分，同時附上一則訊息，指出這個錯是學習和大腦成長的絕佳機會。

　　在課堂上公開重視錯誤雖然重要，但老師也必須一對一給予正面訊息。我

的女兒剛開始上學的那幾年，老師給予的都是相當負面的回饋，讓她在很小的時候就產生僵固型思維。她四、五歲時患有聽力障礙，就因為這樣，老師認定她能力不足，所以給她做簡單的功課。當時她才四歲，但心裡非常明白，回家後問我為什麼老師給其他小朋友做的功課比較難。我們知道，學生在學校會花很多時間弄清楚老師對他們的評價，所以我的女兒感覺得到她的老師不很看重她，正因如此，她開始相信自己很笨。在她就讀當地的公立小學時，這間學校的老師很快就發現她的僵固型思維，看出這種思維讓她退縮。現在她十八歲，這些年來她得到一眾老師的支持和正面影響，現在她擁有優秀的成長型思維，整個人脫胎換骨，變得很喜歡數學。

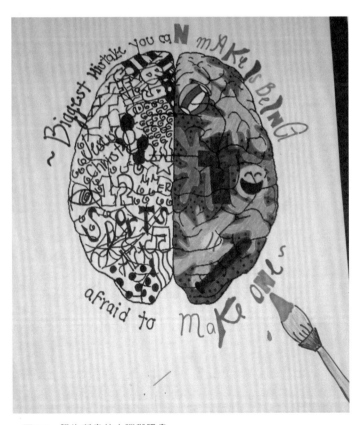

圖 2.9　學生所畫的大腦與訊息。

　　我的女兒念四年級的時候，仍然抱持著僵固型思維，有一次我和她在她的學校旁聽三年級生上課。老師把兩個數字問題寫在白板上，我的女兒答對一題，另一題答錯。當她發現自己答錯之後，馬上表現出負面情緒，說自己數學很差，連三年級生都不如。我便乘機傳遞很直接又重要的東西給她。我說：「妳知不知道剛才發生了什麼事？妳答錯的時候，妳的大腦會增長，可是答對時腦袋裡什麼事也沒發生；大腦沒有增長。」這就是老師在學生犯錯時，可以跟他們進行的一對一互動。她瞪大眼睛看著我，我知道她明白了這個觀念的重要性。現在她已經是個很不一樣的學生：她欣然接受錯誤，肯定自己。有這種改變並不是因為教她更多數學或其他功課，而是教她要有成長型思維。

　　在一九三〇年代，世界頂尖的瑞士心理學家尚・皮亞傑（Jean Piaget）駁斥了「學習即熟記程序」的看法；他指出，真正的學習是需要去理解觀念如何結合在一起。他提到，學生的心智模型會規畫統整觀念的方式，當這些心智模型對學生來說有道理時，他們就處於平衡（equilibrium）狀態（可參考 Piaget, 1958, 1970 等）。當學生遇到新觀念時，他們會努力地把新的觀念放進現有的心智模型，但若是看起來放不進去，或是他們既有的模型需要改變，就會進入不平衡（disequilibrium）狀態。處於不平衡狀態的人明白新的資訊無法納入他們的學習模型，不過因為新資訊解釋得通，所以也沒辦法摒棄，於是他們就必須盡力更改模型。不平衡的過程會讓學習者很不自在，但皮亞傑主張，不平衡狀態才能帶來真正的智慧。皮亞傑告訴我們，學習是從平衡狀態進入不平衡狀態的過程，在平衡狀態，一切觀念都融合得很好，而在不平衡狀態，則有新的觀念無法融入。皮亞傑指出，這個過程對於學習來說是必要的（Haack, 2011）。

　　在第 4 章談到數學演練和哪些演練形式有益、哪些無益的時候，我還會多加說明。現行數學教育的一大問題就是，學生接收到重複簡單的觀念並不會幫助他們進入關鍵的不平衡狀態。我們很清楚，能容忍模稜兩可的人會讓不平衡狀態更容易過渡到平衡狀態——這是我們必須給學生經歷更多數學上的模稜兩可與冒險的另一個理由。

　　針對錯誤與不平衡狀態的研究對數學課堂有極大的影響，不只是影響了處理錯誤的方式，還包括給學生的功課。如果我們希望學生犯錯，就必須給他們具挑戰性、有難度的作業，引發不平衡狀態。這種功課也應該要附帶與錯誤和困境有關的正向訊息，讓學生在解決難題、犯錯及繼續下去時能夠覺得自在。這對一些老師來說會是重大的轉變，因為他們目前在數學課上設計給學生的活動，大多是為了確保他們能夠在不遭遇太大困難的情況下順利完成，因而給學生一些通常能正確作答的問題。這就表示，學生並未充分施展能力，沒有獲得足夠的機會學習並讓大腦成長。

　　和杜維克一起參與工作坊的時候，我常聽到她告訴家長，要讓孩子知道：把功課做對並不是特別優秀的事，因為這表示他們不是在學習。杜維克提到，假如孩子回家之後說他們在上課或小考時答對了所有的題目，家長應該要說：「噢，真是可惜，那表示你沒機會學到東西。」這雖然是個激進的回饋，不過我們有必要給學生強烈的訊息，去壓過他們經常在學校得到的想法──做得對最重要、正確是智力的表現。我和杜維克都企圖扭轉老師的目標，讓他們少重視正確成果，多重視錯誤。

　　珊蒂・吉里安（Sandie Gilliam）是位很優秀的老師，我觀察她的教學很多年，她的學生都達到最高程度，而且喜愛數學。有一次我觀察她教一班高中二年級生的第一天上課情形。在學生演算了一段時間後，她注意到其中一位出錯而且也知道自己有錯的男生。她走近那名男生，問他要不要把他的錯誤寫在白板上，他很疑惑地看著她說：「可是我的答案錯了。」吉里安回答說，這就是她為什麼希望他分享自己的演算過程，而且這個分享會非常有幫助。她告訴他，假如他犯了錯，其他人可能也會犯錯，如果大家一起討論，對每個人都有好處。那名男生同意了，於是把他犯的錯寫在前面的白板上，跟全班分享。整個學年下來，學生輪番分享錯誤成了常有的事。我經常播放吉里安的學生所拍的一段影片，協助老師和領導者理解，如果讓學生接受有挑戰性的數學教學，學生能夠達到什麼程度。在我最喜歡的其中一支影片中，可以看到吉里安的學生一起努力解決白板上的一

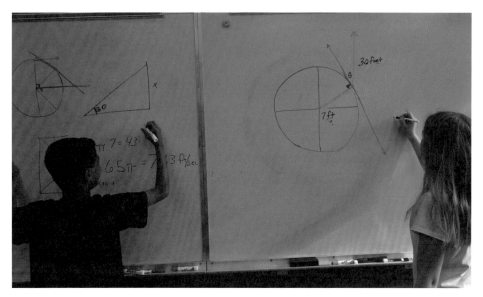

圖2.10　求解滑板問題。

道複雜問題（見圖2.10）。

　　若這些學生困在難題之中，他們也會仔細聽其他同學的想法。若他們犯錯，朝錯誤的方向進展，最後仍然可以解出來，因為很多學生都有所貢獻。這是學生運用標準數學方法與數學實作的有力個案；這些標準數學方法與數學實作是美國各州共同核心標準（Common Core State Standards，簡稱 CCSS）當中建議的。他們把自己的想法跟他們知道的方法結合起來，去求解他們將來在現實世界中會遇到的、不合常規的應用問題。經驗豐富的老師看了影片之後通常會指出，他們可以看出這些學生對於提供不同的想法感到非常自在，不怕犯錯。這些學生能夠進行高程度的解題，沒有因為害怕犯錯而退縮，是因為吉里安教過他們要欣然接受錯誤，而且她在所有的教學中都很重視錯誤。

　　數年前，我在史丹佛和杜維克、葛瑞格·華頓（Greg Walton）、卡瑞莎·羅梅洛（Carissa Romero）、戴夫·博內斯庫（Dave Paunesku）一起進行一項研究；他們所屬的團隊都積極投入參與，希望改善學生的思維模式以及在學校裡的歸屬感（想進一步了解這個團隊的大規模教育研究計畫，可參考網站 https://www.

perts.net/）。在研究中，我們介入了數學老師的教學，向他們分享錯誤的價值以及我在這一章分享的幾個教學理念。我們很快就發現，完成這項計畫的老師成長型思維明顯增加，對犯錯有較為正向的感受，而且回報他們把提倡錯誤的理念運用在課堂上。老師在課堂上還可以做其他重要的改變，後面幾章會探討這些理念；至於現在，老師或家長容易做到也最重要的改變，就是改變自己給予學生的對於困境與錯誤的態度──這能夠為學生帶來重大的影響。在下一章，我要來談談改變數學教學方式的重要性。當我們把數學當成一門開放、有創造性的科目來教，關於連結、學習與成長、犯錯與努力的一切理念就會受到鼓勵，不可思議的事情就會發生。

CHAPTER 3

數學的創造力與美

數學到底是什麼？為什麼有那麼多學生不是討厭數學就是對數學感到恐懼，或兩者皆是？數學跟其他科目**不一樣**的原因，並不是因為很多人說它非對即錯，而是因為其他科目的老師不會採用這樣的教法，而且大家對數學抱持的看法跟其他科目有別。數學與眾不同的其中一個原因，是因為大家經常把它視為考試科目——如果你問大部分的學生，他們認為自己在數學課中的任務是什麼，他們會告訴你：「就是要把問題正確答出來。」很少學生認為自己上數學課的目的是欣賞數學之美、提出有深度的問題、探究數學背後的豐富連結，甚至去了解這個科目的應用範圍；他們認為上數學課就是為了考試。我的同事瑞秋‧蘭伯特（Rachel Lambert）最近告訴我一件事，讓我更明白這一點。她說六歲的兒子有一天回家之後告訴她他不喜歡數學，她問他為什麼，他說：「數學花了太多的時間回答，學東西的時間太少。」學生很早就領略數學跟其他科目不一樣，答題與考試取代了學習。

這個問題有很大一部分出在美國的考試文化，而且這種文化在數學上更為普遍。我的學區的六年級生回到家後說他們開學第一天就有考試，只有一個科目會這樣：數學。大多數的學生和家長也接受這種數學考試文化，就像有個女孩跟我說的：「嗯，老師只是想知道我們聽懂多少東西。」但為什麼只發生在數學上？為什麼其他科目的老師不覺得要在第一天用考試來了解學生懂得多少？為什麼有些教育工作者不明白，不斷考試不只是檢驗學生（這件事本身也有很多問題），還會讓學生以為這就是數學的本質，必須在壓力下

擠出簡略的答案去回答褊狹的問題？難怪那麼多學生認定他們不適合學數學。

　　還有其他跡象顯示出數學與眾科目不同。每當我們問學生數學是什麼，他們描述出來的內容通常會跟數學專家的描述大不相同。學生們通常會說數學是跟計算、步驟或規則有關的科目。但當我們問數學家數學是什麼，他們會說數學是一門研究模式（pattern）的學問；它是個有美學趣味、有創造力而且優美的學科（Devlin, 1997）。為什麼這兩種描述有如此大的差異？但如果我們問那些修英國文學的學生英國文學是什麼時，他們的描述和英國文學教授所說的不會有明顯出入。

圖3.1　二〇一四年費爾茲獎得主米爾札哈尼。
資料來源：照片由 Jan Vondrak 和 Maryam Mirzakhani 提供。

　　史丹佛數學教授瑪麗安・米爾札哈尼（Maryam Mirzakhani）曾在二〇一四年獲得數學界最高榮譽費爾茲獎（Fields Medal）。她在四十歲時英年早逝，但她的工作持續啟發了世界各地的學生——特別是女生。她對於雙曲面的研究，被譽為「這十年間僅見的重要定理」。在報導她研究成果的媒體文章中，你可以看到她在鋪有大張紙的餐桌上速寫出想法的照片。米爾札哈尼是我在史丹佛的朋友和同僚，她曾請我主持她指導學生的博士論文口試，這對博士生來說是最後的關卡，他們要在教授組成的委員會面前為自己嘔心瀝血多年的畢業論文「答辯」。那天我帶著好奇心走進史丹佛數學系，不知道會主持到怎樣的論文答辯。口試教室很小，從窗戶可以俯瞰史丹佛的棕櫚大道（Palm Drive），這條讓人印象鮮明的大道是進入學校的入口；教室裡坐滿數學家、口試學生、旁聽或評審的教授。米爾札哈尼的學生是位年輕女孩，名叫耶妮雅・薩皮爾（Jenya Sapir），那天她大步走來走去，在教室各面牆上畫出圖形，一邊比畫，一邊對這些圖中直線與曲線之間的關聯提出各種猜想。她所描述的數學，是個具有視覺圖像、創造力、聯結的科目，而且充滿了不確定性（見圖 3.1 和圖 3.2）。

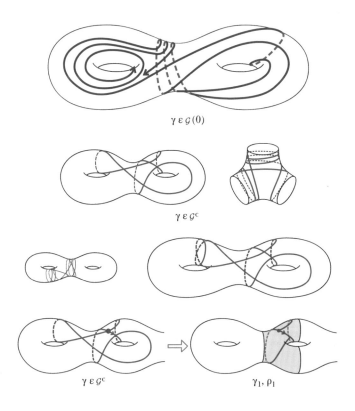

圖 3.2　在薩皮爾博士論文口試中討論到的一部分數學。
資料來源：Jenya Sapir 提供。

口試過程中，教授們提了三到四次問題，這個很有自信的年輕女孩只回答說：「我不知道。」通常提問的那位教授會補上一句，表示自己也不知道。博士生在口試的時候回答「我不知道」可能很不尋常，而且有些教授可能不會容許，不過真正的數學充滿了不確定性，關乎探索、猜想、解釋，而不是鐵定的答案。那些教授認為她不知道某些問題的答案是完全合理的，因為她的研究進入了無人涉足的領域。她也以優異的表現通過博士口試，現在已是獨當一面的數學教授了。

但這並不表示數學沒有答案。很多東西是已知的，是學生必須學會的。然而不知為何，中小學數學已經離真正的數學太遠，要是我那天帶大部分的中小學生去旁聽數學系口試，他們大概認不出眼前是什麼科目。真正的數學和中小學數

學之間的鴻溝，正是我們在數學教育上面臨的核心問題，如果在中小學數學課堂上能夠展現這門科目的真正本質，我深信就不會像現在這樣人人都對數學感到焦慮，而且數學學習成績普遍不佳。

　　數學是一種文化現象，是我們能夠用來理解世界的一系列觀念、關聯與關係。數學的關鍵是模式。我們可以用數學透鏡看世界，只要你真的這麼做了，就會發現模式無所不在；我們透過數學學習逐漸了解這些模式，進而形成有力量的新知識。頂尖數學家齊斯・德福林（Keith Devlin）為這個看法寫過一本書，《數學：模式的科學》（*Mathematics: The Science of Patterns*），他在書中寫道：

　　做為研究抽象模式的科學，數學或多或少影響到生活的各個層面；
　　這是因為抽象模式是思維、溝通、計算、社會、生活本身的精髓。
　　（Devlin, 1997）

　　數學模式的知識已經協助我們航行大海、制定太空任務、發展出手機和社交網路的技術和創造科學及醫學新知，然而很多中小學生卻認為數學是死氣沉沉的科目，跟他們的前途毫不相干。

　　若想了解數學真正的本質，不妨留意一下世界上的數學——大自然中的數學。貫穿海洋、野生生物、結構、雨量、動物行為甚至社交網絡的模式，令幾個世紀以來的數學家著迷不已。在所有的模式當中，最著名的大概就是費布那西（Fibonacci）發現的模式。費布那西是義大利數學家，一二〇二年在義大利發表了一個模式，後來就被大家稱為費布那西數列（Fibonacci sequence）。現在我們知道，這個模式早在好幾個世紀以前的西元前二百年就於印度出現了。以下就是費布那西的著名數列：

1, 1, 2, 3, 5, 8, 13, 21, 34, 55 ...

頭兩個數都是 1，其餘的數都等於前兩個數相加的和。費布那西的模式有某個非常有趣的性質，如果沿著數列把每個數除以它的前一個數，相除得到的比會越來越接近 1.618：1，這叫做**黃金比**（golden ratio），這個比例在自然界中隨處可見。舉例來說，松果、花朵、鳳梨上的螺線全都會產生黃金比。數學家對於鸚鵡螺殼是否算是「黃金螺線」還有爭論，這也促使我和 Youcubed 共同總監凱西・威廉絲、我指導的博士班研究生梅根・塞巴－艾倫（Megan Selbach-Allen）合寫了一篇半開玩笑的論文，題目是〈鸚鵡螺會說什麼？〉，我們在論文中提出了支持與反對鸚鵡螺殼帶有黃金比的證據，以及一些供學生自行研究這些想法的教學理念（Selbach-Allen, Williams, & Boaler, 2020）。

如果仔細看雪花，也會看到有趣的東西。每片雪花都是獨一無二的，但全部都是同一個模式。雪花都遵照著普通的六邊形生長，所以幾乎一定會有六個尖角（見圖 3.3 和 3.4）。這是有原因的：雪花是水分子構成的，而水在結冰的時候，冰晶會以六邊形重複排列的模式生長。

動物也會利用數學。在上一章提到、我為學生開設的線上課程中，給學生們看了動物運用的數學，他們都覺得很有趣（有十萬名學生參加了這個線上課程）。譬如海豚會發出一種聲音，讓同伴知道自己在水中的哪個位置（見圖 3.5）。

圖 3.3　雪花裡的數學。
資料來源：（左）ir_oks/Shutterstock；（右）Marion Owen/Design Pics Inc/Alamy stock photo。

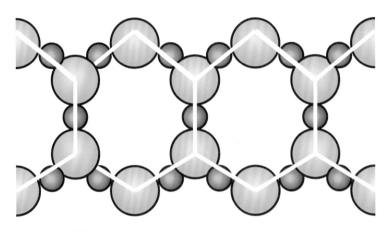

圖 3.4　水分子。

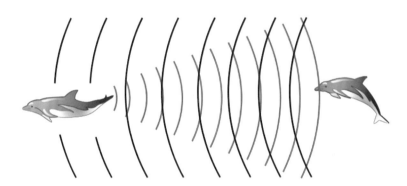

圖 3.5　海豚藉由回聲來溝通。

　　海豚會發出特有的「答答答」聲，這種聲音可從其他物體反彈，變成回聲傳回發出叫聲的海豚，接著牠會利用聲音傳回的時間長短和回聲的品質，來得知同伴在哪裡。牠們憑直覺計算出一個比率——這其實就是學生在基礎代數課求解的比例問題（通常是做了一題又一題，而且和現實世界的情況無關）。我跟線上的學生開玩笑說，海豚若能講人話，應該可以成為代數老師！

　　我的線上課程學生米凱拉（Michaela）在做研究的時候，發現蜘蛛是螺線專家。蜘蛛結網時，會先在兩個牢固的垂直支架（譬如樹枝）之間搭起一個輻射狀

圖 **3.6**　蜘蛛網。
資料來源：Mirelle/Shutterstock。

星形，然後開始編織螺線。為了鞏固星形，蜘蛛必須盡快完成這條螺線，所以會選擇**對數**螺線（logarithmic spiral）。在對數螺線中，每繞中心轉一圈，與中心的距離會以相同的倍數（即等比）逐次增加（見圖 3.6）。

　　這表示對數螺線越大，向外擴展得越快。不過，這種螺線會讓蜘蛛網留下很多空隙，所以蜘蛛又開始編織第二條比較密的螺線。這條新的螺線是**等速**螺線（arithmetic spiral），意思就是螺線每繞轉一圈與中心的距離會等量增加。第二條螺線要花蜘蛛比較多的時間去完成，因為牠必須繞著星狀的中心多跑幾趟，但這樣可以減少蛛網上的漏洞，幫蜘蛛逮住更多昆蟲。這種令人驚嘆的工程技術可使用運算來達成，然而蜘蛛卻憑直覺把數學運用在自創的演算法上。德福林的書裡還有很多動物使用數學的例子（Devlin, 2006）。

　　我讓線上課程的學生看了這些想法，其中一些人很抗拒，表示大自然中的數

學和動物運用的數學並非數學，這些學生只承認一種非常不一樣的數學——有數字與計算過程的數學。我的目標是促使這些學生以更廣闊的視野看待數學，讓他們認識真正的數學，而這個課程在這方面做得非常成功。課程結束前，我給學生做了一項調查，有70％的人說課程改變了他們對數學的觀感，更重要的是，75％的人表示更有信心學好數學。

自然界、藝術、現實世界中處處看得到數學，然而大多數的中小學生沒聽過黃金比，不把數學視為研究模式的學問。如果我們沒讓學生見識到數學的廣博，就等於剝奪他們體會數學神妙之處的機會。

認為中小學數學並非真正的數學的不只我一個。數學家魯本‧赫希（Reuben Hersh）寫過一本引人入勝的書，書名是《數學究竟是什麼？》（*What Is Mathematics, Really?*, 1999），就論及數學在課堂上被嚴重歪曲。大部分的學生認為數學是一連串的答案——回答的盡是些沒有人問過的問題。但赫希指出：

> 數學正是由這些問題所推動，數學的本質就是解決難題和構思出新的
> 問題。倘若數學是在本質之外構想出來的，看起來當然就死氣沉沉
> 的。

很多研究（Silver, 1994）已經顯示，只要讓學生有機會提出數學難題、思考情境，或想個數學問題來問（這正是真正的數學本質），他們就會更投入其中，達到更高的程度。但這卻很少發生在數學教室裡。當我們在看《美麗境界》（*A Beautiful Mind*）這部賣座電影的時候，看到主角約翰‧納許（由羅素‧克洛〔Russel Crowe〕飾演）力圖找出有趣的問題來問——這是數學研究關鍵的第一步。但學生在課堂上不會歷經這個重要的階段；相反地，他們的時間都耗費在回答那些在他們看來很無聊、他們沒問過的問題上。

我在《干數學什麼事？》這本書裡寫到一個課堂教學法，即是以提出數學問題為基礎（Boaler, 2015a）。那位老師，尼克‧費歐里（Nick Fiori），會給學生一

些數學情境，譬如松果、神奇形色牌（SET）、彩色珠子、骰子、螺栓和螺帽，然後要學生提出自己想到的問題。起初學生覺得很難調適，不過他們逐漸興高采烈地學會運用自己的想法、進行數學探究，以及在有目標的情況下學習新的方法。

這麼多年來，中小學數學已經跟數學家所用的數學和生活數學越來越脫節，學生在教室裡耗費上千個小時，學習一堆他們日後在生活中或工作上都不會再用到的步驟和規則。Wolfram-Alpha 是全世界數一數二重要的數學公司，康拉德・沃夫朗（Conrad Wolfram）是 Wolfram-Alpha 的管理者，向來直言批評傳統數學教學，堅決主張數學不等於計算。沃夫朗的 TED 演講（2010）已經超過一百萬人次點閱，在這場演講中，他提到數學研究有四個階段：

1. 提出問題
2. 從現實世界走向數學模型
3. 執行計算
4. 從模型回到現實世界，看看原先的提問是否解決

在第一階段，需要針對資料數據或某個情境提出好的問題，這是職場所需的第一個數學相關技能。在美國，成長最快速的職業——數據分析師，負責研究現在所有公司擁有的「大數據」，並針對數據提出關鍵問題。這也是促成我現在共同帶領一項把資料科學（data science）帶進數學課堂的活動（見 www.youcubed.org/resource/data-literacy/）的部分原因，以及為什麼加州的大學系統近來開闢了高中管道，重視改修資料科學而不修代數二的學生，這點非常令人振奮。

沃夫朗陳述的第二階段，是要建立模型去回答這個問題；第三階段是執行計算，第四階段則是從模型轉回現實世界，看看問題是否有答案。沃夫朗指出，80％的中小學數學耗在第三階段——用紙筆來計算，可是計算可以靠計算機或電腦來執行，所以雇主並不需要員工會做這個階段。沃夫朗反而認為，我們要讓學生在數學課堂上花更多時間練習第一、二、四階段。

　　他表示，雇主需要員工能夠提出好問題、建立模型、分析結果、詮釋數學給出的解決方案。過去雇主需要員工做計算，現在不再需要了。他們需要會思考和判斷的人。沃夫朗已經在《數學解方》（*The Math Fix*）這本書裡闡述了他的想法！我們兩人正在合作，打算改進數學教育，或是像沃夫朗附在我手上的那本《數學解方》書裡的便條上所寫的──準備「打破這顆呈二十面體形狀的堅果」。

　　財星五百大企業（Fortune 500）是由美國《財星》雜誌評選出來的前五百家公司，在四十五年前，調查這些公司對新進人員最重視的技能，結果如下表所列：

表3.1　一九七〇年財星五百大企業「最重視的」技能

1	寫作
2	計算能力
3	閱讀能力
4	口頭溝通
5	傾聽技巧
6	個人職涯發展
7	創造性思考
8	領導力
9	目標設定／動機
10	團隊合作
11	組織效能
12	解決問題
13	人際技巧

計算能力名列第二。一九九九年的排序有變動，如表 3.2 所示。

計算能力掉到倒數第二，而前兩名分別是團隊合作和解決問題。

家長往往看不到數學需要的核心關鍵：訓練。很多家長問過我：「如果孩子能夠算出正確答案，要他們解釋計算過程的用意是什麼？」我總是這麼回答：「我們把解釋計算過程稱為推理或推導，數學訓練的核心就是推理。」科學家證實或推翻理論所用的方法，是拿出更多成立或不成立的個案，但數學家卻是透過數學推導來證明理論，他們必須運用邏輯關係，仔細地從一個概念推導到另一個，提出論證來說服其他數學家。由於證明是在數學家能夠讓其他數學家相信有邏輯關係

表 3.2　一九九九年財星五百大企業「最重視的」技能

1	團隊合作
2	解決問題
3	人際技巧
4	口頭溝通
5	傾聽技巧
6	個人職涯發展
7	創造性思考
8	領導力
9	目標設定／動機
10	寫作
11	組織效能
12	計算能力
13	閱讀能力

的情況下產生的，所以數學是非常社會性的學門。

許多數學是透過數學家之間的合作產生的；莉昂・柏頓（Leone Burton）對數學家的工作做了研究，結果發現超過半數的出版論文是多人共同完成的（Burton, 1999）。然而在很多數學教室裡，學生都安安靜靜做完練習題。分組討論和全班討論十分重要。

學生在理解概念前往往必須討論過所有的細節，所以討論不但對理解有極大的幫助，讓數學更有趣並吸引學生，還可以教學生怎麼判斷並評論彼此的推理，這兩件事在現在的高科技工作職場中相當重要。今天科技界幾乎所有的新工作，都需要處理大量數據集、提出跟數據有關的問題及判斷步驟。沃夫朗告訴我，沒辦法做數學判斷的人在今天的職場上是無用的。當員工在推斷並考慮數學步驟時，其他人除了可以看看是否有出錯，還可以根據這些步驟發展出新的構想。雇主極度重視的團隊合作，就建立在數學推理的基礎上。因此只會計算出答案在職場上是無用的，必須能夠仔細推斷計算的過程。

我們也希望學生在數學課堂上多多推理，因為對學生而言，把問題推理一遍並推敲同學的推理是**很有趣**的。給學生沒有答案的數學題目，讓他們想出解題方法及步驟，會比解決那些需要計算和答案的問題，更讓他們投入其中。在第 5 章我會給大家看很多需要推理的數學問題，也會解釋設計這些好問題的幾個方法。

我們在數學教育上面臨的另一個嚴重問題是，大家以為數學就是在計算，認為計算得最快的人就是最有數學頭腦的。有些人的想法更偏差地認為數學要做得**快**，才學得**好**。社會上普遍相信，如果你計算的速度快，就代表你對數學很在行，是「聰明人」。然而數學家在數學上往往很慢，但在我們眼裡這些人可說是數學能力最好的了。我和很多數學家一起工作，他們在思考數學時根本就不是腦筋轉得很快的人。我這麼說並不是要貶低數學家；他們思考得慢，是因為要深思熟慮。

費爾茲獎得主洛朗・史瓦茨（Laurent Schwartz）是他那個時代最偉大的數學家之一，但在求學階段他卻是班上數學腦袋轉得最慢的人。在《對抗時代的數學

家》（*A Mathematician Grappling with His Century*）這本自傳中，他回顧自己的求學時光，憶及當時何以自覺「愚笨」，因為學校重視思緒敏捷，但他卻是深思慢想：

> 我一直很不確定自己的智識程度；我以為我資質魯鈍。那時我確實遲鈍，現在也仍然如此。我總是要把事情全部弄懂，所以需要花時間理解。快讀完十一年級的時候，我暗自認為我很愚笨。有很長一段時間我都在擔心這件事。
>
> 現在我仍舊那麼遲鈍……讀完十一年級時我評估了情況，斷定反應迅速跟智力沒有確切的關係。重要的是把事物與相互關係了解透徹，這才是智慧所在。反應快慢其實無關宏旨。（Schwartz, 2001）

如同其他許多數學家，史瓦茨也寫到了數學在課堂上遭到曲解，以及數學是關乎關聯與深思，而非速算。數學教室裡有很多學生就跟史瓦茨一樣深思慢想，卻被迫相信自己難以在數學上取得好表現，甚至不是學數學的料。事實上，這種認為數學即速算的看法使大批學生對數學失去興趣，尤其是女孩子，我在第 4 和第 7 章會再多談一些。但比起其他科目，數學依然是以速度競賽的面貌呈現，例如有時間限制的數學測驗、閃示卡、計時比賽的數學應用程式。難怪深思慢想的學生會對數學失去興趣。一些意見領袖，譬如美國數學教師協會（NCTM）前會長凱西・希莉（Cathy Seeley），也正在努力澄清數學並不是只有反應快的學生才學得好，她為老師和學生提供有成效、有深度的教學新方法（見 Seeley, 2009, 2014）。如果我們不希望像史瓦茨這樣深思慢想的學生（Boaler, 2002b）認為自己不適合學數學，就必須破除數學即速度的普遍迷思。我在下一章會向大家示範，數學（特別是數與計算）要用什麼樣的教法，才會著重在深度而非速度，增進大腦連結，引起更多學生的興趣。

結論

　　我在本章一開始，談到數學和其他科目不一樣，但不像很多人所想的，這種差異不是來自它的本質，而是因為一些普遍且嚴重的錯誤看法：認為數學是有很多規則和步驟的科目、數學很好就是要做得很快、數學講求的是確定性和答案對錯、數學就是在學數字。這些是老師、學生、家長常有的誤解，也是大家仍容許錯誤而毫無成效的傳統教學法持續存在的部分原因。很多家長在學生時代就討厭數學，但因為他們認為事情必須如此，當年令人討厭的教學方式是數學的本質，所以仍舊支持傳統教法。許多小學老師自己的數學學習經驗就很糟糕，他們也教得很吃力，因為他們以為必須把數學當成一套枯燥的步驟來教。當我向他們示範真正的數學很不一樣，他們不必讓學生承受自己經歷過的那種數學時，他們都感覺到如釋重負，往往還欣喜萬分，就像第 5 章會看到的。看見我在這一章提到那些出現在數學教室裡的錯誤看法，我們就更容易理解數學在美國及其他地方失敗的程度，但更重要的是，要理解數學失敗與焦慮其實完全沒有必要。

　　當我們看現實世界中的數學與數學家使用的數學時，看到的是一門有創意、視覺上的、有關聯、充滿活力的科目，然而中小學生往往把數學視為毫無生氣的科目——要死背一大堆他們永遠不會用到的方法和步驟，還要解答一大堆他們根本不曾問過的問題。如果有人問你數學在現實世界中有何用處，大多數人會想到數字和計算，像是算出貸款或售價——但是數學遠遠不止如此，它與我們的生活息息相關：一天能安排多少活動和工作、要多大的空間才能擺放設備或讓車子掉頭、事情發生的可能性有多大，或是思索社交媒體上的關係網絡要怎麼透過貼文擴散等各方面，數學都是很關鍵的參與者。這個社會推崇能夠算得很快的人，然而事實上，有些人對數字的反應雖然非常快，卻沒辦法運用數字做出偉大之事，而那些速度很慢、會犯許多錯的人，反倒繼續在數學上有驚人的成就。現今社會中有影響力的思考者，並不是能夠快速做計算的人，時代不同了；快速計算如今是全自動、例行公事、不具吸引力的。有影響力的思考者，是能建立關聯、邏輯

思考，並發揮創意運用空間、資料、數字的那些人。

　　許多中小學課堂上的數學教學狹隘又惡質，這是事實，但不能責怪老師。老師的授課內容通常有一長串包含上百個教學內容的描述，根本沒有時間細談任何概念。教學內容那麼多，老師們看到的科目就會像被拆散的腳踏車，已經肢解成最基本的零件，也就是那些期望學生要磨光擦亮一整年的大量內容。我可不希望學生整天都在磨亮零散的單車零件呀！我希望他們可以把腳踏車組裝起來，自由騎乘，體會到數學的樂趣、建立關聯的喜悅與真實數學思維的雀躍。許多教學內容標準大綱的問題，在於沒有涵蓋那些構成數學的重要連結，這是促使凱西·威廉絲和我接下加州一項非常具挑戰性的任務的原因之一；該任務就是要把所有的數學課程標準化為強調數學連結的重要觀念。促成這項措施的，一方面是新冠肺炎疫情，另一方面是大家體認到老師很難教所有的內容。我們被要求選出最

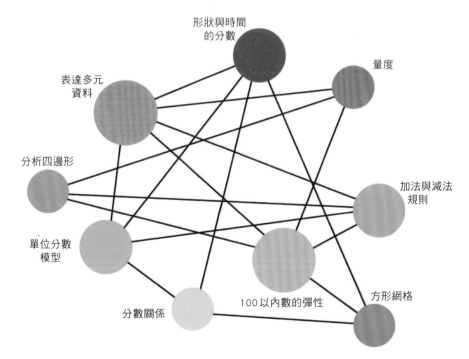

圖 3.7　三年級數學的重要概念和連繫，出自於加州指導守則，2021 年。
圖片來源：Dr. Jo Boaler and Cathy Williams 2021／加州教育部

關鍵的。我們將標準組合成重要觀念和連結，而不是去評定標準比較重要或較不重要。圖 3.7 分享了一張三年級數學課程的網路圖片。我們所製作的文件也分享了結合內容與實作的重要教學理念描述（www.youcubed.org/resources/standards-guidance-for-mathematics/）。

　　只要我們拓展了數學，講授我稍後要說明的那種廣博、圖像化、有創造性的數學，那麼數學也會成為學習性的科目。如果學生作答的題目只是在評量他們答對或答錯，這樣是很難培養出成長型思維的，因為這種題目本身就在傳達對於數學的僵固型思維。只要我們傳授的是真正的數學，是有深度與關聯的學門，培養出成長型思維的機會就會增加，學習的機會也會增加，教室會變成讓學生開心、雀躍、投入的地方。接下來五章會介紹很多可用來實現此目標的理念，以及可供證明的研究證據。

CHAPTER 4

培養數學思維：
靈活運用數字的重要性

　　嬰幼兒很喜歡數學。給小寶寶一組積木，他們會堆疊排列，對積木邊緣排整齊感到著迷；孩童會欣喜地抬頭看著排成 V 字隊形飛過天空的鳥兒。跟小朋友一起數一堆物品，把東西移動位置然後再數一次，他們會因為數出來的數目相同而感到入迷。要孩童用彩色積木排出圖案，他們會很開心地排出重複的順序──這是所有行為當中最具數學性的。德福林寫過一系列的書籍來揭示有力的證據，說明我們都是天生的數學使用者和思考者（可參閱 Devlin, 2006 等書）。我們想要從周遭世界看見模式，想要了解宇宙間的節奏，但幼兒在數學上體驗到的喜悅和魔力，卻在他們開始從學校裡接觸到他們認為不得不接受並記住的枯燥方法之後，很快就會被畏懼和厭惡取代。

　　芬蘭是全世界 PISA 測驗拿到最高分的國家之一，學生在七歲以前不會學正式的數學方法，而在美國、英國及其他一些國家，學生開始得比較早；譬如美國的學生，到七歲時已經接觸到加減乘除四則運算，還被迫背誦乘法表。對很多學生來說，那些方法對他們來說沒有意義，所以他們的數學初體驗是迷惘的。我們的孩子幼年時具備的好問精神逐漸消失，取而代之的是堅信數學就是遵照指示和規則的科目。

　　我們可以給學生最佳且最重要的起點，就是鼓勵他們嘗試各種數字、形狀和資料，想一想他們可以看出什麼模式和概念。我在前

一本書分享了莎拉・夫蘭納里（Sarah Flannery）的故事，她以數學演算法，榮獲一九九九年度歐洲青少年科學家獎（Young Scientist of the Year Award）。夫蘭納里在自傳裡談到自己如何從父親在家和她一起解益智題目，建立起數學思維，也談到這些益智題目對她的重要性更甚於所有的數學課（Flannery, 2002）。成功的數學使用者自有一套數學思路和理解數學的方法，讓他們不同於較不成功的數學使用者。因為他們思考數學的同時，也渴望弄清楚、想明白，並相信自己可以理解。成功的數學使用者會去找尋模式和關係，思考關聯，他們會運用**數學思維**來思考數學，明白數學是成長型的科目，他們的角色是學習與思索新的概念。我們必須從學生的初次數學體驗，就把這種**數學思維**灌輸給學生。

研究已經明確顯示成長型思維的重要性——這種思維就是相信智能會增長，學得越多就越聰明。要掃除數學挫折，就需要讓學生對自己抱著成長型的信念，也對數學的本質及自己和數學的關係抱著成長型的信念。孩子必須把數學看成概念上的、成長型的科目，是他們應該要思考並弄懂的。當學生把數學視為一大堆簡短的問題，就看不到自己在學習時的責任，他們會認為數學是死板的方法，要不是可以理解，要不就是無法理解。如果學生將數學看成一大片無人涉足的謎題境地，任他們漫遊、提問題、思考數學關係，他們就會了解自己的角色是思考、理解與成長。一旦學生把數學視為一組概念與關聯，將思考概念、理解概念當作自己的職責，他們就具備了數學思維。

線上課程平台 Udacity 的執行長兼史丹佛大學研究教授賽巴斯欽・特隆（Sebastian Thrun），就有數學思維。我從數年前開始和特隆合作。起初我只知道他是資訊科學方面的教授，是自駕車的發明人，在 MOOC 開了第一堂線上課程，帶領團隊開發出 Google 眼鏡和 Google 地圖。之後，特隆從數十萬學生的線上課程出走，創辦線上學習公司 Udacity。我是在他來問我對 Udacity 課程有什麼建議時開始和他合作的。特隆是高階的數學使用者，他有很多聞名於世的成就。他寫過幾本極為複雜的數學書，套用他自己的說法——那足以「讓你的腦袋冒煙」。但較少人知道特隆對自己弄懂及學習數學的方式有一番反省。我在自己的線上課程

中訪問過特隆，當時他談到直覺在數學學習與解題上的重要角色，以及理解情境的重要性。他舉了一個具體的例子：在他開發準備在史密森尼學會使用的機器人時，遇到的一個問題——參觀史密森尼博物館的孩童和其他民眾，會製造出把機器人弄糊塗的背景噪音。特隆說，他和團隊不得不回到製圖板，從頭設計可以解決問題、讓機器人正常運作的數學路徑。最後他靠直覺解決了問題。特隆娓娓道出他如何想出直覺上說得通的數學解決方案，接著回頭用數學方法來證明。特隆強調，除非直覺上說得出道理，否則千萬不要繼續做下去。在我的線上課程裡，他給學習數學的孩子的建議是：千萬不要用公式或算法，除非這些公式與算法有道理，如果這些算法沒道理，就「停下來」。

　　那麼我們該怎麼培養學生的數學思維，好讓他們願意以理解和直覺的方式思考數學呢？在他們就學之前，任務很簡單，那就是要他們嘗試各種益智遊戲、幾何形狀、數字，想一想其間的關係。但到了剛上學的那幾年，我們的體系從很早就開始要求學生學習很多正式的數學方法，比如做加減乘除時會用到的方法，這正是學生偏離數學思維、走向僵固化思維的時候。這個時候最重要的，是老師和家長要讓孩子接觸到靈活、講求概念的數學，知道這是關乎思考、理解的科目。初期數字運算的研究讓我們有絕佳的範例，說明在學生身上可培養出的兩種思維模式，一種是會導致挫折的負面思維模式，另一種是走向成功的正向思維模式。

數感

　　英國研究人員艾迪・葛瑞（Eddie Gray）和大衛・托爾（David Tall）合作的對象是七歲到十三歲的學生，他們的老師已經先把他們評為低成就、中成就或高成就學生（Gray & Tall, 1994）。兩位研究員給這些學生數字問題，譬如把兩數相加或相減，結果他們發現，低成就學生與高成就學生之間有重大的差異。高成就學生在解題時，會運用所謂的數感（number sense），他們會靈活而抽象地與數字互動。低成就學生就沒有運用數感，似乎認為自己的角色是聯想到某個標準算法然後套用，即使很難做到。舉例來說，研究員給他們像 21－6 這樣的問題時，高

成就的學生會把問題變成更容易的 20 - 5，但低成就的學生則會倒著數，從 21 開始往下減，做起來比較難又容易出錯。深入研究學生們採用的不同策略之後，研究人員做出結論：高、低成就學生之間的差異，並非低成就學生懂的數學較少，而在於他們與數學互動的方式不同。低成就學生似乎只會死板地遵照他們學到的正式步驟，亦步亦趨地套用，即使毫無道理也照做不誤，而不知變通運用數感去處理數字。低成就學生**知道的不算少**，只是不會靈活運用數字，這樣的原因可能在於他們很早就被帶到錯誤的路徑上，只想努力記住方法與數字本身，而不是跟數字靈活地互動（Boaler, 2015a）。研究人員還指出另外一個重點：低成就者運用的數學是比較艱深的數學。從 20 扣掉 5，比從 21 往下數到 16 要容易多了。倒楣的是，大家往往以為低成就者在數學上很吃力，所以給他們更多的反覆演練。這也更加讓他們相信，數學要變好，就是要熟記方法，而不是去理解情境。把人帶到負面的路徑上，讓他們固守正式步驟的結果就是一輩子面對數學障礙。

而數學思維則顯示出對數學知識的正面態度，學生明白自己的角色是領悟與理解。數感反映出對數學的深刻領會，但要產生數感，必須透過一種強調理解數與量的數學思維。思索「數感能以何種方式在學生身上發展出來」，也很有助益，不僅因為數感是所有高階數學的基礎（Feikes & Schwingendorf, 2008），也因為數感和數學思維是並進發展的，學習其中一個的開發將有助於另一個的發展。

數學是概念性的領域，而不是像許多人認為的需要記住一大串的事實和方法。

在圖 4.1 中，紫色箭頭代表要學習的方法，粉紅色方框代表正在學習的概念。我們從左下角開始看計數的方法。學生學習計數的時候，會記住數的順序和名稱，但也會發展出數的**概念**（concept）；也就是對數字的觀念。在學習加法的最初階段，學生會學習一種稱為「相接計數」（counting on）的方法。當我們有兩組數，譬如 15 加 4，先學會計數第一組：從 1 數到 15，再繼續數下去：16 - 17 - 18 - 19，這就是相接計數。學生在學習相接計數的方法時，就會發展出「總和」（sum）的概念；這不是相加的運算方法，而是一種概念性的想法。在下一個階段，他們可能會學習同數的連加，例如把三組 4 相加，而在學會同數連

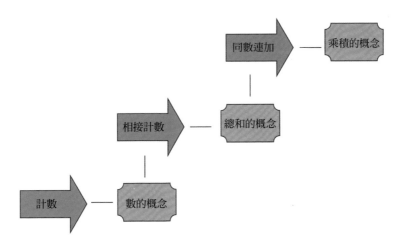

圖 4.1　**數學方法與概念。**
資料來源：Gray & Tall, 1994。

加的同時，他們就會發展出乘積的概念；同樣地，這也不是相乘的運算方法，而是一種概念性的想法。數、總和、乘積的概念，都是學生必須深入思考的數學概念，他們學習加法、乘法等方法時，應該當成是在理解數、總和、乘積的概念以及彼此有何關聯，而不是以方法本身為目的。

我們都知道，在學習數學時，我們的腦會經歷一種稱為**壓縮**（compression）的過程。學習全新的數學領域時，它會占用很大的腦部空間，因為我們必須消耗腦力去思考其中的道理，以及它與其他領域有怎樣的關聯。但若是我們學過、非常熟悉的數學，譬如加法，占用的腦空間就很小，不用想就能拿來運用。之所以發生壓縮的過程，是因為大腦是極為複雜的器官，要掌管很多事情，但只能專心處理幾個未經壓縮的想法，而那些已清楚知道的想法，都經過壓縮並歸檔了。曾獲費爾茲獎的頂尖數學家威廉・瑟斯頓（William Thurston），是這麼描述壓縮的：

數學是可高度壓縮的。你可能苦思良久，一步又一步，從好幾種方向切入同一個過程或想法，不過一旦你想通了，心智產生整體的視角，往往就會有極大的心智壓縮。你可以把它歸檔，在需要時迅速而完整

地喚回記憶，就像其他心智過程的一個步驟般拿來運用。壓縮的過程，是數學真正的樂趣之一。（Thurston, 1990）

許多學生不會把數學形容成「真正的樂趣」，部分原因在於他們沒有經歷壓縮。尤其是大腦能夠壓縮的只有概念，無法壓縮規則和方法。因此，凡是沒有進行概念思考、只是把數學當成一條一條要記住規則的學生，都不是在進行關鍵的壓縮過程，所以他們的大腦沒辦法組織想法，把想法歸檔，而是拚命死背一大堆方法和規則。幫助學生時時刻刻從概念上理解數學之所以這麼重要，原因就在於此。從概念上理解數學，正是我所說的數學思維的重要關鍵。

那麼數學事實呢？

許多人認為不可能一直從概念著手，因為有很多必須記住的數學事實（math fact，如 $8 \times 4 = 32$）。把一些數學事實記住是好事，不過學生還是可以透過數學概念的學習和參與，來學習並牢記數學事實。可惜大部分的老師和家長覺得，有些數學領域是事實建構成的，譬如數的事實，因此必須透過不用花腦筋的演練和速度訓練來學習。正是這種初期認識數字的方式對學生造成危害，讓學生誤以為數學好的方式就是訓練快速的反射，但把學生推向程序性軌跡與數學思維的發展卻背道而馳。

數學事實本身是數學的一小部分，最好的學習方式是透過數字在不同的方法及情況下的運用。但很不幸，許多的課堂都獨獨專注於數學事實，讓學生留下「數學事實即數學本質」的印象，更糟糕的是油然生出「學會迅速聯想到數學事實才代表是數學強的學生」的想法。這兩種想法都是錯的，把這些想法趕出教室極為重要，因為它們正是使學生對數學感到焦慮和不滿的主因。

我是在英國的進步時期長大的，當時的小學著重「全人兒童」（whole child），學校老師沒有要我們背加法、減法或乘法表。我從未死記數學事實，但是我可以快速得出任何一個數學事實，因為我擁有數感，也學過思考數字組合的好

方法。儘管身為數學教授，但欠缺硬背下來的數學事實還是未曾阻礙我人生中任何時刻或地點的發展，原因是我具備數感，這是一種數學策略，而這對學生的學習來說是更為重要的，它包括數學事實的學習以及對於數字本身和數字相互關聯的深刻理解。

對於大約三分之一的學生而言，限時測驗一旦展開，就開始帶來數學焦慮（Boaler, 2014b）。貝蘿克和她的同事透過 MRI 成像研究人腦，結果發現強記的數學運算保留在大腦的短期工作記憶區。但當學生感到焦慮，譬如要在時間壓力下做數學題目時，工作記憶就會受阻，讓他們無法提取自己所知道的數學事實（Beilock, 2011）。學生發覺自己沒辦法在限時考試中有良好的表現，就會開始焦慮，對自己的數學能力也會漸漸失去信心。工作記憶受阻及連帶產生的焦慮，在高成就學生及女生當中特別常見。保守估計，至少有三分之一的學生經歷過跟限時考試有關的極大壓力，這些學生並不屬於特定的成就組別或經濟背景。如果我們讓學生承受這種引發焦慮的經驗，就等於是讓學生放棄數學。（另見 Boaler, 2019）

現在甚至連五歲的小朋友都有數學焦慮，限時測驗正是導致這種令人無力且通常伴隨終身狀況的主因。我在史丹佛大學的課堂上，遇到很多受過數學創傷的大學部學生，儘管他們都是全國最高成就的學生。我問他們是什麼因素使他們討厭數學，很多人提到，二、三年級時的限時考試是他們確定自己不適合學數學的重大轉捩點。有些學生，尤其是女生，談到當限時考試變成數學課的一部分後，他們就被迫覺得深入理解不受重視或不必要，即便那是非常值得努力的目標。他們過去在數學課裡可能一直在做其他更有價值的事，著重理解，然而限時測驗引起非常強烈的情緒，強烈到讓學生漸漸相信數學的本質就是對數學事實能快速反應。這實在太不幸了。在大量放棄數學的學生以及目前面臨的數學危機上，我們看見這是學校誤把重心放在熟記事實與測驗的後果（參閱 www.youcubed.org）。我的女兒五歲時開始背乘法表和考試之後，回到家就開始為數學掉眼淚。我們並不希望數學在學生身上引起這種情緒，不過如果我們繼續讓學生處於必須快速反射答

案的壓力下，就消除不了普遍存在的數學焦慮和厭惡感（Silva & White, 2013）。

那麼如果我們不採用限時測驗，又該怎麼幫助學生學習數學事實呢？要促進學習、培養出數學思維，最好的方法就是提供概念性的數學活動，幫助學生學習並理解數字與數的觀念。腦科學家研究了以兩種不同方式學習數學的學生。一種是透過策略：舉例來說，先算出 17×10（170）再減去 17×2（34），然後用這個方法學會 17×8；另一種方式則是熟記（17×8=136）。他們發現，這兩種方式牽涉到大腦的兩條路徑，這兩條路徑對於終身使用都十分有益。然而重要的是，這項研究也發現，透過策略學習的人比硬背起來的人更容易達到「優異表現」；他們解決測驗題的速度一樣快，但推廣到新問題上的能力比較好。大腦研究人員得出的結論是，要實現自動化（automaticity），應該要透過對數字關係的理解以及對數字策略的思考（Delazer et al., 2005）。

在另外一項重要的研究中，研究人員發現最有成效的學習，是發生在我們運用大腦不同路徑的情況（Park & Brannon, 2013）。左半腦負責處理事實與技術資訊，右半腦則在處理視覺及空間資訊。研究人員發現，當左右半腦進行交流時，數學的學習與表現會達到最佳狀態（Park & Brannon, 2013）。研究人員還發現，學生在做算術題（譬如減法）的時候，表現最好的人，左右腦也呈現出最密集的連結。這項發現的含意對數學的學習極為重要，因為這意味著，只要學生運用視覺及直覺式的數學思維，對於建構大量且抽象的學校數學學習就能強化。

我們在 Youcubed 網站上發表的文章〈不帶恐懼的流暢〉（Fluency without Fear），收錄了這個證據以及一些可讓老師與家長用來實現重要腦部連結的活動，這篇文章現在已成為幾個主要新聞研究的議題。我們放進文章的其中一個數學遊戲，在發表之後廣受歡迎，推文還轉推到世界各地。

這個遊戲要兩人搭檔一起玩。每個人各有一百個空白方格。第一個人先擲兩顆數字骰子，然後用擲出的數字在一百個方格上畫一個陣列。他們可以把陣列擺在方格上的任意位置，但目標就是盡可能把方格填滿。在方格上畫出陣列後，他們要寫下描述方格的算式。等到雙方都擲過骰子，方格上沒辦法擺更多陣列時，

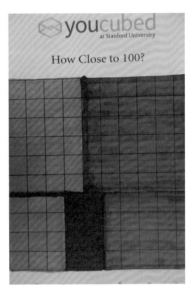

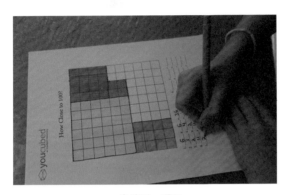

a. 多接近一百？　　　　　　　　　　　　b. 多接近一百的著色方格？

圖4.2　多接近一百？

遊戲就結束了（見圖 4.2）。

　　學生在這個遊戲中會學到如 2×12 等數字事實（number fact），但是他們也在做某件更加重要的事：他們在思考數字事實的意義，以及 2×12 在視覺上和空間上又代表什麼意義。

　　還有一個遊戲也能助長同樣強大的大腦連結，採用了數學圖卡的構想，但是用法非常不一樣；通常這種圖卡的用法是負面的，譬如反覆快速訓練用的「閃卡」。這個遊戲的目的，是在沒有時間壓力的情況下，把答案相同、但透過不同表示法來呈現的圖卡配對。老師先把所有圖卡放在桌上，然後要學生輪流挑選；能挑出越多有相同答案（透過不同表示法來呈現）的圖卡越好。舉例來說，9 和 4 可以用一個面積模型、整套物件如西洋骨牌、一行算式來呈現。學生把圖卡配對起來之後，應該要說明他們怎麼知道這些圖卡是等同的。這個活動同樣著重學生在視覺與空間上對乘法的理解，一邊演練數學事實一邊刺激大腦連結。玩這個遊戲的時候，也能把圖卡牌面朝下蓋著，當成考驗記憶的遊戲，額外增添

一點挑戰性。整套圖卡可在這個網址取得：http://www.youcubed.org/wp-content/uploads/2015/03/FluencyWithoutFear-2015.pdf（見圖 4.3）。

　　這些活動主要是傳授數感和數學思維，促進大腦的新路徑。這種方法的反面，就是偏重死記硬背和速度。越是跟學生強調熟記，他們就越不願意思考數字與數的關係，也越不肯運用並養成數感（Boaler, 2015a）。有些學生不像其他人那麼會背數學事實，這是值得慶賀的事，反映了生命與人之間美好的多樣性與差異性。要是老師考大家數學事實，結果每個人彷彿機器人般都用同樣的方式和速度答題，可以想見這有多麼糟糕。在最近一項大腦研究中，科學家仔細觀察了學生被教導要硬背數學事實時的腦活動。他們觀察到，有些學生比其他人更容易記住這些東西。這對各位讀者來說並不是什麼意外之事，而且我們很多人可能會斷定，記得比較熟的人是那些學習成就較高或「較聰明」的學生。然後研究人員發現，比較容易記住的學生並非學習成就較高者，照研究人員的形容：他們沒有比較多的「數學能力」，也沒有比較高的 IQ（Supekar et al., 2013）。研究人員發現的唯一差異，就只在於大腦中負責記憶事實的海馬迴。海馬迴也和其他腦區一樣能夠時時增長，而不是固定不變的，正如針對倫敦黑色計程車司機的研究（Woollett & Maguire, 2011）所闡明的，不過總是會有一些學生背東西的速度比較快或比較慢，而這**跟數學潛能無關**。

　　為了成為英文好的學生，學會閱讀並理解小說或詩歌，學生必須熟記很多字詞的意義，但並沒有學生會認為，學習英文就是在快速記住及想到英文單詞，因為我們的學習方法是把字詞運用在許多場合中，例如：口語、閱讀及寫作。英文老師不會給學生幾百個單詞去背熟，然後在限定的時間內考大家單詞。所有的科目都有一些東西要牢記，但數學卻是老師認為應該要進行限時考試的唯一科目。我們為什麼會用這種方式看待數學？我們看到了研究證據，顯示學生透過參與活動可以更有成效地學習數學事實；現在正是運用這個證據，讓學生擺脫數學恐懼的時候。

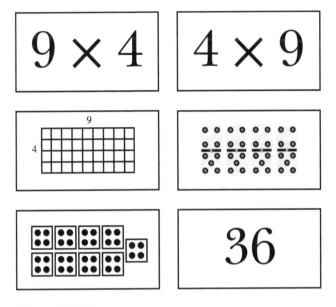

圖 4.3　數學圖卡。
資料來源：Youcubed.org / Youcubed / CC BY 4.0。

一位數學老師的數學背誦創傷

我在最近一次和加州的老師一起進行的專業發展研習上，分享自己從小到大記不住乘法表。我也向全場的老師吐露，儘管我每天投身數學工作，記不住乘法表這件事從來沒有造成任何阻礙。當我講到這裡的時候，有四位老師哭了出來。其中一位在午餐時一面啜泣一面向我解釋，我說的這番話讓她有了徹底的改變。她從很小的時候就很不會背乘法表，而她的父親讓她覺得自己在某方面有缺陷，她這輩子都認為自己應該有什麼地方出了問題。她告訴我，她是和她的校長一起出席研習會，她擔心自己的「缺陷」會曝光。因學校課堂上偏重限時測驗與熟記數學事實而受害的人數，實在多得嚇人。

數學演練有多重要？

　　我把學生必須從概念及視覺上投入數學的證據指陳給家長和老師看的時候，有些家長會問：「難道學生不需要多做數學演練嗎？」他們指的是單獨出給學生的大量數學習題。學生是否需要或究竟需要多少數學演練，是個有趣的問題。我們知道，只要有學習，大腦就會創造、強化或連結路徑，為了強化大腦的路徑，就必須重新思考及深度學習。這代表什麼意思？重新思考數學觀念很重要，但一遍又一遍「演練」方法是無濟於事的。學到新的數學觀念之後，進一步強化這個觀念是有幫助的，而最好的強化方法就是拿來多方運用。假如我們給學生四十個抽離觀念的重複習題，這樣其實大大害了學生。反覆練習會讓學生不再接近數學，這是不必要的，而且會使學生不懂得在不同的情境中運用這個觀念。

　　麥爾坎・葛拉威爾（Malcolm Gladwell）在《異數》（*Outliers*）這本暢銷書裡，提出了這個想法：要精通某個領域，大約需要練習一萬個小時（Gladwell, 2011）。葛拉威爾描述了著名音樂家、棋士、運動明星的成就，並指出重要的訊息。很多人覺得像貝多芬這樣的天才是天生的，但葛拉威爾指出他們是靠長時間的努力，並具備成長型思維，才達到偉大的成就。遺憾的是，我接觸過的一些人，把葛拉威爾提出的想法解釋成：學生做了一萬個小時不用動腦筋的演練後，就能專精數學。這是錯的。專精數學需要的是在數學上努力一萬個小時。我們不必讓學生把一個方法拿來一遍又一遍地演練。那不是數學，這沒有讓學生了解構成專業數學技能的觀念、概念和關係。努力一萬個小時的人應該是要從整體上研究數學、思索數學觀念與關聯、解題、推理，以及把方法連結在一起。

　　美國大部分的教科書作者採用的寫法，都是基於把方法分離出來、簡化成最簡單的形式，然後演練這些方法。這種寫法有很多問題。首先，演練分離出來的方法會讓學生感到厭煩；很多學生一想到自己的角色是被動接受某個方法（Boaler & Greeno, 2000），還要一遍又一遍反覆練習，就覺得倒胃口。其次，大部分的例題只是讓你練習最簡化而不連貫的方法，學生並不了解該在何時或該怎麼使用這

個方法。

　　這個問題還延伸到教科書介紹觀念的舉例方式，因為這些書總是介紹最簡化的版本。範例 4.1 是在一些研究當中，學生給出的答案，凸顯了這個由教科書帶來的問題的本質。

　　研究當中有過半數的學生說不出這些形狀的名稱，這件事透露了一點重要的

典型表示法的問題

研究人員給十一歲的學童看下面這張圖，並且問他們：直線 a 和直線 c 有沒有平行？

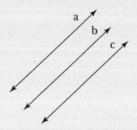

大多數人都回答：「不平行，因為中間隔著直線 b。」這是因為，教科書上幾乎都是畫出兩條直線來說明平行線的概念，就像這樣：

接下來，研究人員要學生說出下面這個形狀的名稱：

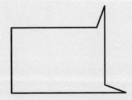

範例 4.1

大部分人都答不出來。這是個六邊形（有六個邊的多邊
形）幾乎都會畫成這樣：

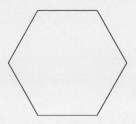

這沒有完整說明六邊形的概念。

超過半數的八歲孩子不認為下列畫出的分別是直角、三角形、正方形及平
行線……

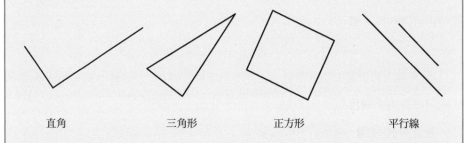

| 直角 | 三角形 | 正方形 | 平行線 |

因為他們看到的永遠是最簡化的概念。以下是學生們期待看到的圖像：

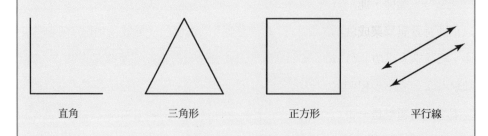

| 直角 | 三角形 | 正方形 | 平行線 |

範例 4.1（續）

訊息：如果教科書只用最簡化的形式來介紹某個觀念，學生就沒有機會學習這個觀念的真正內涵。教科書作者每次都給「完美的例子」，因此一換成不同的例子，學生就說不出名稱了。學習定義時，提供不同的例子是很有幫助的，可以舉出一些幾乎不合乎定義的例子，以及完全不符合定義的例子，而不是每次都只有完美的例子。

　　數學老師也應該思索他們所解釋的定義的寬度和廣度，有時最能引起注意的方式是透過反例。學習定義的時候，同時看合乎定義與不合乎定義這兩類例子，往往比只介紹一連串完美的例子更有幫助。舉例來說，對認識鳥類有所幫助的，應該是去思考蝙蝠為什麼不屬於鳥類，而不是繼續看更多麻雀和烏鴉的例子。

　　學生看到完美例子後形成的錯誤認知，與他們反覆演練單獨方法之後產生的問題，兩者的情形是類似的：學生得到的都是只需簡單套用程序的單純情境（甚至經常是什麼情境也沒有）。他們學習這套方法，一旦碰到實際的數學問題或平時需要用到數學時，就不會用這些方法了（Organisation for Economic Co-operation and Development, 2013）。實際問題經常需要選擇方法，因應情況改動，這些方法往往是學生從未學過或想過的。在下一章，我們會談到可有效避免這些問題的數學題目以及這些題目的本質。

　　我在英國做過一項曾經獲獎的研究，用三年的時間追蹤一批接受演練教學法的學生——他們在數學課堂上會看很多單獨的例子，然後要反覆練習（Boaler, 2002a）。而我用來對照的教學法，則是給學生看數學的複雜性，要求他們時時從概念思考，選擇、運用並應用所學的方法。這兩種教學法是在不同的學校落實，以相同背景與學業成就的學生為對象，且兩所學校都位於低收入地區。在謹守紀律、極講求「用功」（time on task）的學校當中被教導要反覆練習的學生，全國數學考試的成績表現明顯不如那些練習得較少、但被鼓勵多做概念思考的學生。全國考試的題目是一系列程序性的問題，因此傳統學校教出來的學生在全國考試中，會面臨不知該選什麼方法來答題的難題。他們雖然把方法練習了一遍又一

遍，但是從未被要求先考慮情境再選用方法。以下是該校的兩位學生反思自己在考試過程遇到的困境：

> 這真的很蠢，因為不管是在課堂上、在做習題，甚至題目很難的時候，都偶爾會有一、兩題做錯，但是大部分會做對，所以我們心想：「那我在考試的時候，也會答對大部分的題目。」因為各章都弄對了。可是結果不是這樣。（Alan，Amber Hill 中學）
>
> 這很不一樣，就像問題應該會有的模樣——情況多變。它不是在告訴你敘述。這些問題跟課本上和老師講的不一樣。（Gary，Amber Hill 中學）

在美國、英國和許多國家數學普遍不好，部分原因是數學被過度簡化，以及透過被分離出來的簡化程序來演練方法。學生沒有養成數學思維，也是一部分原因；他們不把思考和理解視為自己的職責，反而認為他們的任務就是反覆套用方法。學生受到誤導，以為數學課堂上不適合思考。

我們在美國進行了第二次研究，這項研究中，我們詢問那些接受演練型數學教學的學生，他們在數學課堂上的任務是什麼（Boaler & Staples, 2008）。居然有97％的學生說了同樣一件事：他們的職責是「集中注意力」。這種被動的觀望行為不是思考、推理或理解，並不會促進理解或是養成數學思維。

老師經常給學生一些數學習題當回家作業。有很多證據顯示回家作業是不必要甚至是有害的，不管是什麼形式的回家作業；我在第 6 章會分享幾個證據。身為家長，我很清楚回家功課是我們家裡最常帶來淚水的肇因，而且在家裡製造最多焦慮的科目就是數學，尤其是當數學作業只有一大堆孤伶伶的題目時。

一頁頁的練習題發回家寫，似乎沒有想到這些作業對那天晚上家庭的氣氛造成的負面影響。不過還是有希望，因為決定終止回家功課的學校並沒看見學生的成績因此下滑，但看到家庭生活品質顯著提升（Kohn, 2008）。

不少大型研究已證實，有無回家作業對於學業成就的影響很小，甚至毫無影響（Challenge Success, 2012），回家作業會導致嚴重的不平等（PISA, 2015），我在第 6 章會再回頭談這個議題，然而回家功課卻在許多家長及孩童的生活造成很大的負面作用。研究也顯示，唯有在學生能從中得到值得花時間的學習經驗與偶爾讓學生有機會進行有意義的任務，而不是把回家作業視為準則或滿頁的習題時，這樣的回家作業才算是有效的。我女兒們就讀的地區公立國小通常只會派值得花時間寫的數學功課，譬如算獨（KENKEN）遊戲，可是偶爾老師也會要她們回家做四十道習題，練習減法或乘法。我看過孩子收到這種回家作業時情緒低落的模樣，我會在這時跟她們解釋，反覆練習的習題並不是真正的數學，而且在她們給我看她們會解幾道題目，通常是四到五題之後，我會建議她們不用繼續做了。接著我會寫字條給老師，說我相信她們已經弄懂方法了，不想讓她們繼續做三十五道題目，因為這樣可能會讓她們對數學的本質產生負面想法。

如果你任教的學校需要給回家作業，其實有一些題目會比滿滿都是習題有成效得多。我在維斯塔聯合學區合作過的兩位老師，葉卡特伶娜・密維斯卡亞（Yekaterina Milvidskaia）和蒂雅娜・泰波曼（Tiana Tebelman），就很有創意。她們開發出一套回家作業反思問題，會從每天的課程中選出問題，在更深的層次上幫助學生消化理解當天遇到的數學。她們通常會讓學生每天晚上回答一個反思問題，並視問題的複雜度而定，做一到五個數學問題。範例 4.2 就是她們開發出來的反思問題，學生每天晚上要從中選出**一題**來回答。

密維斯卡亞和泰波曼的這些反思問題已經採用兩年了，她們也注意到出現在學生身上的正向影響，這些學生現在會思索自己在課堂上學到什麼、綜合自己的想法，也更常在課堂上發問。

她們每年都會對學生做一次期中調查，以便蒐集資料及學生對於課堂實踐（包括她們的回家作業新方法）的回饋意見。她們請學生「提供你對今年回家功課的回饋意見」時，收到了以下的回應：

數學回家作業反思問題
第一部分：書面回應題

＊要詳盡回答你所選答的問題！作答時請寫出完整的句子，並準備隔天在課堂上跟同學分享自己的回應。

1. 你今天學到或是我們今天討論到什麼基本數學概念或觀念？

2. 你對於 ＿＿＿＿＿＿＿＿＿ 還有什麼疑問？
   如果沒有疑問，就寫出一個類似的問題，並且求解。

3. 寫下你或同學在今天的課堂上所犯的錯誤或誤解。你從這個錯誤或誤解學到什麼？

4. 你或你的小組是怎麼思考今天的問題或題組的？你的思考方式獲得結果了嗎？你從你的思考方式學到什麼？

範例 **4.2**
資料來源：Licensed under Creative Commons Attribution 3.0 by Yekaterina Milvidskaia and Tiana Tebelman。

我覺得我們寫功課的方式非常有幫助。多花時間去思考我們學到的東西，而少花時間做更多課本習題，就會學到更多。

我覺得這些回家作業問題幫助我思考當天學了什麼。如果不太記得，它讓我有機會回過頭看我的作業簿。

今年我很喜歡我們做作業的方式。因為有那些反思問題，所以我了解要怎麼做作業；那些問題對我很有幫助，因為這樣我就能記得那天我在課堂上做了什麼事。

有那些反思問題，真的給我很大的幫助。我可以知道哪些地方必須改進，以及哪方面我做得不錯。

5. 詳述班上其他人思考某個問題的方式。他們的思考方式跟你思考同一個問題的方式類似，還是有所不同？

6. 今天介紹了哪些新的詞彙或術語？你認為每個新詞彙的意思各是什麼？替每個字舉個例子或畫一張圖。

7. 今天的數學課上有什麼重大的爭論？你從這個爭論學到了什麼？

8. _____ 與 _____ 有何相似或相異之處？

9. 如果你改變了 _____，會發生什麼結果？

10. 你在這個單元有哪些強項及弱點？你計畫怎麼改進自己不足的領域？

範例 4.2（續）

　　這些學生談到反思問題對他們在學習數學上的幫助。這些問題給學生的壓力小得多，這點一向很重要，而且引發學生從概念上思考重要的觀念，這非常有用。要學生回想錯誤或不清楚處的問題，特別能幫助學生自我省思，而且經常會讓學生首次悟出數學。這樣的問題也會給老師十分重要的教學指引。課程結束前也可以寫一些類似的問題給學生當作「通行票」，要他們在期末寫好。我在第 8 章會分享更多關於反思問題的想法。

　　正如我在第 1 章提過的，OECD 的 PISA 團隊不僅讓學生做數學測驗，還會蒐集關於學生思維模式及數學策略方面的資料。從一千三百萬個學生運用的策略

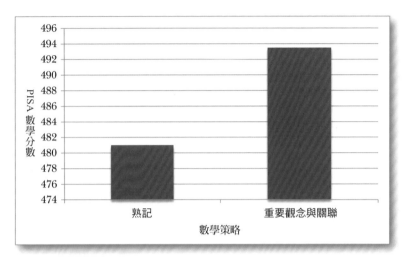

圖 4.4　**數學策略與成績。**
資料來源：PISA, 2012。

來看，資料顯示全世界分數最低的學生採用的是熟記策略，這些學生準備數學測驗的方法，是努力記住各種算法。全世界分數最高的學生，在應付數學時則是去思索重要的觀念及這些觀念之間的關聯。圖 4.4 呈現了採取不同策略的學生的成績差異。

我們能為學生做的最好的事情之一，就是協助他們養成數學思維，讓他們因此相信數學講求的是思考、理解、重要觀念與關聯，而非死記方法。

要使學生能夠以這些方式思考及學習、懂得欣賞數學的關聯性與概念性，有個很棒的教學策略稱為「number talks」。這也是就我所知，能同時傳授數感與數學事實的最佳策略。發展出這個教學法的，是露絲・帕克（Ruth Parker）和凱西・理查森（Kathy Richardson）。這是很理想的簡短教學活動，老師可以用來當課堂的開場，家長也可以在家裡運用。這個活動是要提出一個抽象的數學問題，然後請學生說出他們是怎麼心算出答案的。接著老師要收集學生說出的各種策略，看看這些策略為什麼可行。舉例來說，老師也許要大家算出 15×12，結果發現學生們解題的方法有下列五種：

15 × 10 = 150	30 × 12 = 360	12 × 15 =	12 × 5 = 60	12 × 12 = 144
15 × 2 = 30	360 ÷ 2 = 180	6 × 30	12 × 10 = 120	12 × 3 = 36
150 + 30 = 180		6 × 30 = 180	120 + 60 = 180	144 + 36 = 180

　　學生喜歡提出不同的策略，通常還會完全投入而且會被不同的方法吸引。讓學生學習心算，他們有機會牢記數學事實，而且也漸漸從概念上理解數與算術的性質，這些概念與性質對於學好代數和更高深的領域十分重要。凱西·亨弗瑞斯（Cathy Humphreys）與露絲·帕克都在她們的著作（Humphreys & Parker, 2015; Parker & Humphreys, 2018）中列舉了許多可跟中小學生進行的「number talks」。老師也可以透過 Youcubed 平台上的一支影片來教「number talks」，這支影片摘錄自我為老師及家長開設的線上課程（http://www.youcubed.org/category/teaching-ideas/number-sense/）。

　　就我所知，「number talks」是培養數感、協助學生看見數學變通性與概念本質的最佳教學法。

高年級的學生呢？

　　我在這一章花了不少時間討論我們必須為小朋友安排的重要學習軌跡，也就是透過數學概念的學習投入，建立起「數學是重理解、可正面思考的科目」的想法。學生若能從一開始就步上這個軌跡，當然是最理想的，但我們知道，不管是誰，都可以隨時改變自己的學習軌跡以及他們跟數學的關係。下一章會談到討厭且害怕數學、把數學視為程序性科目的中學生與成年人，當他們以不同的方式投入數學，試著探究重要的數學關聯與模式，接收到對於自己潛能的成長型思維訊息之後，他們就徹底改頭換面了。從那一刻起，他們就開始用不同的方式思考數學，學習軌跡也有所改變。我在各種年齡層的學生身上看過這種變化，包括我在史丹佛教到的大學部學生。圖 4.5 呈現了七年級在第二學期接受思維模式介入所帶來的影響（Blackwell, Trzesniewski, & Dweck, 2007）。研究告訴我們，學生在剛

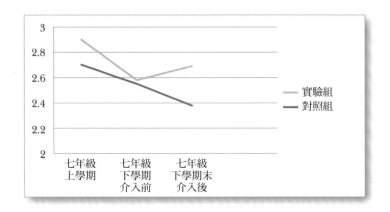

圖 4.5　思維模式介入。
資料來源：Blackwell et al., 2007。

進入中學時，相對學業成就會下滑，但對於接受思維模式介入的學生，下滑的趨
勢有了逆轉。

　　思維模式訊息對學生非常重要；這些訊息再搭配不同的數學機會，令人驚嘆
的結果就會發生，不分年齡。

數學應用程式與電玩遊戲

　　讓學生有機會發展出思考式、概念式數學學習的另一個方法，是讓他們玩一
些著重概念思考的數學應用程式與電玩遊戲。遺憾的是，絕大多數的數學應用程
式與電玩遊戲都沒什麼用，都在鼓勵反覆練習與死記硬背。我們的網站 youcubed.
org 分享了一些應用程式和電玩遊戲，並相信它們能有效創造正面的數學關係和理
解。

　　這些應用程式和電玩遊戲的成效甚佳，它們既能學生深入理解所學的數學概
念，同時也幫助他們看懂數學理念。

結論

　　關於大腦的新研究告訴我們，學得好與學得不好的學生之間的差異，不在於他們所學習的內容，而是跟他們的思維模式有關。成長型思維很重要，不過要激勵學生達到更高的數學學習程度，還需要數學思維。我們必須讓學生對自己、對數學的本質、對他們在數學學習過程中的職責有成長型的信念。透過著重概念與探究的數學教學和思維模式的激發，學生就能拋掉一些負面的想法，像是：數學就是要反應快、記得牢、要不是聽得懂就是聽不懂。這種轉變是數學學業成就與樂在數學的關鍵，無論哪個年紀都可以發生，即使是成年人也不例外。雖然本章側重這種轉變在學習初期的意義，特別是學習數字的階段，不過其想法可延伸到所有的數學程度。就連數學事實，在教學上都還是能強調概念與理解，只要能給學生很多有趣的情境，鼓勵他們理解這些情境，他們就會以不同的眼光看數學，變成他們可以探索、提問、思考關係的開闊天地，而非封閉、一成不變的知識體。下一章要介紹幾個透過豐富有趣的數學課堂活動，來創造這種學習環境的最佳方式。

豐富多變的數學
課堂活動

　　對學生來說，老師是最重要的資源，他們能夠創造令人振奮的數學環境，給學生所需的正面訊息，設計任何一種數學課堂活動（task，或稱任務），用它激發出學生的好奇心和興致。已經有研究顯示，老師對學生學習的影響比其他任何變量還要大（Darling-Hammond, 2000），然而數學學習經驗還有很關鍵的一部分，就是老師可以花心思準備的課程、課堂活動及問題，從很多方面來看，是老師最好的朋友。所有的數學老師都知道豐富的課堂活動是很好的資源，可以讓心不在焉、缺乏學習動力的學生轉變成快樂、振作奮發的學生。老師採用的課堂活動和問題，有助於培養數學思維，創造出深度理解的條件。這一章就要探討真正數學參與的本質，研究如何透過數學任務的設計實現這個目標。

　　我在英國和美國教過國中程度、高中程度及大學程度的數學，我在兩地也觀察研究過上百個數學課堂，橫跨到大學部，還研究了學生的數學學習與引發學習的條件，我很幸運能有這麼多方面的經歷，這些經驗讓我對真正的數學參與和深度學習，有非常深刻的領會。我親眼目睹許許多多的學生一旦產生出數學興奮感，就會連帶發展出對數學觀念與關係的深刻領會。有趣的是，我發現在跟數學奮鬥的十一歲孩子和在頂尖大學的高材生身上，表現出來的數學興奮感沒什麼兩樣——都結合了**好奇心**（curiosity）、**關聯建立**（connection making）、**挑戰**（challenge）、**創造力**（creativity），

通常也牽涉到**合作**（collaboration）。對我而言，這些就是數學課堂參與的「五個C」。我在這一章會先分享我所了解的課堂參與及興奮感的本質，隨後再來思索創造出這種參與的課堂活動具有哪些特質，而每位數學老師都能夠在自己的教室裡設計出這樣的課堂活動。

我並不打算用冷冰冰的抽象方式剖析數學課堂參與的本質，而是介紹六個真實數學興奮感的實例；我認為數學興奮感是數學課堂參與的巔峰。這些實例都是我在人群中親眼目睹的，也都讓我深刻體會到，產生出這種學習機會的教學方式與課堂活動所具有的本質。第一個實例並不是來自學校，而是矽谷一家新創公司的特殊背景，這個實例讓我們看到數學興奮感的強大之處，這正是我很想展示給所有數學老師看的東西。

實例一　看見數字的開放性

二〇一二年十二月下旬，在我飛到倫敦過耶誕新年假期前幾天，我跟線上課程平台 Udacity 的特隆和他的團隊初次見面。我受邀去 Udacity 參訪，他們想聽聽我對於數學課程及有效學習設計方法的意見。那天我走進位在帕羅奧圖（Palo Alto）的寬敞明亮辦公空間，馬上就知道自己走進了一間矽谷新創公司——牆上掛著單車，穿著 T 恤和牛仔褲的年輕人（男性居多）盯著電腦或坐著閒聊構想；沒有用牆隔出的小辦公室，只有開放式的隔間與光線。我走過這些隔間，走到玻璃牆後方的會議室。小房間裡擠了大約十五人，有人坐在椅子上，有的坐在地板上。特隆走向前和我握手，簡單介紹了一下，然後請我坐下。接著他就連珠炮似的發問：「好的數學課程要具備什麼特質？數學應該怎麼教？為什麼學生學不好數學？」他說，他的朋友比爾‧蓋茲曾經告訴他，代數是美國人普遍學不好數學的原因。我厚著臉皮半開玩笑說：「哦，這是數學教育家比爾‧蓋茲告訴你的嗎？」他的團隊都笑了，而他本人看上去吃驚了一下。然後他問我：「那麼妳有什麼看法？」我告訴他，學生學不好代數的原因不是代數太難，而是因為學生沒有數感，數感正是代數的基礎。其中曾是數學老師的課程設計師克里斯（Chris），點

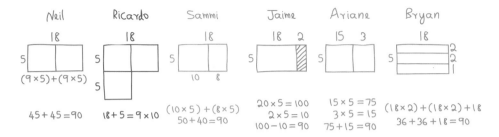

圖 5.1　18×5 的圖像解法。

頭表示同意。

　　特隆連珠炮似地繼續發問。當他問我，好的數學問題有何特質時，我停下來反問大家可不可以問他們一個數學問題，他們欣然同意，於是我就表演了一場很小型的數字講座。我請在場的每個人想一下 18×5 的答案，想好了就豎起大拇指讓我知道。拇指紛紛出現，接下來是團隊成員分享自己的算法。那天分享的算法至少有六種，我把這些方法以圖示畫在我們圍坐的白板桌上（見圖 5.1）。

　　接著我們討論各個算法的異同。團隊成員看著我以圖像的方式呈現算法，眼睛也越睜越大，當中幾位在座位上興奮地跳了起來。有些人吐露，自己從未想過抽象的數字問題居然有這麼多種思考方法；其他人則說，他們很驚訝竟然有視覺圖像，而且這個圖像呈現出這麼多數學，還呈現得如此清楚。

　　幾天後我到了倫敦，打開安迪（Andy）寄給我的電子郵件，安迪是 Udacity 具創新精神的年輕課程設計師。他以 18×5 為主題設計了一個很小型的線上課程，內容包括街訪路人，收集各式各樣的算法。這些想法讓團隊大感興奮，因此他們很想馬上將它公諸於世，他們還討論要製作「18×5」T 恤讓 Udacity 公司上下的每一個人穿在身上。

　　在 Udacity 開會過後的幾個月，我遇到路克・巴瑟勒（Luc Barthelet），他當時是 Wolfram-Alpha 的董事（Wolfram-Alpha 是全世界數一數二的重要數學公司）。巴瑟勒讀了我在書裡寫到的 18×5 不同解法（Boaler, 2015a），覺得興奮不已，於是逢人就要對方求解 18×5。一個抽象的數字問題引發的反應與數學興奮

感油然而生的時刻，似乎很值得分享。但不論是進階數學使用者或小朋友，怎麼可能因為看到及想到大家求解像 18×5 這麼看似無聊的問題時用了如此不同的解法，而產生出興趣呢？我的看法是，這種興趣來自大家看見了數學的創造力以及**看待**數學觀念的不同方式。這件事本身就很有趣，但我遇到過的大多數人也確實從未發覺數字竟可以如此開放，數字問題可以有那麼多種解法，就連高階數學使用者也不例外。這種體認結合了圖像上對數學運作方式的深刻見解，興趣就會更加濃厚。

我曾經拿這個問題和類似的問題問過中學生、史丹佛的大學部學生及企業執行長，結果獲得同樣的反應，這件事讓我知道，數學的變通性和開放性是令人著迷的。數學是顧及精確思維的科目，然而精確與創造力、變通性、觀念的多重性結合之後，數學就變得鮮活有趣了。老師可以利用各式活動在課堂上創造出這樣的數學興奮感，譬如問學生他們思考任務、用來解決任務的不同方法，鼓勵他們討論看待問題的不同方式。在課堂上，老師必須留意教室規範，教導學生注意聽並尊重彼此的想法；第 7 章會再介紹可採用的教學策略。只要學生學會尊重與聆聽，看他們分享不同解題方法時的參與感就是件很棒的事。

實例二　漸增的形狀：圖像化的力量

我想分享的第二個實例來自非常不同的背景──舊金山灣區暑期學校的中學教室，來修課的學生都是因為在學年裡成績不好。數學課有四班，我和我在史丹佛的研究生一起教其中一班，我們決定把課程重點放在代數，但不是把代數當成最終的目的，讓學生盲目地解未知數 x，而是把代數當成可用來解決豐富迷人問題的解題工具來教。那些學生剛讀完六、七年級，他們大部分都很討厭數學，大概有一半的人上個學年的成績拿到 D 或 F（詳情見 Boaler, 2015a; Boaler & Sengupta-Irving, 2016）。

替暑期學校制定課程的過程中，我們採用各種資源，包括馬克·迪里斯科（Mark Driscoll）的書、露絲·帕克的數學問題，還有來自英國的兩個課程──

「中學數學個別化學習經驗」（Secondary Mathematics Individualised Learning Experience，簡稱 SMILE）和「起航點」（Points of Departure）。在這個實例中，引發數學興奮感的課堂活動來自帕克，這個任務是要學生繼續延伸如範例 5.1 所示的由多連方塊組成的增長模式，以便找出做到第 100 步時總共有多少個方塊。（所有範例中的完整課堂活動練習，都可以在附錄中找到。）

那些學生都有多連方塊可動手做。在我們的教學中，會請學生分組討論，有時候由我們老師來選組，有時則由學生來選擇。某天我注意到有一組很有趣，組員是三個男生——班上三個最調皮搗蛋的男生！他們在來暑期學校之前互不相識，在暑期學校的第一個星期，他們三個多半沒把心思放在任務上，不然就是害別人不專心。這三個男生會在其他人在白板上講數學的時候亂出聲，剛開始時似乎對人際方面的交談更感興趣，而對數學上的交談不怎麼感興趣。霍赫（Jorge）上學年的數學成績是 F，卡洛斯（Carlos）是 D，路克（Luke）得 A。但我們給學生這個任務的那天，情況出現了改變。令人難以置信的是，他們三個在這個數學任務上花了七十分鐘，完全沒有停下來、分心或是轉換到別的任務。有一次幾個女生走過去用鉛筆戳他們，結果他們三個拿起自己的東西，搬到另一張桌子上，他們十分投入這個任務，努力解決這個問題。

我們的每一堂課都有錄影，當我們從影片中檢視這三個男生那天的表現時，我們看到了在數字、圖像增長、代數推廣上的豐富交談。讓這三個男生極為投入的原因，是我們針對這個課堂活動所做的更動，而且這個更動適用於任何的數學課堂。在課堂上指派函數任務（譬如我們給那些學生的那個任務）時，通常會指示大家找出第 100 步（或更多步）及最後第 n 步的結果。但我們並沒有這麼做。我們反而是要學生先自己思考，再分組討論他們所**看到**的形狀增長方式。我們鼓勵他們用圖像化的方式思考，而不是用數字來思考，並在筆記本上畫出他們每一步在哪裡看到新添入的方塊。這三個男生看到的形狀增長方式不一樣：路克和霍赫看出形狀的底部每次都會新增方塊，卡洛斯則看到每一根直柱的最上面會新增方塊（見圖 5.2）。後來全班把前者稱呼為「保齡球道法」，因為新增的方塊就像

形狀任務

你覺得這些方塊看起來是怎麼增加的？

範例 5.1
資料來源：Ruth Parker；這是用於數學教育合作（MEC）課程的作業。

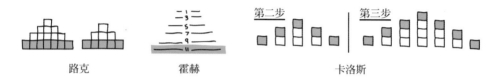

路克　　　　　霍赫　　　　　　　卡洛斯

圖 5.2　學生的習作。
資料來源：Selling, 2015。

保齡球道上新添的一排球瓶；後者則叫做「雨滴法」，因為方塊像雨滴般從天而降，落在每一根直柱上。

　　三個男生花時間獨自想出函數增長模式之後，就開始分享自己對形狀增長方式的想法，講出自己認為每一步中新增的方塊在哪裡。令我們印象深刻的是，他們把自己的圖像方法跟形狀裡的數連結起來，不僅針對自己的方法，還會花時間向彼此解釋不同的方法並採用彼此的方法。他們三個對這個函數增長很感興趣，以他們所知的資訊很努力地思考第 100 步會是什麼情形。他們圍著桌子互相討論自己的想法，不時指著他們的筆記本。就像解數學題時的典型過程，他們曲折前進，有時離答案很接近，接著漸行漸遠，然後又走回頭（Lakatos, 1976）。他們嘗試從不同的路徑求解，於是探遍了這塊數學疆域。

　　我在一些研討會上，讓在座的很多老師看過這三個男生參與課堂活動的影

片，大家對他們的學習熱情、毅力、高程度數學交談都刮目相看。老師都知道，那三個男生表現出來的毅力，以及他們互相尊重的討論方式，特別是在暑期學校的環境中，是極為不尋常的，他們也很好奇我們是怎麼辦到的。他們知道，許多學生一碰到很難做、無法馬上知道答案的任務就會放棄，尤其是那些學不好的學生。在這個案例中沒發生這種情形；三個男生卡住的時候，會回頭看自己所畫的圖，然後一起檢驗想法，很多想法雖然是錯的，但對最後找到解答是有幫助的。在研討會上跟老師們一起看完個案的影片後，我問他們從三個男生的互動觀察到什麼，可幫助我們了解他們的高度毅力與課堂參與。以下是幾個重要的觀察，透露了提升所有學生參與感的機會：

1. **任務具挑戰性，但也容易理解。**三個男生都能理解任務要做什麼，不過也給他們挑戰。任務的程度剛好適合他們思考。要找到完全適合所有學生的課堂活動，是非常不容易的，但是只要我們放開限制，讓任務更廣泛，也就是我所稱的「低地板、高天花板」型（low floor, high ceiling）課堂活動，對所有的學生來說就會是可能的了。地板低的原因在於，不管是誰都看得出形狀如何增長，然而天花板很高因為這三個男生研究的函數其實是二次函數，第 n 步可表示成 $(n+1)^2$ 個方塊。我們請學生從圖像的角度思考，來讓這個任務的地板降低。不過，我們之所以做這個重要的更動，還有別的原因，我在後面會談到。

2. **三個男生把這項任務視為益智題目，**他們很好奇答案是什麼，所以很想解開謎題。這個問題並不是「真實世界中的問題」，也跟他們的生活無關，不過卻十分吸引他們。這是抽象數學涉及開放思維與關聯時產生出來的力量。

3. **從圖像角度思考增長，讓這三個男生理解模式的增長方式。**由於他們有這樣的探究，就可以把任務當中的增長想成邊長為 $(n+1)$ 的正方形。雖然他們是在努力找出複雜的答案，但他們信心滿滿，因為他們已經從圖像上理解這個問題了。

4. **他們已經先發展出自己對模式增長的看法**，這對他們是一大鼓舞，他們的方法雖然不同但都是有效的，而且給答案增添了不同的見解。他們很興奮地跟彼此分享想法，也在解題的過程中運用自己和彼此的想法。

5. **這個教室是為了鼓勵學生提出想法和犯錯而設立的**，因此他們能不畏於提**出自己的想法**。這讓那三個男生在「卡住」的時候，可以繼續提供想法讓交談持續下去，不用擔心對錯。

6. 我們教過學生要**尊重彼此的想法**。我們的教導方式是去重視大家看問題及建立關聯的不同方式，重視每個人給予的思考廣度，而不只是一些人提供的程序性思考。

7. 那些學生是在**運用自己的想法**，而不是像他們學習代數那樣，只是遵照書上的方法。他們對函數的增長提出了不同的圖像化想法，這也讓他們對這個任務更加投入，產生出更多興趣。

8. **這三個男生一起完成任務。** 影片清楚顯示出他們透過交談時分享不同想法，來建立理解，這也強化了他們從數學中得到的樂趣。

9. 這三個男生**置身在異質的課室環境中**。看影片的人注意到每個男生都提供了一點不同而重要的東西。成績好的那個男生不斷大聲做出數字猜測——這對於比較程序性的問題可能是成功的策略；但另外兩個成績較差的男生會逼迫他進行圖像思考，到最後再做更概念式的思考，三人不同思考方式的結合，正是最後幫助他們成功的關鍵。

* * *

這也是我們在史丹佛大學及美國各地學區和世界各地舉辦的 Youcubed 研討會上努力創造的東西。我也曾看到一些老師在領悟到自己可以學會高等數學、看出數學關聯、體會到數學是很美的學科時哭了。對那些一直以來只把數學看成一套解題步驟、被誤導相信自己無法學會進階程度數學的成年人來說，這種感受特別強烈。

　　給學生增長模式課堂活動的時候，一般都會問數值問題，像是「第 100 步會有多少個方塊？」及「第 n 步會有多少個方塊？」我們也問了學生這些問題，不過一開始我們給他們時間獨自觀察形狀的增長模式，這就改變一切了。如果我們沒讓學生進行圖像思考，就會錯失幫助他們理解得更多的良機。大家對形狀增長的思考方式各有不同，就像圖 5.3 到圖 5.10 所示的那樣。這些都是跟我合作過的老師和學生看出的形狀增長模式，附上他們描述增長模式所用的名稱。

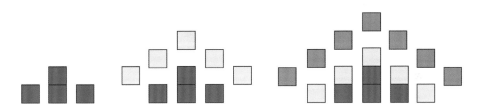

圖 5.3　雨滴法──方塊像雨滴般從天而降。

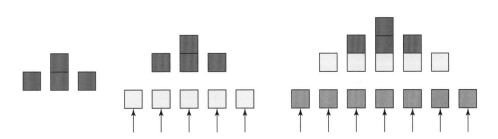

圖 5.4　保齡球道法──方塊的新增方式像保齡球道上的球瓶一樣。

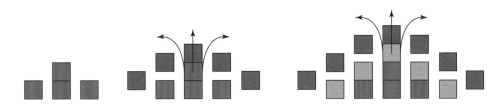

圖 5.5　火山法──正中央的方塊柱往上長高，其餘的方塊柱跟進，就像火山口噴發出來的熔岩。

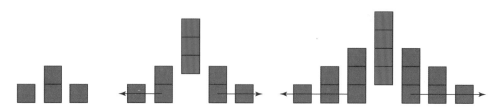

圖 5.6　紅海分開法──方塊柱從中間分開，把中央柱擺進來。

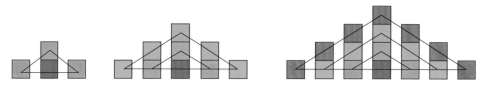

圖 5.7　相似三角形法──可以逐層看成三角形。

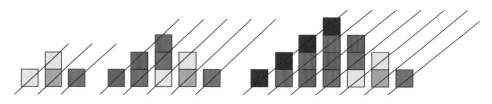

圖 5.8　斜切法──可以斜著看各層方塊。

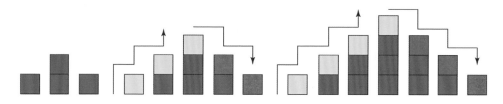

圖 5.9　「通往天國的階梯不得擅自進入」──改寫自喜劇電影《反斗智多星》（ *Wayne's World* ）。

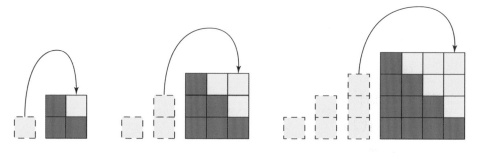

圖 5.10　正方形法──這些形狀每次都可以重組成一個正方形。

最近我把這個觀察模式增長的課堂活動提供給一群高中老師，他們並沒有花時間探究這個形狀的圖像增長模式，而是直接寫出像下面這樣的數值表：

步驟	方塊數
1	4
2	9
3	16
n	$(n+1)^2$

當我請這些老師告訴我為什麼這個函數是呈平方數、即按照 (n+1) 的平方來增長時，他們都說不知道。然而這正是我們看平方函數的原因：形狀是以邊長為 (n+1) 的正方形的形式增長，其中的 n 代表第 n 步（見圖 5.11）。

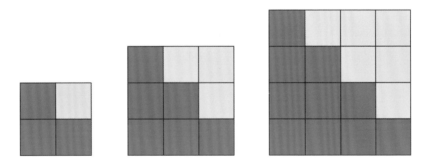

圖 5.11　正方形法（二）。

如果我們沒讓學生從圖像角度思考這個形狀的增長模式，他們對函數的增長就得不到必要的理解。他們往往說不出「n」的意義或代表什麼，代數對他們來說仍是個謎──是他們在紙面上搬來搬去的一組抽象字母。我們在暑期學校教的那些學生明白「n」代表什麼，因為他們親手畫過。他們明白為什麼這個函數的增長模式像正方形一樣，知道為什麼第 n 步是用 $(n+1)^2$ 來表示。他們最後寫出的代數

式，對他們來說是有意義的。不僅如此，這些學生覺得自己不是在為我們找出標準答案；他們認為自己是在研究各種方法，運用自己想出的概念和想法，包括他們自己對於數學增長的看法。我在本章最後一節，會檢視這個課堂活動的這些特色該如何應用到其他的課堂活動，以提升學生的課堂參與和理解。

實例三　講解的時機？

當我跟數學老師分享開放、基於探究的課堂活動時，譬如剛才討論的增長形狀或「雨滴」任務，他們通常會問一些類似這樣的問題：「我知道這些課堂活動很吸引人，能引發很好的數學討論，可是學生要怎麼學習像三角函數之類的新知識？或是怎麼學習因式分解？他們沒辦法自己發現這些知識。」這個問題很合理，而且在這個議題上我們確實有重要的研究結果。的確，理想的數學討論雖然是讓學生運用數學方法和觀念去解題，然而有時候老師也必須介紹新的方法和觀念給學生。在絕大多數的數學教室裡，依慣例是老師向學生示範方法，然後學生透過課本上的習題來演練這些方法。更好的數學課堂，是學生在演練方法之餘，會用這些方法解決應用問題，但學習順序保持不變——老師先示範方法，再由學生運用方法。

在一項重要的研究中，研究人員比較了三種數學教學法（Schwartz & Bransford, 1998）。第一種是美國各地採用的教學法：老師示範方法，然後學生用這些方法解題。在第二種教學法中，老師會讓學生從探索中發現方法。第三種則是典型學習順序的翻轉，甚至在學生還不知道解法之前，就先讓他們解決應用問題，然後再告訴他們方法。第三組學生表現出來的程度，明顯高出其他兩組。這些研究人員發現，讓學生解題時，如果他們不知道解題方法，但有給他們機會探索問題，他們就會產生好奇心，他們的大腦也會為學習新方法做好準備，因此在老師教新的方法時，學生會更加專注，更有學習動機。這些研究人員以〈講解的時機〉（A Time for Telling）為題發表他們的研究結果，他們認為問題不是「我們應不應該**講**或解釋方法？」而是「什麼時間講最好？」。他們的研究清楚顯示，最

好的時機是在學生探索過問題**之後**。

　　這要怎麼在教室裡實踐？老師該如何在不讓學生有挫折感的情況下，給學生他們不會解的問題？我會舉兩個不同的教學實例，來陳述這要如何實踐。

　　第一個實例來自我在英國做的研究，那個研究顯示，透過專題式（project-based）學習法來學習數學的學生，在數學上達到的程度明顯高出採用傳統學習法的學生，不管是在標準化測驗上（Boaler, 1998）還是在未來人生當中（Boaler & Selling, 2017）。我在實施專題式學習法的學校裡觀察的其中一個課堂活動，是告訴一群十三歲的學生，有名農夫想用三十六截一公尺長的籬笆，築出最大的圍籬。那些學生開始研究怎麼樣找出最大的面積。他們試了許多形狀，譬如正方形、三角形，然後設法找出哪種形狀的面積可能是最大的。有兩名學生發覺，三十六邊形的面積有可能是最大的，於是開始動手算算看面積有多大（見圖 5.12）。

　　他們先把自己想到的形狀分成三十六個三角形，然後就知道每個三角形的底是一公尺，而頂角是 10°（見圖 5.13）。

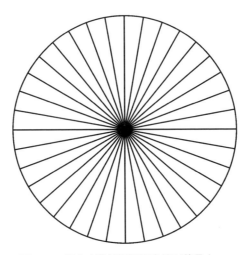

圖 5.12　三十六邊的圍籬圍出的面積最大。

圖 5.13　一截一公尺長的籬笆構成的三角形。

不過，單靠這個資訊還是算不出三角形的面積。這時，課堂老師向那兩個學生解釋三角學以及怎麼用正弦函數得出三角形的高。他們很高興學到這個方法，因為它幫助他們解決了問題。我看到其中一名男生興奮地教同組的同學如何用正弦函數，告訴他們他剛從老師那兒學了一點「很酷」的東西。隨後我想起一個星期前在採用傳統式學習法的學校看到的對比情況：老師在課堂上讓學生看一些三角函數，然後給他們幾頁題目演練；在那個情況下，學生覺得三角函數非常無聊，與他們的生活無關。在採用專題式學習法的學校裡，學會三角函數讓學生感到興奮，他們覺得這些方法「很酷」又很有用。學習動機提升了，就表示學生學這些方法學得更深入，這也是專題式學習的學生在考試和生活上獲得成功的主要原因。

第二個實例來自我在美國所做的一項研究。它跟我在英國做的研究類似，也顯示出學生若接受到著重關聯和溝通的概念式教學法，數學的學習會達到明顯高於一般的程度（Boaler & Staples, 2008）。我在《干數學什麼事？》這本書裡對這兩種教學法有更多著墨（Boaler, 2015a）。某天我在教學較為成功的學校裡觀摩一堂微積分的預備課程，那天老師把重點放在怎麼求出複雜形狀的體積；我把這間學校命名為雷賽德（Railside）。老師是蘿拉・艾文斯（Laura Evans），她正在幫學生做好準備以便學習微積分，還要用積分求出曲線下方所圍的面積，但她並沒有先教正式的方法，不像一般的教學方式，反而先給學生需要這門知識的問題，要他們想一想他們會怎麼求解。這個問題是要找出求檸檬體積的方法。為了幫助思考，她給每一組一顆檸檬和一把大刀子，要他們探討可能的解法（見圖5.14）。

分組討論後，學生輪番上台興奮地分享他們決定把檸檬放進一碗水裡，然後測量排掉的水量；另一組決定仔細測量檸檬的大小；第三組決定把檸檬切成薄片，把這些薄片想成二維的截面，然後再把這些截面分割成很多長條，這

圖5.14　一顆檸檬的體積有多大？
資料來源：Shutterstock © ampFotoStudio。

很接近微積分裡所教的找曲線下方面積的正式方法（見圖 5.15）。

　　等到老師講解積分的使用方法時，他們都大感興奮，覺得這個方法是強大的工具。

　　在這兩個例子中，教學法的學習順序都是顛倒的。學生都是在探究問題並發覺自己需要方法**之後**，才學習三角函數的方法與極限的概念。老師教給他們的，是他們所需的方法，而不是像一般的教學方式，教一個方法就讓學生去演練。這為學生創造了不一樣的世界，對學生有好處，也有利於後續去理解方法。

　　正如我在第 4 章回顧的，特隆向我說明直覺在他的數學工作中發揮的重要作用。他說，除非直覺告訴他方向是對的，否則他不會在數學上有所進展。數學家也很強調直覺在工作上的關鍵作用。柏頓訪談過七十位研究型數學家，結果發現有五十八位欣然同意直覺在他們的工作上有不可或缺的作用（Burton, 1999）。赫希在研究數學工作時也得到類似的結論：「如果去觀察數學研究，會發覺直覺無所不在。」（Hersh, 1999）。既然直覺在數學上如此重要，為什麼大部分的數學課堂裡卻不強調？大多數的孩子甚至以為老師不許他們用直覺做數學思考。老師要他們想辦法求出檸檬的體積，就是要他們用直覺去思考數學。很多數學問題在提問

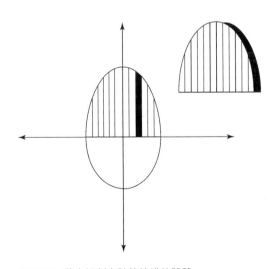

圖 5.15　藉由切割來計算檸檬的體積。

的時候，可以要求學生用直覺去考慮解題方法。舉例來說，老師可以給低年級的孩子不同的三角形和長方形，要他們想想看他們大概會用什麼方法算出三角形的面積，**然後**再講解面積公式；或是讓學生先思考有什麼方法可以描述資料集之間的差異，**然後**再告訴他們平均數、眾數或全距；可以先讓學生自己探索圓的各種關係，再告訴他們圓周率的值。等到學生進一步學到正式的方法之後，他們的學習會變得更深入、更有意義。如果我們讓學生做直覺思考，就會有很多好的現象發生。首先，他們不再狹隘地思考單一的數學方法，而是會去多方思量。其次，他們會明白自己必須動腦筋想——要思考、理解、推理。他們不再認為自己的任務只是反覆演練方法，他們知道自己的職責是思索不同方法適合與否。還有史瓦茨和布蘭斯福德的研究指出的第三點：他們的腦會準備好學習新的方法（Schwartz & Bransford, 1998）。

實例四　初次看見數學關聯（巴斯卡三角形）

接下來要分享的個案，來自一個我觀察過的專業發展工作坊，帶領這個工作坊的老師是帕克，她是了不起的教育工作者，經常舉辦教師工作坊，讓老師有機會接觸他們以前不曾有過的數學體悟。我選擇這個例子來分享，是因為我那天目睹的一件事，在後來又看到很多次：有個課堂活動讓一位叫做伊莉莎白（Elizabeth）的老師看到很強的數學關聯，還因此掉下淚來。伊莉莎白是位小學老師，她就和很多老師一樣，一直以來把數學視為一套應該遵循的程序，而不知道數學是充滿豐富關聯的科目。許多人始終認為數學是一套不相關的步驟，但在見識到構成數學的豐富關聯之後，經常大受感動。

帕克的工作坊跟我們在暑期學校的教學類似，也著重代數思考，而且她會給參加的老師很多函數模式的課堂活動。那天帕克挑選的課堂活動，是個漂亮的「低地板、高天花板」任務，看起來容易，卻也具備絕妙的複雜性；見範例 5.2 所示的古氏數棒列車作業（The Cuisenaire Rod Train Task）。對參加工作坊的老師來說，那個作業帶他們探索了指數型增長與負指數。

　　伊莉莎白和其他的老師開始動手按長短順序把數棒擺開，選出三種長度的數棒，準備找出所有的可能組合排法。在場有幾位老師一開始就選了長度為十的數棒，結果害自己陷入困境，因為排出長度等於十的列車的方法總共有 1,024 種！帕克知道自己的角色並不是去解救大家，而是讓他們在數學問題裡頭碰壁和遊蕩。經過一番努力，有幾位想起自己先前在工作坊學到的東西，那是經過十一年學校教育的學生不用學也曉得的重要數學做法：嘗試更小的例子。那些老師試了幾種不同的長度，就開始看出模式，包括圖像上和數值上的模式（見範例 5.2）。

　　這時帕克介紹了巴斯卡三角形，要老師們找出古氏數棒和這個著名的三角形的關聯（見範例 5.3 和圖 5.16）。

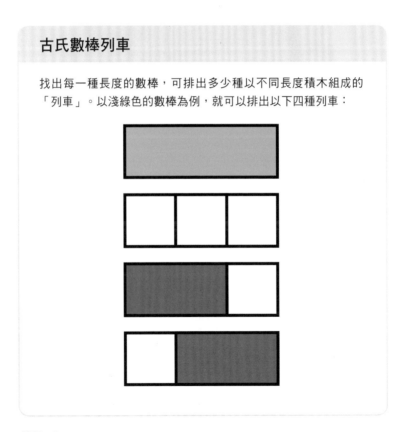

範例 5.2
資料來源：Ruth Parker；這是用於數學教育合作（MEC）課程的作業。

巴斯卡三角形

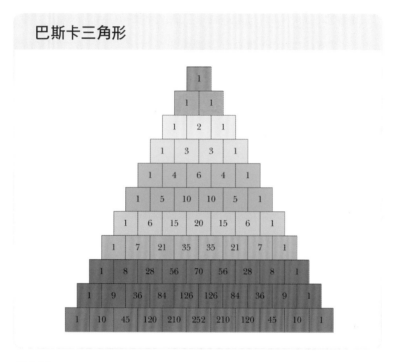

範例 5.3

圖 5.16　以古氏數棒排成巴斯卡三角形。

經過幾番努力，那些老師終於有些驚訝地發現數棒列車的組合全含在巴斯卡三角形裡頭。伊莉莎白就在這一刻感動流淚——這種情緒我完全了解。原本只把數學視為一套互無關聯的程序的人，只要有機會探究圖像上和數值上的模式，看出並理解關聯，就會有很強烈的感受。伊莉莎白在那一刻茅塞頓開，明白自己其實可以發現數學上的洞見和關聯，從那時開始，她和數學的關係有了改變。我在一年後遇到了伊莉莎白，當時她又來參加帕克的課程，想體驗更深刻的數學學習，她跟我分享了她在數學教學上做的一切改變，以及她在自己的三年級學生身上看到的數學興奮感。

像伊莉莎白這樣，因接觸到數學關聯而對數學完全改觀的經驗，我在不同的孩子和成年人身上也屢次見到。這也是我們在史丹佛大學及美國各地學區和世界各地舉辦的 Youcubed 研討會上努力創造的東西。我也曾看到一些老師在領悟到自己可以學會高等數學、看出數學關聯、體會到數學是很美的學科時哭了。對那些一直以來只把數學看成一套解題步驟、被誤導相信自己無法學會進階程度數學的成年人來說，這種感受特別強烈。人們所經驗到的情緒強度，與看到、探索、理解數學關聯的經驗有直接關係。

實例五　負空間的奇蹟

這個實例來自我和史丹佛教師教育團隊與不同的老師小組使用過的課堂活動；它引發的興奮感十分強烈，非常值得分享。這個課堂活動同樣是模式增長任務，只是加了一點變化；我想關注的也是那個附加的變化。這個模式增長任務出自卡洛斯・卡巴納（Carlos Cabana），他是我共事過的很棒的老師，範例 5.4 列出了他經常問學生的三個題目。

課堂活動裡的其中一題是問圖 –1 中會有多少塊磚；換句話說，如果模式是往回延伸到第 1 步、第 0 步、第 –1 步，那麼第 –1 步有多少塊磚？給老師們這個課堂活動時，我發現磚塊數對他們來說是容易回答的問題；比較有趣且有挑戰性的問題，則是問第「負一」步會是什麼模樣。我把這個問題加進課堂活動之後，意

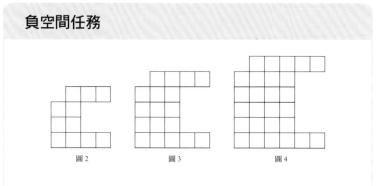

負空間任務

圖 2　　　　　圖 3　　　　　圖 4

1. 圖 100 會是什麼模樣？

2. 想像你可以把模式繼續往回推。圖 –1 中會有多少塊磚？（這是圖 –1，不管它代表的意義是什麼！）

3. 圖 –1 會是什麼模樣？

資料來源：改寫自 Carlos Cabana。

範例 5.4

想不到的事情發生了。首先，解法（我不會洩露答案的）很有挑戰性，結果老師們在試圖想出答案時紛紛笑說自己頭很痛，突觸在受激發。推到第 –1 步的方法不止一種，此外，不但正確圖像化的方法超過一種，數值解也超過一種，原因在於這個問題踏入了無人涉足、令人興奮的境地：回答負的方形是何模樣的問題。有幾位老師發現他們必須思考**負空間**（negative space），以及一塊磚如果逆回自身，會是什麼模樣。我讓我的史丹佛教師教學團隊思考這個任務時，他們躍躍欲試，設法表現出負空間，在紙上戳洞來表示進入負空間的磚塊。其中一位老師悟出這個函數可以畫成拋物線，並且跟大家分享（見圖 5.17），另外一位則問，這條拋物線要往哪裡畫？它會留在 y 軸的上方還是會翻轉到下方？

團隊成員對這個問題極感興趣，他們很興奮地想盡辦法解題。課程結束前，這些教師候選人表示他們此刻已體驗到真正的數學興奮感，很清楚他們想讓自己班上的學生有什麼感受。

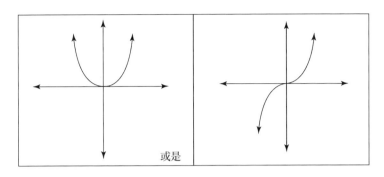

或是

圖 5.17　拋物線困境。

　　然而這種興奮感是由什麼因素引發的？我已經屢次在很多不同的場合見識到這樣的興奮感了。最近我讓加拿大的一群教師領導者思考這個任務，結果他們非常投入，甚至欲罷不能，他們都覺得很好笑。大家還發推文說：「裘·波勒沒辦法把我們從她給的任務拉回來。」

　　這個課堂活動如此令人興奮的理由之一，是它需要思考負空間，踏進另一個維度——這就很令人興奮，如此而已。數學讓我們能夠做到這一點，這也說明了數學為何是令人振奮的科目。不僅如此，學生相信他們是在探索無人涉足的境地，他們並不是在解答課本和老師已知答案的問題，這就大幅激起了他們的興奮感。學生問到拋物線的方向時，他們覺得自己什麼事都可以提出來問——數學是開放的科目，只要發現新的想法（譬如拋物線），他們就可以再提一個問題，進一步探究。同樣地，數學模式的圖像表示法對於參與程度非常重要。

　　在回顧這些數學興奮感實例對於設計出具吸引力的課堂活動有何意義之前，我想介紹最後一個實例，這是來自三年級數學課的個案。

實例六　從算術到數學興奮感

　　我們在第 4 章討論過，老師激勵學生學習算術的方法很重要，必須捨棄那些經常令學生如坐針氈的教法，譬如在時間限制下考學生單獨的事實或花很多時間死記，而改採用有助於重要腦連結的有趣活動。在前一章提過，為了協助老師做

這樣的轉變，我和 Youcubed 平台的同事一起寫了一篇文章〈不帶恐懼的流暢〉，並發布在我們的網站上，希望讓很多老師讀到，不過我們當初都沒預料到最後的影響程度，全美各大報都報導了文章裡的觀點。我們提供老師的其中一個活動，隨著老師之間利用各種社交媒體廣為散播，加上他們分享學生樂在活動、建立重要腦連結的照片，結果造成正面的影響。

這個已被證明很重要又廣受歡迎的活動（如前一章所述），是個叫做「多接近一百？」的遊戲。

蘿絲安·賀南德茲（RoseAnn Hernandez）是一位教三年級的老師，她參加了我的線上課程，隨後便改變了她的數學教學方式；她任教的那所加州學校裡，有至少四成的孩子來自低收入家庭。她在教室的牆上貼了一張 Youcubed 的「七個正面數學規範」（見第 9 章），好讓所有的學生都能看到。蘿絲安跟我分享她的學生玩這個遊戲時獲得的興奮感，以及他們得到的重要數學機會（見圖 5.18）。賀南德茲是很細心的老師，她不但讓學生玩這個遊戲，還在遊戲開始前先進行討論，讓

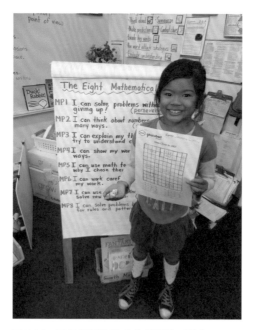

圖 5.18　三年級學生完成「多接近一百？」。

學生有所準備；她也為動作比較快的學生準備了延伸活動。遊戲開始之前，她要學生先思考骰子可用來當數學工具的方法有哪些。她讓他們擲兩顆骰子，然後輪流陳述得出的乘積及其因數。接著她問他們一個重要的問題：乘法和面積的關係是什麼？她的學生很認真地思考了一番。隨後她就讓學生兩人一組玩這個遊戲，並且思考遊戲過程中學到什麼。如果有學生提前完成了，她還會出題考考他們，要他們把數字分解，找出不同的算式，寫在作業紙的背面。這些學生玩得不亦樂乎，蘿絲安請他們用一到五分描述自己從這個遊戲中得到的樂趣，結果有 95％的學生給了最高分五分。

　　以下是幾個學生回想這個遊戲時的重要說法：

「它刺激我動腦去想。」

「用這個方式探索數學和學習很有趣。」

「它讓我練習了很多的乘法。」

「用這種方式學習乘法很有趣。」

「我學到乘法和面積是有關的。」

「現在我知道除法、乘法、面積是怎麼互相連結的，因為我看見這個關聯了！」

　　值得注意的是，學生從遊戲中感受到的興奮程度，和他們所學到的數學帶來的影響力相稱。儘管學生很喜歡這個遊戲，他們的評語還是都和所學到的數學有關。這些學生從圖像與數值的角度思考乘法、除法及面積，透過玩樂和深度參與來學習算術，這和死背乘法表大相逕庭。

　　在這六個數學興奮感的個案中，課堂活動都是關鍵，並且都需要有重要的教學工作來支援。下一節就要來回顧這六個課堂活動有什麼重要的設計原則，可應用到任何年級所有的數學課堂活動上。同樣必須注意的是，這六個實例中，學生在課堂上是彼此合作的，雖然偶爾獨自思考，但經常一起討論，而且會接收到正

面的成長型思維訊息。我接下來就要談我們如何把這些重要的設計元素發展成數學課堂活動。

從數學興奮感的個案到課堂活動設計

我們正走出成效不彰的教育時期。過往的教育教育方針重視「劇本式教學」和教學進度，迫使老師採用不見得對學生最有成效的方法來教學。許多老師覺得這種方針奪走了他們的專業；他們認為重要的教學決策變成由他人作主。幸好這一切都結束了；我們正要進入更有希望的時代，大家相信老師會做出重要的專業決策。培養出數學思維的教學方式最令我振奮的，就是我們在數學課堂上能夠做到的改變：給予重要的訊息和減少對課堂活動的限制。減少數學課堂活動的限制，就可以給學生學習空間，這對於培養數學思維是絕對必要的。

現在老師可以在網站上取得各種豐富、不受限的課堂活動，我會在本章末尾列出這些網站。不過很多老師沒時間在網站上搜尋資料，幸好老師不用找新的課程材料，因為他們可以自己在課程中做些調整，去掉一些限制，替學生創造新的、更好的機會。為了做到這件事，老師可能必須發展出新的思維模式，把自己當成設計者——也就是可以引進新觀念、創造全新強化學習經驗的人。在一些個案中，我在前面描述的數學興奮感是對熟悉的課堂活動改寫之後所產生的。以增長模式的課堂活動為例，只是簡單指示學生把形狀增長模式圖像化，就能使一切改觀，讓學生有機會理解其他情況下不可能了解的東西。老師如果是自創及改編課堂活動的設計者，他們就是最有影響力的老師。任何一位老師都做得到，不需要特殊的訓練。這需要了解建設性的數學課堂活動的品質，以及懷著改進心態去處理課堂活動。

為了更好的學習成效設計及改編數學課堂活動，有六個問題值得提出來思考並反映在課堂活動裡，這樣可以大幅增加課堂活動的影響力。有些課堂活動會比其他課堂活動更適合某幾個問題，而有很多課堂活動是自然而然結合起來的，但我確信，只要留意以下六個問題當中至少一個，就會讓課堂活動變得更為豐富。

1. 能不能放開限制，讓這個課堂活動激盪出多種思路、方法和表示法？

　　老師在課堂活動放開限制，激發學生思考不同的思路、方法和表示法，是最為重要的。把限制放開，學生的學習潛力就隨之改變了。消除限制的方式有很多種，增添圖像化就是很好的策略，就像增長形狀與負空間這兩個課堂活動的個案所示。還有一個極有數學成效、讓課堂活動不要受限的方法，是要學生理解他們的解法。

　　亨弗瑞斯是很優秀的老師，在我們合著的書裡，寫到亨弗瑞斯在七年級班上的六個教學影片個案，還附上她的教案。在其中一支影片裡，亨弗瑞斯要學生解出：$1 \div \frac{2}{3}$。這可能是個封閉、僵固型思維的問題，因為只有一個正確答案和一種算法，但亨弗瑞斯加了兩個要求，把課堂活動做了一點改造：她要學生了解自己給的解答，提供圖像證明（見圖 5.19）。她在課堂開始時說：「你們可能知道解這

圖 5.19　學生分享 $1 \div \frac{2}{3}$ 的解法。

個題目的規則，但今天這個規則不重要，我希望你們理解自己的答案，要解釋出你們的解法為什麼**有道理**。」

我們從這個影片個案看到，有些學生認為答案是 6，因為在沒理解數學意義的情形下，就可以從這組數字（1、2、3）拼湊出 6。不過他們努力從圖像上證明這個答案或解釋它的意義。其他人則有辦法藉由各種不同的圖像表示法，說明為什麼「在 1 裡面」有一個半的 $\frac{2}{3}$。要求學生從圖像角度證明自己的想法、解釋答案的意義，就把這個問題從僵固型思維的課堂活動，改造成成長型思維的課堂活動，創造了充滿理解的絕妙課程。

2. 能不能把問題變成探究型的課堂活動？

當學生認為自己的職責是提出想法而不是重複做某個方法，一切就會有所改變（Duckworth, 1991）。同樣的數學內容，可以從要求程序的問題，轉化成要求學生思考觀念並運用程序的問題。舉例來說，我們可以換個方式，不是讓學生算出 12 乘以 4 的長方形的面積，而是問他們可以找到多少種面積等於 24 的長方形。這種些微的更動，會改變學生的學習動機和理解。面對探究型的課堂活動，學生要運用長方形面積公式，但也必須思考空間維度和關係，以及其中一維的改變會造成什麼變化（見圖 5.20）。由於學生是在運用自己的想法，因此數學會顯得更為複雜而令人振奮。

不是讓學生說出具備不同特性的四邊形，反而要他們自己想出幾個四邊形，如範例 5.5。

還有一個很好的課堂活動是「四個 4」（見範例 5.6）。這個課堂活動是讓學生利用四個 4 和任何運算，組成 1 到 20 的每一個數，比方說：

$$\sqrt{4} + \sqrt{4} + \frac{4}{4} = 5$$

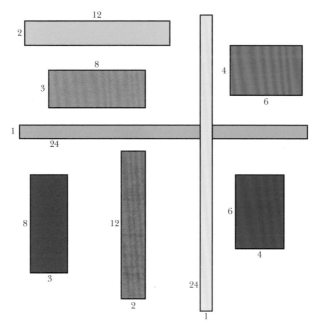

圖 5.20　面積等於 24 的長方形。

找出四邊形！

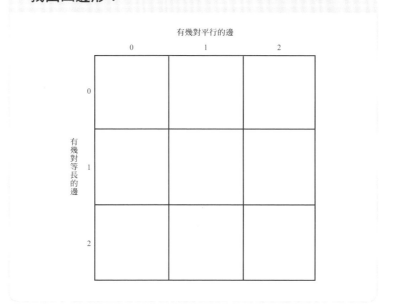

範例 5.5

四個4

你能不能只用四個 4 和任何一種運算，來寫出
1 到 20 的每一個數？

更上一層樓……
你能不能找到超過一種用四個 4 寫出每個數的方法？

大於 20 的數也辦得到嗎？

能不能用四個 4 寫出負整數？

範例 5.6

　　這是練習運算很好的活動，但看起來卻不像在練習運算，因為運算很巧妙地埋在這個探究型課堂活動裡了。我們把這個課堂活動發布在 youcubed.org 網站上之後，獲得不少好評。以下是來自 Youcubed 老師的兩則迴響：

「我的學生深受『四個 4』的鼓舞與振奮，他們決心鑽研三個 3，而且沒有限制。」

「『四個 4』的問題太棒了！我在我的六年級數學課堂上問這個問題，結果學生做出的方程式引發了許多討論，像是分配律、運算順序、變數……棒極了！」

（發布在 Youcubed 網站上的完整課堂活動內容，還針對老師該如何引入這個課堂活動與安排學生給了一點建議。）

另外一個打開限制、轉為探究型課堂活動的方式，是要求學生以此為主題寫一篇雜誌報導、一封信或一本輕薄短小的書，這種架構可以搭配任何內容。在雷賽德這間學校，有位老師要求九年級的學生寫一本書談 y = mx + b；他們就在書裡寫出這個方程式代表什麼意義、圖像上可以如何呈現、能應用在哪些情況，以及他們對於這個方程式的意義的想法。在我和史丹佛的三位前研究生（丹、莎拉和凱西）一起建構的高中幾何單元裡，我們要學生寫一篇談論相似性的信，可利用照片、任務、動漫或任何他們想用來展現對此主題有所了解的媒介（見 http://www.youcubed.org/wp-content/uploads/The-Sunblocker1.pdf）。範例 5.7 是我們所發出的「寫一封信」作業的一般格式。

3. 能不能先拋出問題再教方法？

如果在我們介紹方法之前，先提出幾個學生必須知道方法才能解決的問題，這樣就提供了學習與運用直覺的大好機會。前面提到的找面積最大圍籬和找檸檬體積問題，都是典型的例子。不過這個設計環節可以運用在任何一個數學領域中，尤其是標準方法或公式的教學上，譬如形狀的面積、圓周率，以及像是平均數、眾數、全距、標準差等統計公式。如參考範例 5.8。

等學生自己想出找平均值的方法，並且分組討論甚至和全班討論過後，就可以教他們平均數、眾數、全距的正式方法了。

4. 能不能加上圖像元素？

就像我們在增長形狀任務的個案裡看到的，圖像理解對學生是非常有效的，會讓理解達到全新的層次。這可以透過圖示，但也能透過實際的物體，譬如多連方塊（multilink cube）和代數磚（algebra tile）。小時候我是玩古氏數棒長大的，那時我的母親正在接受小學師資培訓。數棒陪我度過許多歡樂時光，我喜歡把數

寫一封信

你正在寫一封信，和親朋好友分享你在這個數學主題的所學。你將有機會描述自己對這些觀念的理解，並寫出為什麼你學到的這些數學觀念很重要。你還要描述自己做過且覺得有趣的幾個活動。

在寫信的過程中，你可以取用以下幾種資源：

● 不同活動的照片

● 速寫

● 漫畫

● 訪談／調查

為了喚起你的記憶，下面列舉了幾個我們做過的活動：

請準備以下四個部分。各部分的標題可以按照你的寫作方向來更動。

頭條新聞 用至少兩種方式說明這個數學主題的重要觀念及意義。可用文字、圖示、圖片、數字和等式。	新發現 從我們做過的活動中，選出至少兩個對理解這些概念有所幫助的活動。 並針對每個活動： ● 說明你選擇這個活動的原因。 ● 說明你從這個活動學到的知識。 ● 說明這個活動帶來什麼挑戰。 ● 說明你用來因應挑戰的對策。
連結 另外再選一個幫助你學會某個數學觀念，而且能夠連結到其他學習的活動或過程。 ● 說明你選擇這個活動的原因。 ● 說明你從這個活動學到的重要數學觀念。 ● 說明你把這個觀念連結到什麼事物，以及你對這個關聯的想法。 ● 說明這個關聯的重要性，以及日後你大概會怎麼應用這個關聯。	將來 為這封信寫個總結，要提到以下兩點： ● 這個重要的數學觀念有什麼用處？ ● 你對重要觀念還有哪些疑問？

範例 5.7

跳遠

你準備參加跳遠代表隊的選拔，需要跳出 5.2 公尺的平均成績。
教練說她會參考你一週內每天跳出的最佳成績然後算出平均值。
以下是你在那週跳出的五次紀錄：

	公尺
星期一	5.2
星期二	5.2
星期三	5.3
星期四	5.4
星期五	4.4

很不幸，星期五那天你身體不太舒服，所以成績很差！
要怎麼算出你認為比較能夠代表實力的平均值？請用不同的方法
算出幾個平均值，看看你認為哪個最公平，並提出你的理由。解
釋你所用的方法，說服其他人相信你的計算方法是最好的。

範例 5.8

棒排序，推究其中的數學模式。我有一門線上課程（開設於 youcubed.org）是為
了給學生重要數學策略而開設的；課程中，我教學生怎麼把數學問題畫出來。對
於數學家和要解決數學問題的人來說，繪圖是很有效的工具。當學生在數學課堂
上被問題卡住的時候，我通常會要求他們把問題畫出來。

　　雷賽德學校（我研究過的那所十分成功的學校）要求學生透過顏色編碼來呈
現關聯。舉例來說，當他們在教代數時，會讓學生把函數關係表現成多種形式：
表現成算式、圖片、文字、畫在圖形上。很多學校都會要求學生做出這些表示
法，但雷賽德與眾不同的是，他們要學生用顏色呈現出關係；比如說，在算式、
圖示、圖形上以同樣的顏色表示 x。我在第 7 章會更詳細描述雷賽德的做法，會展

示他們其中一個顏色編碼課堂活動。在學習其他主題時，例如要學生指出相等的角、對頂角、補角時，你也可以要求他們把自己知道的關係式都寫下來，寫越多越好，並用顏色標示出來。請參考範例 5.9 和圖 5.21 示範的例子。

更多的顏色編碼舉例在第 9 章。

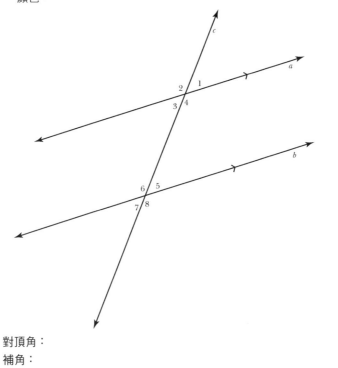

兩平行線與一條截線

1. 用顏色編碼標示出相等的角。
2. 標示出對頂角與補角。
3. 寫出你看到的關係式。寫的時候也要用到你在圖示中所用的顏色。

對頂角：
補角：
關係式：

範例 5.9

兩平行線被一條直線所截

1. 用顏色標示出相等的角。
2. 標示出對頂角與補角。
3. 用顏色寫出你知道的所有關係式。

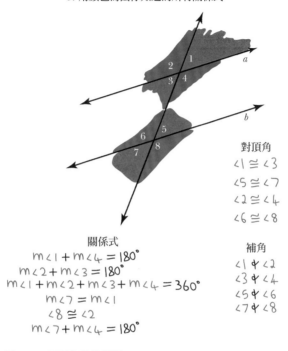

對頂角

$\angle 1 \cong \angle 3$
$\angle 5 \cong \angle 7$
$\angle 2 \cong \angle 4$
$\angle 6 \cong \angle 8$

關係式

$$m\angle 1 + m\angle 4 = 180°$$
$$m\angle 2 + m\angle 3 = 180°$$
$$m\angle 1 + m\angle 2 + m\angle 3 + m\angle 4 = 360°$$
$$m\angle 7 = m\angle 1$$
$$\angle 8 \cong \angle 2$$
$$m\angle 7 + m\angle 4 = 180°$$

補角

$\angle 1 \not\& \angle 2$
$\angle 3 \not\& \angle 4$
$\angle 5 \not\& \angle 6$
$\angle 7 \not\& \angle 8$

圖 5.21　用顏色替角編碼。

5. 能不能讓問題「低地板、高天花板」？

前面所有的問題都是「低地板、高天花板」的問題，這些問題的接受範圍很廣，這表示各種程度的學生都可以理解，而且也可以延伸向很高的程度。

讓地板變低的方法，是必須隨時問學生他們是怎麼看待問題的。這同時也是個很好的問題。

要讓課堂活動的天花板變高，有個很棒的策略就是，請已經做完問題的學生寫出類似、但更難的問題。當我們在暑期學校教一群程度不同學生時，就時常採用這個策略，而且卓有成效。舉例來說，我們讓學生做階梯任務，要他們思考模式增長和第 n 步的情形（見範例 5.10），有一位學生阿隆佐（Alonzo）先做完了，

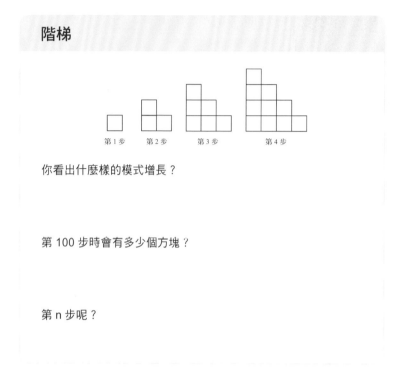

階梯

第 1 步　　第 2 步　　第 3 步　　　　第 4 步

你看出什麼樣的模式增長？

第 100 步時會有多少個方塊？

第 n 步呢？

範例 5.10

還問了一個更難的問題：在第四個方向上延伸的階梯會如何增長，到第 n 步時會有多少個方塊（見圖 5.22）。

　　請學生問更難的問題時，他們往往會很開心，充分把握這個自行發揮思考與創造力的機會。這對老師來說是很容易運用的延伸，在任何一種課程都能採用。不管是哪一組數學問題，都可以考慮給學生這樣的任務：

　　「現在請你寫出一個問題，想辦法讓它有難度 ☺。」

　　學生可以把他們寫的問題提供給其他學生，這也能促使這些學生寫一些問題給對方。遇到速度比其他人快或是抱怨內容太簡單的學生，這種策略特別好用，因為它需要大費心思。

圖 5.22　阿隆佐的延伸問題。

6. 能不能增加說服和推理的要求？

　　推理是數學的核心。當學生能提出理由並評論其他人的推理，他們就具備了數學的本質，為將來要踏入職場做好準備。推理能力也能促進學生理解。我們在花了四年針對不同學校所做的研究中發現，推理能力對於促進程度平等有特殊的效果，因為它會加速縮小已理解的學生和尚未理解的學生之間的差距。在每一次的數學交談中，老師都會要求學生推理，說明他們為什麼選擇某些方法，以及這些方法為何有道理。這打開了思考數學的途徑，讓還沒理解的學生能夠弄懂並且提問。

　　我喜歡用我最喜歡的課堂活動來鼓舞學生推理，並搭配有益的教學策略。這個策略是我向亨弗瑞斯學來的，她要求她的學生保持懷疑態度。她說，令人信服有三種層次（Boaler & Humphreys, 2005）：

1. 說服自己

2. 說服朋友

3. 說服持懷疑態度的人

摺紙

和另一個同學一起做。你們要輪流當懷疑者或說服者。輪到你負責說服的時候，你的任務就是要讓夥伴信服！所有的論點都要提出理由來解釋。擔任懷疑者的一方一定要心存懷疑！別輕易被說服，要對方提出你認為合理的解釋和正當理由。

針對下列的每個問題，其中一人要摺出形狀並且要令對方信服；你的夥伴是懷疑者。進入下一題時，兩人角色互換。

拿一張正方形的紙來，摺成新的形狀。然後說明你怎麼知道你摺出的形狀的面積等於指定的大小。

1. 摺出一個正方形，且面積剛好是原來正方形紙的 $\frac{1}{4}$。說服你的夥伴相信它是正方形，而且面積是原來的 $\frac{1}{4}$。

2. 摺出一個三角形，且面積剛好是原來正方形紙的 $\frac{1}{4}$。說服你的夥伴相信它的面積是原來的 $\frac{1}{4}$。

3. 摺出另外一個三角形，且面積也是原來正方形的 $\frac{1}{4}$，但和你摺出的第一個三角形不全等。說服你的夥伴相信它的面積是原來的 $\frac{1}{4}$。

4. 摺出一個面積剛好是原來正方形紙的 $\frac{1}{2}$ 的正方形。說服你的夥伴相信它是正方形，且面積為原來的 $\frac{1}{2}$。

5. 摺出另外一個正方形，面積也是原來正方形的 $\frac{1}{2}$，但和你在第 4 題摺出的正方形是不同的摺法，說服你的夥伴相信它的面積是原來的 $\frac{1}{2}$。

範例 5.11

資料來源：改寫自 Driscoll, 2007, p. 90, http://heinemann.com/products/E01148.aspx。

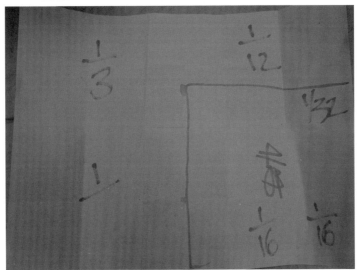

圖 5.23　老師們在思考摺紙任務。

　　要說服自己或朋友相當容易，但要說服持懷疑態度的人，就需要很強的推理能力。亨弗瑞斯告訴她的學生，他們必須保持懷疑態度，迫使其他同學隨時提供完整而令人信服的理由。

　　為了教導並激發出更強的推理能力、並搭配懷疑者扮演的的角色，迪里斯科開發出完美的課堂活動，稱為「摺紙」。我在很多不同的小組運用過這個課堂活動，一直有非常好的成效。老師們告訴我，他們很喜歡這個課堂活動，因為它往

往能讓那些通常沒機會表現的學生有突出的表現。在這個課堂活動中，學生兩兩一組，每組有一張正方形的紙，他們要用這張紙摺出新的形狀。範例 5.11 列舉了五個挑戰性越來越高的問題（見圖 5.23）。

　　我給老師這個任務的時候，他們在第五題花了很久的時間，有些人經過一整天的思考，晚上還繼續奮戰，而且每一刻都玩得不亦樂乎。由於有實體形狀供他們思考和變換，再加上必須有說服力，也就因此增進了他們的參與度。我給學生和老師這個任務時，會請每一組的兩人輪流，一人摺紙並說服對方，另一人充當懷疑者；下一題再角色互換。我要求學生扮演懷疑者時，會告訴他們必須完全被說服。學生真的很喜歡彼此盤問出令自己信服的理由，這對他們學習數學推理與證明很有助益。如果學生的說服力不夠，老師也許會想要問學生後續的問題，來示範什麼是完全令人信服的答案。

　　範例 5.12 是另一個牽涉說服力的課堂活動。要求學生講出理由並且要有說服力，對任何一個數學問題或課堂活動都是適用的。

圓錐與圓柱

圓錐與圓柱有相同的高與半徑。圓錐的體積與圓柱的體積有什麼關係？請你做一個猜想，並設法說服其他同學。可利用圖示、模型、顏色編碼來增加說服力。

範例 5.12

結論

讓數學課堂活動不再設限，允許不同的觀察方式，不同的方法、思路及表示法之後，一切就會變得不一樣了。

我們可以把數學問題從封閉、僵固型思維的課堂活動，轉變為成長型思維的任務，以保有學習空間。針對解放數學課堂限制、提升學習空間的做法，我歸納出這六個建議：

1. 放寬課堂活動的限制，如此就會有多種方法、思路與表示法。
2. 把深入探究問題的機會找回來。
3. 先問問題，再教方法。
4. 添加圖像元素，問學生他們是如何看待數學的。
5. 延伸課堂活動的範圍，讓任務「地板變低，天花板變高」。
6. 要求學生具說服力、會推理；還要保持懷疑態度。

在第 9 章將有更多具備這些設計特點的課堂活動範例。

如果你趁這個機會朝這些方面修改課堂活動，你的學生會因此獲得更多、更深入的學習機會。我一直很樂見學生努力參與豐富開放的數學課堂任務，我自己也樂在其中，因為這樣的教學讓學生的反應很熱烈。他們喜歡建立關聯，這在數學中非常重要，而且圖像化、具創造性的數學可以引起學生的興趣。我們的平台上有為期一星期、適合從幼稚園到十二年級、甚至一直到高等教育學生的數學課程，而且運用了本章所討論的設計特色，你可以在網頁上點閱並免費下載：https://www.youcubed.org/week-of-inspirational-math/。我在中學課堂上試行這些課程的時候，有不少家長跑來告訴我，這些課讓孩子的數學有了起色。有些家長說，他們的孩子以前一直不喜歡數學，上了這些課之後對數學完全改觀了。藉由設計和數學思維，數學老師（和家長）可以設計並改造數學課堂任務，給所有

的學生應有的豐富數學環境。我們不能等教科書出版商覺悟才來做這些必要的改變，但老師可以帶頭改變——替自己的學生打造出開放、快樂學習的數學環境。

以下這些網站提供的數學課堂活動，用到了我前面強調過的一個或多個特點：

- Youcubed：www.youcubed.org
- Pickle Math：https://mathpickle.com/
- Balanced Assessment：http://balancedassessment.concord.org
- Math Forum：www.mathforum.org
- Shell Center：http://map.mathshell.org/materials/index.php
- Dan Meyer's resources：http://blog.mrmeyer.com/
- Geogebra：http://www.geogebra.org/
- Video Mosaic project：http://videomosaic.org/
- NRich：http://nrich.maths.org/
- Open Middle：https://www.openmiddle.com/
- Estimation 180：http://www.estimation180.com
- Visual Patterns；幼稚園到十二年級：http://www.visualpatterns.org
- Number Strings：http://numberstrings.com
- Mathalicious，六到十二年級；現實世界中的國中與高中課程：http://www.mathalicious.com
- NCTM：www.nctm.org（部分資源需要成為會員才可取用）
- NCTM Illuminations：http://illuminations.ntcm.org

CHAPTER 6

追尋平等之路

　　我非常嚮往人人都能在數學裡感到平等。我希望人人都能學習數學、愛上數學；人人都能得到鼓勵，不論哪種種族、性別、收入、性取向或有任何特徵。我希望在踏進數學教室時，是看到所有的學生對學習感到開心又興奮，不用擔心自己是不是像其他人一樣「聰明」或是有沒有「數學基因」。然而對於美國不同種族、性別、社經地位、所得階層的學生，數學在學業成就和參與度方面的差距跟任何一門學科相比，不但沒有達到這種平等的願景，反而還是落差最大、最不容辯駁的（Lee, 2002）。

　　多年來我一直很幸運，能和許多致力追求平等數學教學而且十分成功的老師一起做研究。從這個研究及其他合作中，我了解到平等數學課堂的可能推動方式，在本章和下一章我會分享各種策略。不過首先我想簡單談一下很少有人提及、但我認為是數學上不平等的核心問題。

菁英教育主導的數學

　　數學是一門優美的科目，具備很多可啟發學生的觀念和關聯，但經常被當成表現的科目來教，對許多人來說，這門科目的任務就是把學生分成「有數學基因」和「沒有數學基因」兩大類。令人擔憂的是，數學在美國已經被拉進講求表現和菁英主義的文化之中，而我認為，若要達到更高層次且平等的結果，我們就必須認清數學在社會中經常扮演的菁英角色。這是因為，數學一方面可視為觀察世界的絕佳鏡頭，它是所有人都能取用的重要知識，不但可促使被

賦予權力的年輕人思考工作與做好人生的準備，而且所有的學生透過學習和努力都有平等的機會獲得這項知識；另一方面，數學也可以視為區分孩子有無能力的科目，而這可說是價值的分類，讓大家把一些孩子貼上「聰明」的標籤，其他孩子則貼上「愚鈍」。有些人享受於目前所教的難懂的數學，而且樂在其中，尤其是他們自己的孩子有優異表現的話，因為他們希望保持明顯的社會優勢。幸好其他人願意接受必要的改革（即使他們的孩子現在表現得很優異），特別是當他們得知孩子的外顯優勢，是以一種對他們的將來無實質幫助的數學來評判。

數學資優兒童的迷思

有些人（包括一些老師）對自己的身分認同，是建立在「相信自己很特殊、基因優於他人，所以數學很好」的想法上。大家不計一切地相信有些孩子是數學資優生。然而我們有大量的證據顯示，儘管人腦有天生的差異，但生活中的各種經歷會蓋過這樣的差異，我們的腦每一秒都有大好的增長、連結與強化機會（Thompson, 2014; Woollett & Maguire, 2011; Boaler, 2019）。就連社會視為天才的那些人，其實也是以很特殊的方式做過一番努力，才達到他們的成就。愛因斯坦到九歲才會識字，大學入學考試沒有通過，但他極為努力，而且持著非常正面的思維，看重錯誤並且鍥而不捨。美國的教育體系不表彰努力與堅持，反而關注那些獲得不同機會的「資優生」，但給予這些學生機會的理由往往只是他們在算術方面反應很快，而不是因為他們展現出堅韌不拔的毅力。把學生貼上資優的標籤，傷害到的不只是那些被認為沒有天分的學生，也會傷害到貼了資優標籤的學生，因為這個做法把他們帶往僵固型思維，使他們禁不起打擊，不願意冒險。我們在學校裡開設資優課程時，會告訴學生有些人生來就與眾不同；這種訊息不但會造成傷害，而且還是不正確的。有一些研究追蹤了那些小時候被貼上資優標籤的人，結果不出所料，他們成年後的生活和工作平平無奇（Grant, 2016）。

葛拉威爾在他的暢銷之作《異數》裡解析了專業技能的本質。他援引了安德斯·艾瑞克森（Anders Ericsson）與同事所做的廣泛研究，指出所有的專業人

士，包括數學專業人士在內，在自己的領域都努力了至少一萬小時（Gladwell，2011）。但有些數學成績出色的人引以為傲的不是他們的勤奮努力，而是寧可認為自己天資聰穎。這種想法帶來許多問題，其中之一就是，透過努力而成功的學生往往因為自己的成就得來不易，而覺得自己是冒牌貨。很多這樣的高成就學生就是因為不相信自己真是其中一分子，而放棄了數學（Solomon，2007）。這個問題產生自普遍存在的想法：「有數學天賦的人」就是不費吹灰之力即能學好數學的人，因為他們天生就與眾不同，只有他們才是真正的一分子。再加上大家對於誰「生來」數學好的刻板看法，我們就會了解美國面臨的問題本質。許多人體認到，數學教育的不平等，來自大家對於誰能有好的數學成績的刻板看法，而且他們每天都在搏擊這些看法，但不幸的是，其他人卻還在努力促成普遍存在於數學教育中的不平等，不管是有意還是無意。

　　有一些數學老師（幸好我只遇過幾位）自認為比同校其他科目的老師高一等，覺得他們的職責是覓得像自己一樣特殊的少數數學學生。我遇過一位高中老師，他每年替自己教的每一班打數學分數時，都讓七成的學生拿到 F。在他看來，學生成績不及格反映的不是他教學失敗，而是他相信那些學生沒有「數學腦」。跟這位老師懇談的過程中，我發覺他認為當掉這麼多學生是有正當理由的，即使他是在傷害學生的未來，因為他自認是學好數學的守門者，認為只讓「明星」晉級是他的職責所在。有些大學的數學系對於利用教授辦公時間去諮詢的學生，所給的分數較低，因為在他們看來，比其他人更勤奮努力代表這些學生沒有天賦，但這其實是令人讚賞的求知之道，應該予以鼓勵。如果我們帶著菁英教育的心態教數學，認為數學比其他科目更難、只適合資優的少數人，那麼能夠在數學、以及需要數學的科學領域有所成就的人就會是少數中的少數了。倘若這種菁英主義的想法與誰有天賦的刻板看法結合起來，就會產生嚴重的不平等。只要看全美國針對高等數學修課學生所做出來的數據，就能看出美國菁英主義、重視「資優」數學文化的影響。在二○一三年，有 73％ 的數學博士是男性，94％ 是白人或亞裔。從二○○四到二○一三年，拿到數學博士學位的女性比例事實上是減

少的，從 34% 降到 27%（Vélez, Maxwell, & Rose, 2013）。這些數據應該要引發高層人士針對數學不平等的討論，促使政策制定者及其他人士鄭重思考我們的國民及學前學校教育到底做了什麼，才造成這些日益嚴重的不平等。

女性在大多數的理工科系占比偏低，不過也有一些人文學科，女性占少數的情形比在理工領域更為嚴重。舉例來說，攻讀分子生物學的美國博士生有 54% 是女生，但念哲學的學生當中女生只占了 31%。對於研究不同占比成因的研究人員來說，這是很有趣的課題。他們發現，在教授相信先天能力是成功主要條件的那些學門，正好就是女性（和非裔美國學生）未占多數的學門（Leslie, Cimpian, Meyer, & Freeland, 2015）。就像我在第 1 章討論過的，研究發現，在所有理工科系當中，數學教授最固守自己對於誰可以念數學的看法。研究人員還發現，越重視天賦的領域，女性博士的人數越少，而且在他們調查的所有三十個領域裡，這個相關性都存在。由於「誰才真的應該念數學」的強烈刻板印象一直存在，這些對於資賦優異的看法就導致參與的女性越來越少（Steele, 2011）。如果在相信資賦優異的大學數學教授當中，女教授的占比偏低，那麼大概就可以假設，對於資優的同樣觀念也會在幼稚園到十二年級的學校教育階段，對女生造成傷害。

為了得知學生在數學中找到多少歸屬感——換句話說，就是他們覺得自己屬於數學社群的一分子、獲得掌權者接納的感受有多少——杜維克、凱瑟琳・古德（Catherine Good）和安妮塔・拉坦（Aneeta Rattan）進行過一項研究（Good, Rattan, & Dweck, 2012）。他們發現，從學生在數學領域感受到的隸屬關係和接納程度，可預見他們是否打算以數學為未來志向。這幾位研究人員繼續研究造成學生不同歸屬感的環境因素，結果發現兩個因素不利於歸屬感。其中一個是傳遞「數學能力是既定的特質」，另一個是認為「女生的能力不及男生」的看法。這些看法左右了女性、而非男性在數學上的歸屬感。女性的歸屬感較低，表示她們修的數學課程較少，得到的成績也比較低。然而，接收到「數學能力是後天學來的」的女性會受到保護，不受負面刻板印象的影響，她們在數學上有較高的歸屬感，而且仍然有意將來在數學上繼續深造。

　　除了普遍存在數學先天能力的論調之外，另一個問題是大多數人把數學奉為智力的象徵，大家把計算很快的人當成聰明人、異能之士。但為什麼呢？數學並沒有比其他科目更難，所以凡是這麼認為的人，我都會要他們寫一首厲害的詩或創作一件藝術品來瞧瞧。所有的科目都會朝高難度發展，許多人覺得數學最難的原因出在教學方式往往很難懂。假如我們要讓更多人接近數學，就必須改變對這件事的看法。

當數學課能力分班變得不合法時

　　數學不平等的源頭之一，是高中課程分班的決策。在美國，學生從九年級開始修的課，部分決定了他們往後所獲得的機會。大部分的大學都要求申請入學者要修過至少三年的高中數學，而使得這些課程對學生的前途事關緊要。這也意味著，高中應該盡全力確保每位學生都有機會修到必需的數學課。在我看來，既然數學有如此重要的作用，高中數學老師與校方就有額外的責任，努力不倦地讓所有的學生都得到數學修課機會。最近有一項針對高中分班所做的研究，對這個議題提供了非常有趣、也很令人擔憂的解釋。

　　在二〇一二年，諾宜斯基金會（Noyce Foundation）針對舊金山灣區九個學區的學生分班做了研究，結果發現，那些在八年級時修過代數和（或）達到或高出加州標準學測（CST）標準的學生當中，有超過六成在進高中之後又被安排修代數課，重修一次他們已經通過的課程（Lawyers' Committee for Civil Rights of the San Francisco Bay Area, 2013）。這是在讓學生走上低成就之路，導致很多人就沒有重回常軌了。在大多數的高中，只有從幾何學開始修課的學生才有可能修到統計或微積分課程。既然這對學生邁向更高階的學習之路如此重要，他們又已經通過代數課了，為什麼還要花時間重修一次？諾宜斯基金會在研究這些數據時，發現絕大部分重複修課的學生是拉丁美洲裔和非裔美國人。他們挖出的具體數據顯示，52％的亞裔學生在八年級修了「代數一」，而有 52％在九年級修幾何，而在白人學生當中，幾何修課率較低：有 59％在八年級修了代數，但只有 33％在九年

級修幾何。更令人憂心的是，有53％的非裔學生在八年級修了代數，卻只有18％安排修幾何課，同樣地，有50％的拉美裔學生在八年級修了代數，但安排修幾何課的只有16％。把**大部分**通過代數的非裔與拉美裔學生過濾到低程度的學習軌跡，是明顯的種族歧視，矽谷社區基金會（Silicon Valley Community Foundation）也採取了不尋常的行動，聘請律師來改善這個狀況。受聘的律師事務所調查發現，那些學校非法行事，他們的結論是：「有目的且不成比例地影響少數族裔學生的分班決策，違反州法與聯邦法。然而，如果錯誤分班決策為非故意的結果，只是採取看似客觀、卻不成比例地影響少數族裔學生的分班標準，負責數學分班決策者還是要面臨法律責任。」換言之，老師和學校管理層可能不是存心有種族或族裔上的差別待遇，但他們若是採用了其他的標準，譬如回家作業完成度，這對有色人種的學生的影響比其他學生還要大，他們就會觸法。美國民權運動的偉大成就之一，就是使最終的影響成為重要的標準。這些舊金山律師要強調的重點是，造成不平等的數學分班決策是違法行為。

　　我期盼研究中的那些老師並不認為他們是基於膚色來阻擋學生的學習軌跡；恰恰相反地是，有個更不易察覺的種族歧視正在發生，那就是由老師決定某些學生不適合學到高階數學。某天，有一位加州另一個地區的國中校長要我跟他一起坐下，看一下他手上的資料。他注意到一個令他不安的現象：他的學校裡在八年級時通過代數的學生，在高中又被安排到代數課。我們一起看資料，卻看不出學業成績和分班之間應該有的任何關係。相反地，我們看見了另一種關係：即族裔與課程分班之間的關係；升級的學生主要是白人，被擋下的主要是拉美裔學生。我立刻認出這是諾宜斯基金會揭露的分班決策種族歧視類型。我問校長怎麼可能發生這種狀況，他解釋說，那些高中老師曾告訴國中老師「最好不要」讓那些可能會不及格的學生升級，還說如果學生遲交作業或在班上表現不突出，就應該擋下來。後來有一位高中老師還設法在整個學區發起一項政策，讓有懲處輔導紀錄的學生在任何一所中學的八年級都不得選代數課。這樣的事件看起來也許不可思議，但是確實正在發生，因為部分老師和校方行政人員自認是數學教育的守門

人，他們的職責就是要找到真正適讀數學的學生。

在諾宜斯基金會指出問題後，矽谷社區基金會接下職責，並鼓勵學區改進，有幾個學區改變了他們的學生分班方式，而且立即看見成效。學區做的部分決策是排除老師的判斷（儘管令人遺憾，但這是有必要的），而只看課程修完與否及考試結果來把學生安排進高階課程。學校和學區也承諾要在暑期加緊作業，以便能夠採用年初前幾週才收到的學測數據，並指派一個專案小組持續觀察這個問題，而且若有學生被安排到比他們必須修的課程低階的班級，專案小組就要有所行動，趁剛開學的那幾週讓學生換數學課。種族不平等幾乎在一夕間消失了。

學生被擺在低階班級與課程的問題當然有另一種解決之道，那就是甚至不要提供低階班級或課程。我們知道，學生代數課不及格而再重修一次時，他們在重修課堂上的表現通常是一樣的，**甚至更差**（Fong, Jaquet, & Finkelstein, 2014）。這沒什麼好奇怪的，因為傳遞給重修學生的是極大的失敗訊息，導致很多學生判定自己根本不是學數學的那塊料，或自己絕對無法達成目標。我比較喜歡的解決方案，是對所有的學生保有很高的期望，替他們保留很好的機會，在高中的第一年為所有的學生都安排統一的合數學課程，不論他們的國中成績如何，給他們全新的開始。許多人會辯解說，學生還沒有學會達到成功所必需的內容，但高中提供了學生感受新的數學經驗的機會，而且我們知道，學生在適當的教學與訊息下可以學習任何內容。我的博士班研究生卡亞蘭波卡・布朗（Kyalamboka Brown）針對非裔美國高中生的數學認同發展進行了一項研究。她的其中一個學生艾卓安（Adrienne）在接受訪談時，回想自己在高中一開始被分到低程度班的事。她說：

〔九年級的〕第一個學期我在初級代數班……我不知道為什麼我被分到那班。或許是我在高中數學分班考試拿到低分吧……我認為那個第一學期如果我去普通代數班，我還是會好好的。我有很多朋友在第一個學期就開始上代數……我只是覺得，就算我需要額外輔導，我也應該被分在普通代數班……所以我真心覺得，我不該在那個班

上。（Brown, in press）

　　艾卓安接著討論到，這個能力分班決策不單單對她的社交方面有影響，讓她和同儕分開，而且還阻擋她學習她在高中期待和想要學習的數學。她也表示，如果當時需要課業輔導，她願意找家教老師。這個情況在我看來有特殊的意義，因為它凸顯了未考慮學生意願的情況下做出分班決策的方式。我真的很感激，高中一方面提供學生常軌課程的安排，另一方面也提供選項，讓學生可以在課程開始前的暑假，或透過課堂上的支援，去修讀他們可能沒學到的數學課。應該賦予學生與家庭選擇高中修課的權利，因為這些選擇對於未來的學習有深遠的影響。

　　數學是唯一將大多數學生排除在高階軌跡外的學門——這通常不是老師的錯。高中數學課程的設計目的是只提供少部分學生機會，因為在學微積分之前要修的課程比高中的學年還要多。這代表在美國的大多數學區，學生必須在國中階段提前修課，在一年的時間內修完兩年的課程內容，才能學微積分。在所有 38 個大學預修課程當中，微積分在大多數的學區是唯一需要在國中提前接觸的課程，而且已經建立起一套篩選制度，淘汰掉大多數的學生。這是一種結構式的種族歧視。讓這個問題雪上加霜的是，許多學區又是根據四年級以來的考試成績決定六年級的不同軌跡。這讓我很震驚——我驚訝於這居然行之有年。四年級時做的狹隘考試，決定了學生選修哪些課、可以申請哪些大學。這種做法在僵固型腦袋的時代可能合理，但當我們知道學生有能力學習任何東西，這樣的做法就毫無道理了。在下一章我會描述一些老師怎麼把學生進行異質性（heterogeneous）分組，怎麼教所有的學生進階的內容，讓大家看看這對於學生成就的重大影響，以及促使他們成功的幾個策略。在第九章我會描述一項有可能打破這些不平等結構的新措施——可在高中選修的新課程：資料科學；它不需要在中學階段列入預修，卻可以讓學生學習到進階的理工課程。制定出資料科學中的新素材和高中新課程，已經賦予了數學二十一世紀的教學法，這個現代的教學法是幾個世紀以來早已需要的。youcubed.org 的一個區塊致力於資料科學方法，提供老師各式各樣的免費

資源（例如 https://www.youcubed.org/resource/data-literacy/）。

在英國，學生在十六歲時要參加一個極具決定性的數學畢業會考：普通中等教育證書考試（GCSE）。學生的 GCSE 考試成績會決定他們將來可選讀什麼課程，甚至決定可從事哪些工作。舉例來說，若要進入教學這一行，應試者在英文和數學兩科的 GCSE 都必須達到高分（A 到 C）。數學考試分成兩個級別，參加難度較高的試卷的學生得到的成績落在 A* 到 D 之間，但報考難度較低的試卷的學生只會拿到 C 或更低的成績。決定考哪個試卷是十分重要的，很多學生在悲慘的初期就決定好了，然後從會考前五年或更早就開始為高難度或低難度的內容做準備。在我針對兩所英國學校所做的研究中（Boaler, 2002a），其中一間學校就像美國的班級一樣，把學生分成高、低兩組，分到低組的學生就為難度較低的試卷內容做準備。三年下來，老師給低組的學生比較容易的題目，他們答題的表現很出色，他們也開始相信自己會有不錯的數學成績。他們並不知道自己是在為低難度的試卷做準備，而且成績頂多是 C。

但在學生們明白學校安排他們考的是低難度試卷之後，許多人很沮喪，連試都不願意試就放棄了。相形之下，另一間英國學校採取了其他人認為很激烈的措施，安排所有的學生報考難度較高的試卷，不管他們的學業成績如何或先前做過什麼準備。會考的結果引人矚目，成績拿 A* 到 C 的比率從 40％跳到 90％以上。校長向我解釋說，他們在學校裡沒有其他的變動；他們純粹只是開始教所有的學生難度較高的數學。學生接收到這麼正面的訊息和機會，都有極好的回應，把握機會學習進階的內容，給自己邁向更光明前途的可能。我們必須讓每位老師對所有的學生有信心，拋開「某些學生適合進階數學而其他學生不適合」的看法，努力讓每位學生都可以學到進階數學，無論過去的學業成績、膚色或性別。本章與下一章將會談到老師可以怎麼做。

對數學老師來說，改變「誰能修進階數學」的看法不單單是課程分班的問題。老師每天在班上決定學生可以做些什麼，都會影響到學生將來依循的學習軌跡。在做數學教學計畫時，難免自然而然地想到哪些學生會有突出表現，不過如

果我們要打破這種普遍存在於美國的低成就循環，就必須抗拒這樣的想法。

我時常會帶我的史丹佛大學部班級去生活學校（Life Academy）實地考察，這是一所位於加州奧克蘭的公立學校，每天都在致力於打擊不平等的模式。生活學校的族裔很多元：拉美／西班牙語裔學生占 74％、非裔美國人占 11％、亞洲人 11％、菲律賓人占 2％、美洲原住民占 1％、白人有 1％，而 92％的學生符合在學校享用免費午餐的資格。這所學校的地點，是奧克蘭幫派經常出沒、凶殺案層出不窮的地區，在生活學校任教的老師盡力讓學校成為安全的空間，傳達給所有學生的訊息是「他們可以達到更高的程度」，鼓勵他們相信自己可以上大學。數學老師採取複雜教學（complex instruction）來教異質性的數學課程，讓每位學生都能修到大學入學要求的高階數學課程。生活學校的成果很豐碩；該校有全奧克蘭高中最高的大學錄取率，而且修完加州規定課程時達到「大學入學準備度」的學生比例高達 87％，比史丹佛大學周邊富人區的郊區學校還要高。有些其他學校的老師認為，部分學生之所以無法修到高中的高階課程，是因為他們生活貧困或先前準備不足，但我在第 1 章舉過一個例子，提到一群高中數學老師拿這個論點去跟學校董事會抗辯，但很多老師（就像生活學校的這些老師）透過高階數學的教學和給予每位學生的正面訊息，時時刻刻都在證明這個論點是錯的。

在準備線上課程時，我和我的學生在舊金山街頭找了形形色色的路人進行訪談。我們訪問大約三十個人，有各種年齡、族裔、成就高低、社經背景。我們的訪談都用這句話當開場白：「能不能告訴我你對數學有什麼感覺？」這透露了非常有趣的事，因為每個人會馬上告訴我們他們在學校時數學表現得如何。倘若我們問的是他們對藝術、科學或文學有什麼感覺，就不會發生這種情況。然而因為成長於看重表現的文化中，數學扮演了毫不留情的角色，被當成評判自身價值的衡量工具。

我經常遇到家長，對孩子在英語、科學等科目的學習泰然處之，但對於數學就緊張萬分。這樣的父母通常希望孩子能盡快學到進階數學，越早修進階數學課程越好，彷彿不這麼快學就會落後或是失去優勢。這很不幸，因為我們知道從小

在數學上成績較好的學生，在他們學到低階數學時反而更傾向放掉數學。比爾·傑考（Bill Jacob）是加州大學的數學教授及加大學術委員會副主席，當學區和家長詢問他能不能讓學生提前修進階數學時，他建議不要，告知若急著學微積分，往往會造成準備不足，讓學生提早放棄，最後反而害了他們（Jacob, 2015）。他還告知，微積分 BC 課程並不會讓學生的數學更上層樓，在低年級階段準備得更扎實，反而會讓學生有比較好的狀況。我在史丹佛大學的一些學生，甚至是那些理工科系的學生，在高中階段都沒有學過微積分。不選擇微積分預備課程和微積分，而是轉向資料科學和統計學，這樣的做法有可能打破不平等的參與和成就模式。每個學生都能修讀資料科學課程；他們不必在中學階段預修，甚至不必有很好的代數或幾何成績。資料科學是重要的數學課程，可能成為更多、更多元的學生族群走進理工科系的管道。

最近有個媽媽設法跑到我在史丹佛的辦公室來申訴，因為她的學區取消了進階班，結果變成所有的學生都能修進階數學。她一開口就極力指責我影響該學區的決策，但在我們的交談過程中，她經歷了各種情緒轉折，包括哭泣和如釋重負。她先是告訴我她女兒的前途已經毀了，因為她修不了進階數學課。我於是向她解釋，學區替她女兒安排的學習軌跡仍然修得到微積分，她還是可以在自己的班級學到進階數學。我還建議，如果她的女兒需要接受更多挑戰，比較有效益的方式是把所學的觀念理解得很深入透徹，而不是快點學到進階的內容。交談過程中這位媽媽越來越平靜，離去時算是疑慮已消，只是依然打算要讓女兒「在家自學」——只有數學這一科。

傳統的數學教學方式和已滲透進數學教學與學習的重表現文化，對高成就學生與低成就學生造成的傷害是一樣大的。研究結果顯示，有非常多的高成就學生放棄數學，而他們被推上進階數學課程與班級之後，概念理解力反而下降了（Paek & Foster, 2012）。英國及國際數學奧林匹亞主席傑夫·史密斯（Geoff Smith）最近公開談到讓學生倉促進階到更高的程度這件事。他表示，讓學生加速通過這個體系是「災難」也是「錯誤」，高成就的學生應該要深入探究數學，而不

是匆促邁向更高的程度。不過，菁英主義的表現文化還會以另外一種方式傷害高成就學生，我們在為前途做出錯誤抉擇的學生人數上可看到這點。英國做過的一項研究顯示，不少大學生因為自己一向擅長數學而選擇數學當作大學科系，但當他們進了大學，卻發現身邊其他的同學跟他們一樣擅長數學（Solomon, 2007）。他們的自信心與自我認同在那一刻出現了危機（Wenger, 1998）。他們還沒有學會愛上數學或欣賞數學之美；相反地，他們是因為自己有能力做到，讓他們覺得自己特別好，才選擇了數學。在顯然和他們一樣「特別好」的眾人環繞之下，他們失去了目標，領悟到自己從未對數學本身產生興趣，最後決定放棄（Solomon, 2007）。走上大學數學這條路卻發現自己並不是真正想讀數學的學生人數，與可能可以讀且喜歡讀數學、卻被學校賦予數學的錯誤形象打退的學生人數，兩者的比例大概是一比一百。

Youcubed 平台的共同創辦人凱西・威廉絲在來到史丹佛之前，是學區數學科主任，她的工作是和前來理論的家長面對面接觸，這些家長多半是想爭取孩子修進階數學課的機會，因為他們的孩子程度很好又很聰明。碰到這種情況，威廉絲都會提議和他們的孩子會面，然後為這些孩子做一次數學評鑑，好讓她了解他們的需求。結果威廉絲總是發現這些學生對於程序的反應很快，但沒辦法理解數學的意義，或是解釋不出觀念為什麼合理。舉例來說，這些學生算得出 $1 \div \frac{3}{4}$ 的答案是 1 又 $\frac{1}{3}$，可是他們無法解釋自己算出的答案為什麼是合理的。

威廉絲讓那些家長明白，數學是一門很寬廣的科目，不是只有計算與求快，而是牽涉到觀念的理解。她給他們看一張圖，上面畫出數學的三個層面（見圖 6.1）。

接著她向那些家長說明，他們的孩子只在其中一方面有很強的能力，而在另外兩個重要的數學面向才剛要開始累積實力；他們的孩子需要的不是更多的數學內容，而是需要多多理解他們已學過的數學，在反覆練習程序之餘，要能夠應用數學觀念。這些都是雇主最需要的數學思維，就像第 3 章裡談到的。

重表現的菁英主義文化充斥在數學中，並不是老師的錯，因為數學老師也受績效考核，就和他們的學生一樣。錯在我們的文化喜歡拿數學當作揀選機制和判

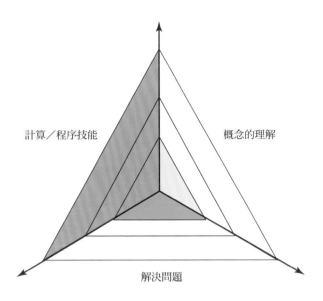

計算／程序技能　　　　　概念的理解

解決問題

圖 6.1　在數學的不同層面取得平衡。

定資優生的指標。不管對高成就還是低成就學生來說，數學都亟需改變，要從被當作學生（和老師）排名分類依據、菁英主義且重表現的科目，變成開放、重視學習的科目，因為目前高成就學生棄數學而去的人數刷新紀錄，而低成就學生又被擋在門外，接觸不到他們完全有能力學習的觀念。許多人同意，學生需要正面的思維信念，但假如我們真的希望給學生這些觀念，那就必須從根本改變美國社會中呈現及傳授數學的方式。我在給 Youcubed 每位訂閱者的電子郵件信末都會附一句話：「Viva la Revolution!」（革命萬歲！）我這麼做的原因是，我很清楚我們需要一場革命，要改造大家對數學、對這個科目、對學生潛能和思維模式的既有信念；要摒棄充斥在此科目中的菁英主義；要從表現轉向學習；要接受數學是多元的、美的、人人都能學習的科目。

講求平等的策略

　　那麼我們該如何讓數學教育更平等？接下來幾章我會談到更多對學生有好處的策略，但在這裡我要先提幾個刻意讓數學更具包容性的策略。

1. 提供所有學生進階的課程內容

　　我在下一章會仔細談相關的研究以及讓更多學生有機會學習進階數學內容的建議策略。與各國的情況相較起來，會發現美國有機會修進階數學的學生人數比大部分的國家來得少（McKnight et al., 1987; Schmidt, McKnight, & Raizen, 1997）。要提升學業成就並且促進平等，有個清楚不過的方法，就是讓更多人獲得學習進階數學的機會。我會在下一章闡釋最能夠讓更多學生接觸到進階數學的教學法。

2. 盡力改變你對哪些學生能把數學學好的看法

　　正如我在前面回顧過的，杜維克的研究（Dweck, 2006a, 2006b; Good, Rattan, & Dweck, 2012）讓我們看到，老師的心態會打開或關閉學生的學習軌跡，僵固的思維模式與教學方式是讓女性和有色人種的學生在數學及科學領域持續不平等的重要原因。令人振奮的是，這些研究也指出，凡是具備成長型思維的學生，對刻板守舊的訊息都能一笑置之，繼續往前邁進；這再次表明不光是學生，老師對於自己的科目也非常需要培養成長型思維，並傳遞成長型思維的訊息給學生。這樣的訊息應該盡早而且經常讓學生接收到，第 1、2、9 章都談到了提供這些訊息的方法。事實證明，若想追求更平等的社會，在學習數學方面具備成長型思維可能是極為重要的關鍵。

3. 鼓勵學生深入思考數學

　　我在二〇一四年受邀到白宮對女性及女童事務委員會（Council on Women and Girls）演講。那天的主題是關於鼓勵更多女性讀理工科系的方法。我告訴與會人士，造成理工領域男女人數不均的很大原因是數學。

　　我從自己的研究（Boaler, 2002b）和其他做出同樣結論的研究（Zohar & Sela, 2003）中發現，女生比男生更渴望深入理解，但在數學課堂上往往做不到

這一點。這並不是說所有的女生和所有的男生想追求的目標不一樣,只是女生比較傾向於深入理解——想知道方法為什麼可行、是怎麼來的、與更廣的概念有何關聯(Boaler, 2002b)。這是非常值得花心力的目標,我們也希望所有的學生都能做到。可惜的是,在許多數學教室裡採用程序性的教學,就表示經常沒有深度理解,而女生在缺乏深入理解的狀況下,她們的表現會不如預期,於是與數學漸行漸遠,往往還會產生出焦慮感。女生對數學感到焦慮的程度比男生更嚴重(OECD, 2015),缺乏深入理解是其中一個主要因素(Boaler, 2014a)。這頗為諷刺,因為想要深入思考和確實理解概念是令人讚賞的,而表達出這個需求的學生是最適合投入高等數學、科學、工程領域的人。他們正是能夠在理工科系方面精進、打破不平等教學循環的學生。倘若數學是以程序性的方式傳授,想要深入理解的學生(大多是女生)就會被拒於理工科系門外。

　　研究人員針對一百二十三個為女生而開設的非正式理工課程(包括暑期課程與課後社團)做了一項綜合分析,他們歸納出女生評選為可創造出參與感和正面自我認定形成的課程特點。女生評選出的前四個特點是:

- 動手實作經驗
- 專題式課程
- 有實際應用的課程
- 合作機會

　　她們也舉出了榜樣,但認為榜樣的重要性不如需要通力合作、探究型的研究機會(GSUSA, 2008)。這項大規模的研究,與另外一個凸顯女生偏好關聯型數學思考方法的研究不謀而合;她們在思考數學時,會去探求數學方法為何、何時、如何行得通。偏好這種和高成就有關的思考方法不是只有女生,但女生似乎比男生更需要這種思路,因為如果不能這麼思考,她們可能就會背棄這個科目。

　　學習不單單是累積知識,而是發展出自我認同的過程,學生要決定自己是

誰、想成為什麼樣的人（Wenger, 1998）。對很多學生來說，他們在數學和科學教室裡看到的自我認同，跟他們自己希望獲得的自我認同是矛盾的（Boaler & Greeno, 2000）。許多學生認為自己是思考者和溝通者，是能夠為世界帶來改變的人（Jones, Howe, & Rua, 2000）；在程序性的課堂上，他們到最後往往會發覺自己無法融入。這涉及很多數學與科學課堂上的形式，這些形式並不容許探究、關聯或深度理解。

只要把數學當成相通、以探究為主的科目來傳授，不公的現象就會消失，整體的學業成就也會提升。第 4 章在這方面提供了許多數學教學觀念，而第 9 章會舉更多數學課堂活動、方法、策略方面的例子，讓學生都能接觸到開放、平等的數學。

4. 教導學生合作

很多研究已經證明學生合作對於理解數學的好處（Boaler & Staples, 2008; Cohen & Lotan, 2014），而且團體工作對於良好的數學活動很重要（見圖 6.2）。不過有一項極有趣的研究卻顯示，團體活動對於修課上的種族不平等，可能也極為關鍵。

烏利・崔斯曼（Uri Treisman）是位數學家，在加州大學柏克萊分校工作多年，目前在德州大學。崔斯曼還在柏克萊的時候，發現有六成的非裔美國學生微積分不及格，其中很多學生就因此被退學了，這讓他很擔憂。崔斯曼把非裔美國學生的經驗和及格率較高的華裔美國學生做了一番對照。他探討了不同族群成功差距的原因，結果發現教授們提出的許多臆測並不正確。非裔美國學生並沒有像部分教授所想的那樣準備不足、學業平均成績（GPA）較低或是來自較低收入的背景，但兩個文化族群之間有個明顯的差異：華裔美國學生會一起

圖 6.2　同組的學生一起討論。

討論數學。他們在數學課後的晚上會聚在一起討論問題。當華裔美國學生覺得數學很困難，他們是受到支持的——首先他們知道每個人都遇到困難，接著則是一起來解決問題。相形之下，非裔美國學生在數學上孤軍奮戰，當他們前進得很吃力時，就決定自己讀不了數學了。這些結果促使崔斯曼在柏克萊發起新的學習方式，為學生開設團體討論會，參加的學生可以一起討論數學，對自己的潛能得到一些正面訊息。這個做法的影響十分顯著，不及格率在兩年內降到零，非裔美國學生的成績勝過沒參加討論會的華裔美國學生（Treisman, 1992）。崔斯曼的策略現在廣泛應用於世界各地。

　　還有一個重要工作的實例顯示了合作對於尋求平等的影響力——這次發生在評量領域。PISA 是對全球的 15 歲學生進行國際評量，在二〇一二年的重心是數學學習。PISA 的其中一項發現是，在常規數學測驗中，有 38 個國家的男生得分高於女生，這是個令人失望的結果，因為在美國和許多其他國家，男女生的在校成績是一樣的。PISA 團隊發現，當焦慮因素一併納入分析，男女生之間的成績差距就完全可以歸因於女生對自己比較沒信心（OECD, 2015）。看似是數學成就的性別差異，其實是自信程度的差異。女生在考試情境中比較焦慮的現象是大家公認的（Núñez-Peña, Suárez-Pellicioni, & Bono, 2016），應該先讓任何一位教育工作者停下來仔細思考，再根據考試的表現來決定。

　　同年，PISA 又做了一次不同的數學評量——合作解題評量。在這個評量中，學生並不是和其他學生合作，而是與電腦代理人合作。他們接受了代理人的想法，建立聯繫，然後根據這些想法合作解決複雜的問題。在我看來，這是在評量非常重要的東西。他們要學生考慮他人的想法，然後像在大部分的職場上那樣和他們合作解題，而不是獨自複製知識。在 51 個國家舉行的合作解題測驗中，每個國家的女生表現得都比男生好。這個值得注意的結果伴隨著另外兩個結果——有優勢的學生和弱勢學生之間的成績沒有顯著差異，這是個罕見且具重要意義的發現。此外，在一些國家，多元化提升了成績表現。PISA 團隊發現，在一些國家，「非移民」學生如果就讀「移民」學生較多的學校，獲得的表現更好——這是很好

的結果，顯示多元學習者社區會促使學生成為更優秀的合作者（OECD, 2017）。

這些研究受到課堂研究的實證，顯示學生共同努力弄懂數學，就有了看見並理解數學關聯的機會，而促成更為平等的結果（例子：Boaler & Staples, 2008）。

5. 鼓勵女生和有色人種學生學習數學與科學

很多小學老師對於數學感到焦慮，是因為他們自己在這個科目和他們的潛能方面，長久以來得到有害的訊息（另見：Boaler, 2019）。當我向參與線上課程的老師傳授數學是多元且人人都能學習的科目時，許多小學老師都說這從此改變了他們的人生和看待數學的態度。美國大約有 85% 的小學老師是女性，而貝蘿克和幾位同事發現一件很有趣又重要的現象：從小學女老師的焦慮程度，可預測出她們所教的女學生的學業成績，但男學生就不適用（Beilock et al., 2009）。女生會仰慕女性師長，而當老師經常傳遞「數學對他們太難或他們不適合念數學」訊息的同時，會讓她們產生認同感。很多老師設法讓學生寬心說她們在其他科目會有好成績。現在我們知道這樣的訊息傷害很大。研究人員已經發現，當媽媽對學校的數學課程抱持負面態度時，女兒的學業成績隨即就會退步（Eccles & Jacobs, 1986）。老師必須把「別擔心，你的強項不是數學」這類企圖營造共鳴的訊息，轉換成「你辦得到，我對你有信心，數學就是要靠努力」之類的正面訊息。

除了平等的教學策略，譬如合作和探究式的教學法之外，女生和有色人種學生（特別是占比偏低的少數族群）對於自己在數學方面的寶貴地位，都需要他人給予關切、正面的訊息。由於社會對於數學普遍傳遞刻板印象，因此他們比其他人更需要正面的訊息。由克勞德・史蒂爾（Claude Steele）主導的「刻板印象威脅」研究，清楚展現了刻板看法造成的傷害。史蒂爾和一些同事指出，女生只要得知數學測驗存在性別差異，她們的表現就會不如預期，而沒有接收到這類訊息的女生，在同一個測驗的表現和男生一樣好。他們的研究還顯示，甚至不必傳遞性別低成就的相關訊息。後續的實驗證明，只要女性在開始做測驗前先勾選了性別欄位，測驗成績就會比不必勾選性別的女性來得低。史蒂爾指出，透過這個研

究及很多其他的研究，可以發現刻板印象無所不在，而且會讓機會顯著減少。他
在隨後所做的實驗中證明，白人男性在跟非裔美國男性一起打高爾夫時，也會受
到同樣的影響，因為白人認為自己不像對方那樣「天生」就有運動細胞。只要在
打球前意識到種族差異，他們的表現就會比較差。史蒂爾和他的同事做的研究顯
示，只要所處的領域裡有另一個群體被公認是表現較好的，任何群體都有可能受
到刻板印象威脅（Steele, 2011）。

西部高中純女子機器人隊 RoboDoves 的隊員娜拉・史考特（Nala Scott，左，十一
年級）和十二年級的達妮雅・阿古德（Dania Allgood），與她們最新製作出來的機器
人「聖女貞德」。
資料來源：Permission from *Baltimore Sun Media*. All Rights Reserved。

巴爾的摩的一支純非裔美國女子機器人隊伍，她們得過的遙控機器人獎項
已經可以擺滿一整個展示架。
RoboDoves 這支隊伍非常成功，《科學人》（*Scientific American*）還
為它做了專題報導。她們和其他高中的機器人隊伍競賽時，展現出求勝的
精神以及對數學、理工科目、創造力、設計的熱愛，激勵了很多人。關於
這支機器人隊伍的各種新聞報導可以當成學生探索的資料來源（見 Lee,
2014; Zaleski, 2014）。

　　很不幸，「男生和白人或亞洲學生天生就是高成就的」是數學課堂上普遍公認的看法，處理這些刻板印象就成了當務之急，其中一個解決之道是凸顯女性及少數族群在數學與理工領域的成就。我在專欄裡提到的個案，可以運用在課堂討論中，而類似的個案還有很多。安排這類課堂討論的理想方式，是要求學生把自己當成該範例的專家，透過拼圖方法（我會在第 8 章更完整描述這個方法），跟其他同學分享自己的發現。

　　榜樣對學生來說十分重要──這也是必須讓教師人力多樣化的原因之一。

　　除了凸顯榜樣，也要把握其他的機會激勵那些可能需要額外鼓勵的學生。我在倫敦一所綜合中學教數學的第二年，開始在學校裡辦限女生參加的數學聚會來慶祝國際婦女節，我們在聚會時一起研讀有趣的數學，頌揚著名的女數學家。當時我任教的是位於內倫敦的哈弗史托克中學（Haverstock School），這所學校有相當豐富的文化多樣性，學生使用的語言超過四十種。婦女節慶祝聚會產生了一個值得關注的結果：它似乎讓很多比較沉默的女孩獲得信心並且更投入數學，尤其是印度出身的女孩。隨後她們在我的數學課堂上，公眾參與度也提升了。

　　還有其他的方法可鼓勵女生和少數族群投入數學。我的主要觀點是，身為數學老師，在追求平等的過程中，對學生一視同仁可能還不夠，因為有些學生正面對附加的阻礙和不利因素；如果我們要實現更平等的社會，勢必要竭力解決刻意製造出來的障礙。

6. 廢除回家作業（或至少改變回家作業的本質）

　　擁有一千三百萬名學生數據的 PISA 跨國評鑑團隊近年發表了一份重要聲明。他們在這份聲明中說，回家作業會使教育中的不平等持續存在，這是他們研究過回家作業、學業成就、平等之間的關係之後得出的結論（PISA, 2015）。此外，他們也質疑回家作業是否具有任何價值，因為回家作業似乎並未提高學生的學業成就。這不是單一的發現；學術研究也發現回家作業對學業成就不是有負面影響，就是毫無影響。舉例來說，貝克（D. P. Baker）和勒坦德列（G. K. LeTendre）比

較了不同國家的標準化數學測驗分數（2005），結果發現數學回家作業的頻率與學生的數學成績之間沒有正的關聯；米基（J. Mikki）發現，給比較多數學回家作業的國家，整體的測驗成績比較低（Mikki, 2006）；奇桑塔（A. Kitsantas）、吉瑪（J. Cheema）、魏爾（W. H. Ware）調查了五千名不同所得階層與族裔出身的十五、十六歲學生，也發現當學生花在數學回家作業的時間越多，在所有族群當中的數學成績就越低（2011）。

很容易就能看出為什麼回家作業會促成不平等。來自弱勢家庭的學生，很少有安靜的地方讀書；他們通常得在晚上寫功課，如果不是在家裡寫（趁著父母在外工作還沒回家），就是在他們自己打工的地方寫；而且他們在家裡不太可能有書籍、上網設備之類的資源。我們給學生回家作業時，就是給那些最需要我們支援的學生設下障礙。單單這一點，就讓我覺得回家作業引人非議。

我自己也是家長，也曾看著女兒好幾個晚上被回家作業逼得喘不過氣，沒有時間玩樂或和家人相處，所以我並不諱言我個人很不贊同回家作業。我女兒八歲時曾對我說：「我不想做功課，我想和妳坐在一起玩。」因為那晚僅有的兩小時空檔，所以除了回她：「那我寫信給妳的老師，說妳今天晚上不做功課了。」我不知道還能說什麼。八歲孩子晚上想和家人相處，是多麼合理的要求。我們是雙薪家庭，平日甚至要到傍晚五點半才看得到孩子，而且這個時候要幫孩子準備晚飯。等到我們吃完晚餐坐下來，距離睡覺時間只剩一到兩個小時了；我們很少利用這段時間聊天或玩樂，因為功課的壓力每天晚上都會排山倒海而來。對我的女兒來說這並不是面對困難題目的好時機；她們往往疲倦得不得了，所以總是覺得這些題目對她們來說太難了。讓學生一天下來很疲倦、甚至疲憊的時候做難題，是不平等也很不智的。我不知道那些出回家作業的老師是不是認為，孩子有整個下午的時間把功課做完，並且有個不必上班、疼孩子的家長在旁邊監督。如果他們不這麼認為，那麼我就不明白為什麼他們覺得自己可以規定孩子晚上該如何跟家人共度。

回家作業除了導致不平等，還產生了壓力（Conner, Pope, & Galloway, 2009;

Galloway & Pope, 2007），讓家人共處時間減少，對學業成就造成負面影響或毫無影響（PISA, 2015），而且數學作業的品質往往很差。在我的女兒們在學校就讀的那些年，我很少看到回家作業對她們的數學理解有幫助，倒是看過很多回家作業給她們相當大的壓力。出於某種原因，數學老師及教科書似乎都把大部分程序性、無法引起興趣的數學留到回家作業裡。美國大部分的數學回家作業都沒有多大的價值，反而造成很大的傷害。

如果課堂一開始就檢討回家作業，會讓不平等擴大，使某些學生每天一開始就落後其他學生。我剛搬到美國的時候，對於每堂數學課都花二、三十分鐘檢討回家作業感到很吃驚，在英國絕對不會發生這種事，英國對於回家作業的態度截然不同。在我所知的美國中學和高中裡，每天放學後每一科都有作業要寫，而在英國，不同科目的老師每週會給一次回家作業。在我的學生時代，通常每天晚上會有一個科目的回家作業要寫，在高中的最後幾年寫功課的時間大概要一個小時。在美國，至少在我所在的學區，高中生經常要熬夜到凌晨兩點才能寫完回家作業。學生表示壓力非常大，而造成壓力的主要因素就是回家作業。在英國，回家作業少了許多，這有可能是回家作業在英國受到的關注及造成的壓力遠少於美國的主因。

如果身為老師或校長的人想要推動平等，鼓起勇氣廢除回家作業，有很多分享研究證據的參考資料，是十分有幫助的，包括艾菲・柯恩（Alfie Kohn）的《反對回家作業的案例》（*The Case Against Homework*）、薩爾曼・可汗（Sal Khan）在《可汗學院的教育奇蹟》（*The One World Schoolhouse*）中的論點，以及來自教育觀察機構 Challenge Success 的許多資料（譬如 Challenge Success, 2012）。

如果非要派回家作業不可，我會建議改變回家作業的本質：不要給學生以表現導向作答的問題，而是給一些鼓勵學生回想課堂上所學的數學然後特別留意重要觀念的反思問題，這些重要觀念才是他們學業成就的重要目標（PISA, 2012）。範例 6.1 和範例 4.2 都是回家作業反思問題的範例。

我的回家作業
我的反思

你今天學到的主要觀念是什麼？

你比較不容易理解或有疑問的地方是什麼？

今天課堂上學到的觀念要怎麼運用在生活中？

範例 6.1

　　或者，我們也可以把回家作業當成是給學生做調查研究專題的機會；比方說，在家裡和屋外找一找費布那西數列的例子。只有在回家作業值得花時間做、能夠趁此機會好好反思或在家附近調查一番的情況下，才應該派回家作業。如果我們以這種方式運用回家作業，刪除每天回家寫的一大堆盲目練習題，我們就能讓成千成萬的學生更有效率地利用自己的時間，使壓力減輕，並且在促進學校的平等上是重要的一步。

結論

　　我在本章後半部提出的各個平等策略——改變關於誰適不適合的思維；給予更多的探究機會；廢除、減少或改變回家作業；鼓勵團體合作。在討論轉向理工科系的不平等時，這些都不是一般會推薦給老師的策略。我近年對白宮女性及女童事務委員會演講時（Boaler, 2014a），談到教學經常被排除在促進平等的討論之外。許多機構開始擔心，有時候也會注意到思維模式的重要性，但是他們很少考量到教學及教學法引起的極大影響，這正是我在這一章強調的重點。老師可以替那些在人生中面對阻礙與不平等的學生做些改變；在介紹數學的方式上，以及在鼓勵弱勢學生的機會方面，都有權這麼做。數學這個科目對所有學生的前途極為重要，因為它是大學和很多領域的必備條件。這就表示，數學老師應該有額外的責任和機會讓所有人都能平等地接觸數學。我們的社會對於數學向來偏好菁英主義，然而數學老師及家長可以抵制這樣的看法，為學生開創一條不一樣的學習軌跡，這條軌跡會從看待成功的正面訊息和重視毅力與努力開始，繼而採取一些確保每個學生都能成功的平等教學策略。

CHAPTER 7

從分軌教學到成長型
思維分組

學習機會

　　我仍然清楚記得我教的第一堂數學課，那是在位於倫敦康登鎮（Camden Town）的哈弗史托克中學，這座公立學校座落在相對不富裕的區域，但卻相當多元，學生來自不同的國家、背景、種族、宗教信仰和性別。當我到那間學校的時候，數學科採用一種分軌教學（tracking，在英國則稱為 setting）制度，學生在九年級前都是以異質編班的方式上課，而到九年級時會編成四個班。那天我懷著興奮的心情踏進我的第一堂課，準備用我從有效教學研究得到的知識，教眼前這班九年級的學生。然而我的學生才剛被分到墊底的班別。那天我跟他們打過招呼後，他們回應我的第一句話就是：「這有什麼意義？還是放棄吧！」那年我很努力給他們勉勵，運用了我自己受訓練時學到的教學方法，可是他們的低程度學習軌跡已經安排好了，我做不了什麼改變。隔年，我和學校數學科的其他老師一起努力打破數學分軌教學，從那之後這所學校繼續提供所有學生進階的數學。

　　學生學業成就當中的主要因素之一稱為「學習機會」。簡單說，如果學生在能夠學習到進階內容的課堂上花時間，就可以達到更高的程度。當然，這對我們來說不足為奇，但令人意外的是，即使大家知道學習機會是最重要的學習條件（Wang, 1998; Elmore &

Fuhrman, 1995），還是有成千成萬的學生因為被安排在初階的班級（有時甚至從年紀還很小的時候就如此），而沒有機會學習到他們需要且可能可以學會的內容。一份來自英國的統計數據令我感到震驚，它顯示有88％的學生在四歲時就被分到程度不同的班別，而且此後的求學階段一直留在同樣的班別中（Dixon, 2002）。孩子的未來在四歲、甚至十四歲時就被決定了，這不但是在嘲弄老師和學校的工作，也違背了兒童發展與學習的基礎知識。兒童會以不同的速度和時間發展，他們會在不同的發展階段展現出不一樣的興趣、長處和性向，我們沒辦法知道四歲或十四歲的孩子具備什麼能力，我們可以提供給學生的最好環境，就是能夠讓他們學習進階內容，能激發培養出他們的興趣，老師隨時可以看出、栽培、開發他們潛能的環境。發現大腦隨時在增長及重塑的研究，以及說明學生如何看待自己潛能的重要性的證據，都進一步證明擺脫落伍的分軌教學制度是有必要的，不管學生過往的學業成就高低，這種制度都會繼續限制他們的學業成就。

　　幾年前，有一次我跟超過八百位數學教師領導者演講，我問他們：「目前有哪些學校教育方式會把僵固型思維傳遞給學生？」每個人都寫下了自己覺得最首要的因素，我再匯集起來。有一些特質特別突出，我已經在這本書裡寫到了，尤其是評量和評定等級（在後面的第8章），但其中一個特質明顯勝出：能力分組。我同意大家的判斷，對學生影響最大的僵固型思維，就是依據他們目前的學業成就來分班教學。無論是被分到程度最低或是程度最高的班，跟分軌教學有關的強烈訊息都會對學生產生不良影響（Boaler, 1997, 2013a; Boaler & Wiliam, 2001; Boaler, Wiliam, & Brown, 2001）。原本和杜維克一起做研究，後來在史丹佛擔任主任的博士生羅梅洛發現，在分班時受僵固型思維打擊最大的，是那些進入高程度班的學生（Romero, 2013）。

打破分軌教學

　　美國許多學校在學生七年級或甚至更早的時候，會把數學課程按能力分成不同的班級。在我提及「分軌」時，所指的就是為了提供學生進階或初階內容而形

成的不同班級。調查研究世界各國數學表現的分析人員有個重要的發現就是，表現最佳的都是能力分組實施得**最晚並且最少**的國家。舉例來說，在第三次國際數學與科學教育成就趨勢調查（Third International Mathematics and Science Study，簡稱 TIMSS）中，就發現美國的學生在學業成就方面的變異性最大，也就是分軌得最多。那次的調查中，韓國是學業成就最高的，也是分軌得最少、成就最平均的國家；另外，美國的學生學業成就與社經地位之間也有很強的關聯性，這個結果同樣是分軌教學所致（Beaton & O'Dwyer, 2002）。像芬蘭、中國這麼不同的國家，在數學表現上領先全世界，兩國都未實施能力分組，讓所有的學生都能學習到進階內容。位於加州的大型學區舊金山聯合學區（San Francisco Unified）採取了大膽的措施，廢止了十年級以下的各式分軌教學和所有進階課程；他們鼓勵每個學生在十年級之前，盡自己所能學到最高的程度，隨後幾年所有的學生都仍然可以修微積分，同時也提供學生同樣的進階課程。舊金山採取的做法很難能可貴；學校董事會在仔細檢閱研究證據後，一致通過了撤除早期分軌教學形式的議案。這政策的成效立竿見影。當代數被放回九年級課程，且分軌教學被推遲至十一年級，代數的不及格率從 40% 下降至 8%，同時超過三分之一的學生選修進階課程（Boaler et al., 2018）。在大多數的學區，學生在更低年級的階段就會按程度高低分到不同的學習軌跡。史丹佛附近有個學區，位於成績極佳的社區，有半數的學生在升到七年級時就被分到低程度的組別，而使他們最後不能修微積分。這時家長應該會聽見孩子的未來之門被關上的聲音。如果我們要進入學生渴望學習進階數學的新時代，我們就必須轉型成更有彈性、以研究為本的分組形式，這正是我準備在這章介紹的重點。

　　要按照個別程度給所有的學生適當的課題，對老師而言很具挑戰性。老師都知道有個最佳施力點，既對學生有挑戰性，但難度又不會高到超出能力範圍，可以創造出熱烈的課堂參與。如果依據學生程度來分組，這個目標可能比較容易實現，不過學生之所以在分軌教學的組別表現不佳，原因之一是即使已按照能力分組，學生還是有非常不同的需求和背景，然而老師往往以為所有學生的數學知識

和理解都是一樣的，結果問的問題都相當簡短，對有些學生來說太容易，而對其他人又太難。正因如此，在數學課堂上準備「低地板、高天花板」的活動，對美國數學的未來十分重要。分軌教學讓學業成就低落的另一個更明顯的理由是，它把僵固型思維高聲傳遞給每個學生。

　　研究已經讓我們看到，學校與學區決定取消分軌教學之後產生什麼效應。有個重要的研究，顯示了取消分軌教學對紐約市學區的影響。在紐約市，學生在國中階段原本會分成普通班和進階班，後來學區決定要廢除進階班，讓每名國中學生都能修進階數學課。於是研究人員可以追蹤三年間學生在能力分組時的表現，然後是三年間學生在異質性班級裡的表現。研究人員追蹤了六個年級的學生，一路追蹤到高中畢業。他們發現，比起接受分軌教學的學生，沒有分軌教學的學生修了更多的進階數學，更喜歡數學，而且**提早一年**通過紐約州學測。研究人員還指出，這對低成就與高成就學生都有好處（Burris, Heubert, & Levin, 2006）。這些發現在一個個研究裡反覆出現（譬如可再參考 Boaler, 2013b, 2019）。雖然有大量的研究指出分軌教學的不良後果，但全美國大部分的學校仍然實施這種做法。幸運的是，我們正要進入的時代已經更清楚意識到分軌教學的害處，美國許多學區都已開始採用更有效的學生分組方法（LaMar, Leshin & Boaler, 2020）。本章將解釋幾個分組的形式，這些形式都給所有學生機會，並培養思維模式的機會。

成長型思維分組

　　吉兒·巴夏（Jill Barshay）目前是教育新聞網站「赫辛格報導」（Hechinger Report）的特約記者。巴夏告訴我，我的《干數學什麼事？》這本書和線上教師課程促使她下定決心教數學。她先去布魯克林的一所委辦學校，從九年級代數開始教。但她沒有料到這件事會這麼困難，以及自己得面對一群這樣的學生——他們八年級時沒有中選而不能修代數，所以心灰意冷，並且實際上已放棄數學。這群學生告訴巴夏他們不是「聰明的孩子」，巴夏跟我說，他們時常表現出不良行為。很遺憾的是，這是分軌教學的後果之一。我經常自問：「我該如何幫助這些失去

動機的學生？」而我的答案始終如一：我不認為在學校體制內會有不願意學習的學生，但裡頭有許多學生被迫相信自己沒辦法取得佳績。一旦你認為自己無法做到，比起再次面對失敗，抽身離去至少還能挽回一些面子。某些老師擔心取消分軌教學後會帶來問題，品行不端的學生會跟其他學生摻雜在一起，但當學生接收到他們沒能力達成目標的訊息，而開始表現出不良行為，誰可以責怪他們呢？在我的異質性團體教學經驗裡，我發現當學生開始相信自己可以做到，而且明白我對他們有信心之後，不良行為和欠缺動機就會消失。

我和一所中學合作多年，這所學校對成長型思維教學非常支持，而且一直以來實行異質性分組。幾年前他們開始受到來自家長的壓力，要求讓一些學生修進階課程，這樣可以在進高中前就修完幾何（幾何向來是高中才有的課程）。學校最後讓步了，開始把學生分組成普通數學班和進階數學班，這個變革極為失敗，無論學業成就高低，失去學習動機的學生人數都因此大幅增加。校方表示，學業成就相近卻進入不同班的學生，遇到很大的問題，許多學生對自己的能力產生了僵固型思維。他們還發現，進入進階班的學生開始討厭數學，很多人選擇退出進階班，這對他們又造成進一步的傷害。不到兩年，學校就廢止了分軌制度，恢復異質性分組。現在他們為想修課的學生開設了幾何選修課，這是應付來自家長壓力的絕佳策略，因為它讓希望修更進階課程的學生有所選擇，又不會讓所有學生接收到對於自己潛能的負面僵固型思維訊息。讓學校的每位學生都能選擇要不要修幾何課，是非常重要的。

希望給所有學生進階數學的受教機會，卻被迫在分軌制度下授課的老師，可能會選擇一律教進階的內容，不管學生被分在哪個組別。跟我合作過而且採取這種做法的老師，很清楚分軌是在限制學生的學業成就，而且只要我們能給予被分到低程度班的學生正確的訊息和教學方式，他們一樣可以學會進階課程的內容。

市區有另一所支持成長型思維教學的優異中學，老師取消分軌，還提供了專門幫助低成就學生的課程選擇。同樣地，這個課程是提供給每個人的，是為所有想多花點時間深入理解的學生開設的。這個額外課程伴隨課表上的普通數學課，

並非補救教學；相反地，它是重溫普通課堂上學到的數學以及討論的機會，可以回頭看課堂上提到的觀念並做更深入一點的思考。很多學生選擇參加額外的課程，其中包括那些覺得數學很難的學生，和覺得數學不難但想理解得更深入的學生。必須注意的是，這個課是開放給任何學生的，課程名稱並沒有暗示是開設給低成就的學生。

致力於創造所有學生都有成長型思維與受教機會的未來，且選擇教異質性班級的老師，都是很令人欽佩的，然而要教一群既往學業成就高低不一的學生，需要博識的教學方式。光是取消分軌再透過只有少數學生可以理解的數學問題來教學，是不夠的。我很幸運，多年來能和許多優秀的老師合作，他們致力於平等教育，在混合成就團體的教學方面非常成功。在本章的其餘篇幅，我就要分享幾個有效的重要策略，而且是有研究證據支持的策略。

異質性團體的有效教學方式：數學課堂活動

數學課程取消分軌教學後，非常重要的事情就是要讓學生有機會學習不同程度的數學，而不是只提供僅適合班上一小部分人的數學問題。有幾種方法可以用來鼓勵學生學習不同程度的數學。

1. 提供開放式的課堂活動

就如我在第 5 章解釋過的，如果給異質性班級中的學生封閉式的題目，很多人會不及格或覺得沒挑戰性，所以課堂活動必須是開放式的，要有低地板和高天花板（見圖 7.1）。低地板、高天花板的課堂活動會讓所有的學生都可以理解觀念，達到非常高的程度。幸運的是，地板低、天花板高的課堂活動也是最為迷人有趣的數學任務，其價值不只對先前成就高低不同的學生有利，而且這些都是傳授重要數學、引發興趣、激勵出創造力的課堂活動。第 5 章給了許多這類課堂活動的例子和提供相關資訊的網站連結。據我所知，很少有學校能找出透過這類任務把所有內容教給學生的方法，但我很幸運，能夠在一所做到這件事的學校待三

小型遊戲

圓形與星形

冰淇淋勺

圖 7.1　Youcubed 上的開放式課堂活動。

年，而且我的博士論文就是在研究這種教學法的影響。

在鳳凰公園（Phoenix Park）這所非常成功的英國學校，採用的是專題式教學法，老師收集了各種「低地板、高天花板」的任務，學生可以做到任何程度，這項計畫以十三至十六歲的學生為對象，涵蓋整個數學課程，並為期三年。有些學生可能會在某個時候做到非常高的程度，其他人則在其他時候才會達到。我們不可能預先推想誰在某一天會學到更高程度，這也是理所當然的。我在第 5 章曾以「圍出面積最大的圍籬」這個題目為例；對某些學生而言，這代表他們要學三角學，對其他人則是學畢氏定理，而對另外一些學生來說是學習形狀與面積。老師在課堂上的角色，是討論學生所運用的數學，是在引導他們，擴展他們的思路。在傳統的教室裡，扮演這個角色的是課本，用課本介紹的數學內容，但課本是很生硬的工具，沒辦法看出學生理解與否或需要弄懂什麼。在充滿**成長型思維**的教室裡，針對個別或一群學生做出這些判定的人是老師，他／她會以適當的程度考驗和協助他們。在學生參與開放式課堂活動的時候，老師有機會與學生互動、介紹數學、跟他們做重要的討論，這就是為何學生在這樣的教學環境下表現很好的原因之一。這種教學方式雖然費時費力，但老師也會獲得很大的滿足感，尤其是看見原本欠缺自信、低成就的學生突飛猛進。

幾年前我在英國和一群中學與高中老師一起工作，他們在學到給予所有學生平等的機會接觸高程度數學任務的重要性之後，決心不在自己的班上分軌教學。這些老師並沒受過什麼專門的培訓，也沒有發展出鳳凰公園學校所採用的出色課程，不過他們學到了複雜教學，也收集了一些「低地板、高天花板」的課堂活動。他們為了成長型思維重新分組，在授課第一週結束時，其中一位老師很吃驚地大聲說，在他派出任務之後最先解出答案的，居然是個「本來會分到低程度班的」學生。一段時間下來，學業成就各不相同的學生展現出來的創意方法不斷讓這些老師感到驚訝和高興。讓老師們極為開心的是，學生對取消分軌教學有這麼好的反應，而他們原本擔心會增多的紀律問題，幾乎在一夕間消失。我覺得這很有意思，因為這些老師本來十分擔心取消分軌教學，以及讓學生一起做會不會有

成效。結果他們發現派出開放式的任務後，所有的學生都很感興趣，覺得有挑戰性且受到支持。一段時間下來，那些被他們認為是低成就的學生，開始邁入進階程度的學習，教室**不再**分成有能力的學生和沒能力的學生，成了學生們一起雀躍地學習、互相幫助的地方。

2. 提供課堂活動的選擇權

　　成長型思維教室裡的學生不一定要進行同樣的任務；老師可以派給他們不同程度和不同數學領域的任務。重要的是讓學生可以選擇他們想進行的任務，而不是由老師決定。我在鳳凰公園學校觀摩時，有一次老師讓學生從兩個任務選一個：探討面積等於 64 的形狀，或是探討體積等於 216 的物件。我在一個四年級的班級，觀察老師要求學生利用分數尺和古氏數棒找出跟 $\frac{1}{4}$ 相等的分數，找得越多越好，另外還給了一個挑戰題，是找出跟 $\frac{2}{3}$ 相等的分數。像這樣提供延伸活動以及具有額外挑戰性的其他任務，是每堂課都能做到的事。所有的學生每次都必須有選擇的餘地和挑戰機會。

　　有的時候，有些學生可能需要人推一把，才會去做你提供的進階任務。重要的是，有任務可以選擇時，千萬不要讓學生感覺自己只能做低階的任務，或是老師認為他們沒能力做進階的任務。我觀察到幾位老師在運用這個策略時，會告訴學生這些任務各有不同的難易度，或是有些任務提供了額外的挑戰性，而學生都很高興能有機會考慮自己想做什麼，都因為可以選擇額外的挑戰而興奮不已。

3. 個別化的軌跡

　　我在哈弗史托克中學的異質性團體授課時，採用了專為城市環境混合成就團體（mixed-achievement group）設計的數學系列，這套計畫叫做「中學數學個別化學習經驗」（簡稱 SMILE）。倫敦是一座充滿驚喜又多元的城市，有很高的學生流動率，位於內倫敦的老師都知道，他們今天教的一班學生到明天可能就變了樣，譬如有的學生缺席或轉班，而有其他學生轉進來。倫敦市中心的很多老師也

圖 7.2　SMILE 圖卡。

都致力於混合成就與異質性的分組團體。不尋常的是，SMILE 是由老師設計的一套數學「圖卡」（實際上是整張紙的大小），目的是要引起興趣培養文化敏感度（見圖 7.2）。有上千張的圖卡，每一張所教的數學領域都不同。內倫敦的任何一位老師都可以提交新的圖卡，目前已經收集超過三千張老師親寫的有趣圖卡。參與 SMILE 計畫的老師會分發給每個學生十張圖卡，讓學生按部就班完成，然後拿給老師看，老師會再給十張圖卡。圖卡是個別分發的，不會標示任務的難度，同時很多老師會要求學生找一個搭檔，一起研究數學觀念。

　　由於圖卡是個別化的，學生就可以按照自己的速度來完成，而老師會在教室裡走動，提供協助。根據我自己採用 SMILE 的教學經驗，我觀察到高度參與的學生會很興奮地收集自己所拿到的圖卡，他們知道成就掌握在自己手中。有些時候我們不會採用圖卡，而是整班一起探討數學。由於 SMILE 允許個別化的作業，學生缺席也不會對課堂的流程造成困擾，因此在都會型的能力混合環境裡很有成效。很多 SMILE 圖卡（取得網址：http://www.nationalstemcentre.org.uk/elibrary/collection/44/smile-cards）非常棒，不過可能必須隨著所在之地做些調整，因為這些圖卡是為倫敦的學生寫的，採用了許多倫敦本地的例子。

　　科技的出現也代表了個別化的數學會越來越普遍。可汗學院（Khan Academy）的創辦人薩爾曼‧可汗是著名的個別化教學發起人，他鑿鑿有據地強調分軌教學的粗陋，指出可自行選擇上課內容及學習軌跡的學生可以怎麼達到很高的程度，而且不管是從任何起點（Khan, 2012）。個別化或「個人化」的數學教學法，讓學生能夠按照自己的節奏學習，達到不同的程度，重要的是，不同程度的成就來自學生的努力，而不是學區或學校的分軌教學決策。在我所居住和工作的矽谷，許多領導者都認為這種教學法很理想，可能是因為很多高科技公司的執行長覺得受

限於狹隘、分軌的數學課程，即使他們都分到最高階的軌跡。

我看過很多個人化的學習制度，而我會擔憂這些制度完全個別化，沒有涵蓋豐富數學或合作的機會。讓學生坐在電腦前面做簡短、狹隘的題目，並不是我理想中的美好數學體驗，即使它涵蓋了提供個人化途徑的機會。有些機構正在努力提升個人化線上體驗，我很想看看他們做出的東西。

舊金山灣區的一所小型私立學校，成功透過講求合作且豐富多變的數學，創造了個人化的體驗。在那所學校任教的兩位老師，蕾斯莉・史庫勒（Lesley Schooler）和克麗絲蒂娜・勒維克（Kristina Levesque），參加了我們在史丹佛大學舉辦的 Youcubed 領袖會議，還參加了我的「如何學習數學」老師課程。就讀他們任職的高中的學生在中學階段之前，就已經遇到能力分班，那些分到較低軌跡的學生在高中結束前沒辦法進入高階課程，他們並不樂見這種事發生，因此決定去改變。他們的新制度需要大量的規畫和辛勤工作，但老師們現在看到，過去討厭數學、認為自己永遠不會成功的學生現在愛上了數學，並且正走向學習理工科目的未來。在這套新的方法中，每位學生都被指派給一位帶領的老師，為他們設定目標，追蹤他們的進步情況。學生每天在課程開始時要和帶領他們的老師會面，討論開放式的問題，或是練習 number talks 或 data talks。接著，學生會移動到每門課程（如代數、幾何、代數二或三角學）的不同教室，分組坐在一起，練習課程材料。負責課程的老師則在教室裡走動，提供小組指導，提出引導性的問題，讓學生專心完成課堂任務。學生完成一個主題時，他們要提出評量請求，而帶領他們的老師在檢查確認他們完成該主題的所有材料之後，就會核准。然後學生要進行評量，如果他們達到至少 70%，就可以進入下一個主題。如果他們的成績低於 70%，就要和帶領他們的老師一起進行補救。學生也可以選擇再評量一次，無論分數如何，而老師永遠會採用得分較高的。學生一完成課程中的所有作業，就會直接進入下一個課程。課程採用團隊教學，而且多門課程同時進行。

這種教學法讓學生能夠掌握自己的學習進度，可在學完某個課程的材料後繼續前進。有些人擔心，學生若按照自己的節奏就會加速，只顧著學很多東西卻不

求甚解，但這套制度給每個人同樣的機會和要求。老師反映，有些學生在課程中進行得很快，而有些學生會放慢速度，採用比他們在舊制度中會用的速度更慢的節奏來學習課程，並且有更全面的理解。這套系統是個人化數學教學法的低科技版本，包括花固定時間進行探究型、有關聯且深入的數學。

異質性團體的有效教學方式：複雜教學（更新）

在異質性教室裡採用的數學課堂活動十分重要，但為學生的共同學習方式所設立的規範與期待也很重要。有經驗的老師都知道，如果學生在團體中的參與度不一，課堂上的團體學習可能會失敗。若是任由學生自行決定該做什麼，沒有鼓勵他們或發展出有成效的規範，相當有可能發生這種狀況：有些學生會做大部分的事，有的人會閒閒坐著，有些人可能會因為社會地位不如其他同學而被丟在一旁。史丹佛大學社會學家伊麗莎白·科恩（Elizabeth Cohen）觀察到教室裡的不平等團體運作，發覺這是團體中的社會差異造成的，其中有些學生被歸為或具有某個重要地位，而其他人被貼上低地位的標籤（Cohen, 1994）。我在史丹佛的同事珍妮佛·蘭格－歐蘇納（Jennifer Langer-Osuna）研究了許多團體運作的個案，結果發現，發言學生的看法受到討論的原因，是大家從發言者感受到的身分地位，而不是看法當中的數學知識（Engle, Langer-Osuna, & McKinney de Royston, 2014）。她還發現，學生身分地位的差異往往來自大家對於特定種族、階層或性別的刻板印象（Esmonde & Langer-Osuna, 2013; Langer-Osuna, 2011）。因此，科恩和瑞秋·羅騰（Rachel Lotan）進一步設計出「複雜教學」，這種教學法的設計是要讓團體運作變得平等，用於任何年級或學校科目（Cohen & Lotan, 2014）。

我在美國國家科學基金會（NSF）為期四年的研究中，做了四種數學教學方式的比較。我和我的研究生團隊花了四年時間，追蹤來自不同高中超過七百個學生（Boaler, 2008; Boaler & Staples, 2008）。大約一半的學生來自實行能力分組、透過程序性數學教學與考試的學校，其餘半數則是加州一所被我稱為「雷賽德」學校的學生，該校的老師取消分軌制度，並把複雜教學運用於數學的教學上。雷

賽德的學生種族很多元，跟我們研究的其他學校比起來，英語學習者的人數比較多，文化多樣性的程度也比較高。在雷賽德，約有 38％的學生是拉丁美洲裔，非裔美國人占 23％，白人占 20％，16％是亞太裔，3％來自其他族群。採用傳統數學教學的學校中，75％是白人，其餘 25％是拉美裔。研究剛開始時，這批學生剛讀完國中的課程，我們對他們的數學程度進行了一次評估，當時雷賽德的學生的成績，明顯比我們研究的其他郊區學校的學生來得差，這在城市環境中沒什麼不尋常，因為城市裡的學生有很多生活事務要處理（見圖 7.3）。

　　一年後，「雷賽德」的學生趕上了以傳統學習的學生（見圖 7.4）。兩年內「雷賽德」的學生達到的程度明顯高出傳統方式學習的學生（見圖 7.5）。

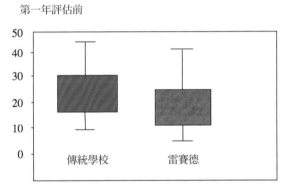

圖 7.3　評估前的測驗成績。

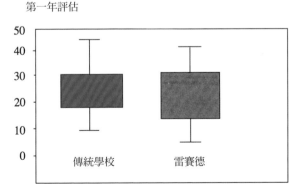

圖 7.4　第一年的評估測驗成績。

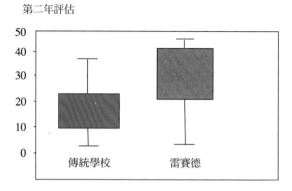

第二年評估

圖 7.5　第二年的評估測驗成績。

除了有更高的學業成就之外，「雷賽德」的學生也比其他學校的學生更喜歡數學，而且繼續朝更高的程度學習。在雷賽德，有41％的學生修了進階的微積分預備課程及微積分，相較之下，以傳統方式學習的學生只有27％修這些進階課程。不僅如此，雷賽德學校的學生當中，學業成就上的所有種族不平等現象都減少或消失了（Boaler & Staples, 2008; Boaler, 2008, 2011; http://www.youcubed.org/category/making-group-work-equal/）。

　　一本由研究人員和雷賽德學校的老師合寫的重要著作就是要讓大家了解「雷賽德」和這所學校一切的平等實踐（Nasir, Cabana, Shreve, Woodbury, & Louie, 2014）。

　　接下來我就要來談這所學校如何在複雜教學的四個原則下，締造出這些輝煌成就；這四個原則就是：多元課堂、角色扮演、賦予能力及為彼此的學習負責（見圖 7.6）。之後我會再分享對於複雜教學的最新見解。

多元課堂

　　美國和許多國家的數學課都屬於單一類型，因此正規執行單一解法特別受到重視。這種狹隘的成功標準導致的結果，就是使某些學生在課堂上的表現爬到頂尖，獲得好成績和老師的表揚，其他學生則掉到底層，而且大部分的學生都知道

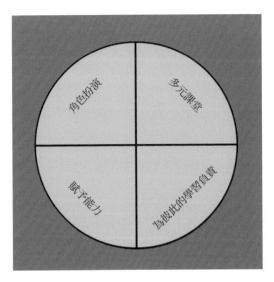

圖7.6　複雜教學。

自己在課堂上的階層位置。這種教室是單一向度的，因為在課堂上獲得成功的方法只有一種。而在多元的數學課中，老師會鼓勵能達到數學目的的方法，舉例來說，如果我們看數學家的工作，就會知道他們有些時候在做計算，但他們也得提出好問題、拋出想法、連結不同的想法、運用很多表示法、從不同的理路推敲及其他各種方法。數學是廣博而多元面向的學科。在複雜教學的課堂上，老師會很重視數學的許多面向，也會評估學生在這些面向上的表現。複雜教學的理念就是：

　　沒有人擅長每一種方法，但每個人都擅長其中的幾種。

　　我們跟學生進行研究訪談時，會問他們：「怎麼做才能在數學上獲得成功？」以傳統方式學習的學生居然有97％說出同樣的答案：「要全神貫注。」這是跟低成就有關的被動學習行為（Bransford, Brown, & Cocking, 1999）。當我們在雷賽德的班級問學生同樣的問題時，他們提出了各種方式，譬如：

- 提出好的問題
- 用不同的說法把問題重新表達一遍
- 解釋清楚
- 運用邏輯
- 為自己的方法說出理由
- 運用教具
- 把觀念連結起來
- 幫助其他人

　　有名叫做瑞珂（Rico）的學生在訪談時說：「以前國中的時候，我們只顧數學技巧，但在這裡是團體進行，我們會設法學著助人與獲得幫助。就像在提升社交能力、數學能力和邏輯推理能力。」（Railside student, year 1）

　　瑞珂選擇談他感受到的數學廣度。另一個學生潔絲敏（Jasmine）補充說：「在數學上，你必須跟每個人互動交談，回答對方的問題，不能只是說『這本書你拿去，看一下裡面的數字，把它弄懂。』」當我們問：「為什麼數學跟其他科目情形不一樣？」她說：「因為做的方法不止一種。它是需要說明的，而不是給一個答案就好。得出答案的方法不止一種，而這就像是要問：『為什麼是這樣？』」（Railside student, year 1）潔絲敏點出了數學與「詮釋」的本質，也就是讓學生跳脫課本和數字，去理解數學觀念，思索不同的方法，證明他們的想法是對的，來回答這個重要的問題：「為什麼是這樣？」

　　在雷賽德學校，老師會重視數學進行的許多面向，也就創造出多元面向的課程。他們的做法是提供內容豐富的課堂活動，他們把這些稱為「適合團體的題目」，也就是說很難獨自解題，需要同組成員一起貢獻腦力的問題。對於適合團體的課堂活動，拉尼‧霍恩（Lani Horn）的描述是「使用多種表示法，來解釋重要的數學概念，包括有效利用團體共同資源，以及各種可能的解題思路」（Horn, 2005, p.222）。範例 7.1 與範例 7.2 就是兩個適於團體的問題，兩個例子都出自

nrich.maths.org。附錄另有完整的課堂活動講義，可供各位參考。

第三個例子（範例 7.3）出自「雷賽德」學校，老師先給學生一些稱為堆疊模式的線性函數任務，要他們預測比方說第 10 次堆疊的結果。

數字排序

來玩一下簡單的拼圖怎麼樣？

這個問題是設計給約四人一組來進行的。（讓老師自行延伸的注意事項和構想詳見：http://nrich.maths.org/6947&part=note。）

1. 有 A、B 兩個拼圖遊戲，你的老師可以印出來給你。
   完成每個拼圖，並把散片放入以下的黑邊正方形內（可以影印第 274 頁的正方形）：

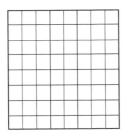 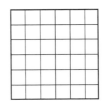

2. 照你喜歡的方式把數字較小的方塊擺在另一個數字較大的方塊上方，並使正方形裡的小方格剛好填滿。（你可能會覺得把小方塊上的數字複印在描圖紙上比較容易做。）

3. 探討一下，若把出現在另一個數上方的數字全加起來，會發生什麼情形。

4. 在你的小組中探討你想到的任何想法。

範例 7.1
資料來源：取自 NRICH（http://nrich.maths.org/6947）。

在考慮 36 種組合時，你可能必須問：「我想知道如果我們……
會怎麼樣？」稍微做點改動，研究一下，然後把兩組結果做個比
較。

你也許想問：「為什麼……？」

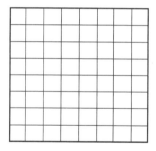

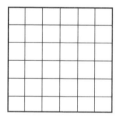

範例 7.1（續）

越來越大的長方形

想像有個面積為 20 平方公分的長方形。

它的長和寬可能是多少？列出至少五種不同的長寬組合。

假想一下你把這個長方形按比例放大成原來的 2 倍：

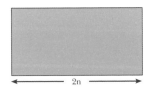

列出各個放大版長方形的長寬大小並算出面積。你有沒有注意到什麼事？

設法從面積不等的長方形開始，把它們再等比放大 2 倍。現在發生什麼情形？

能不能解釋一下發生了什麼事？

如果把一個長方形按比例放大 3 或 4 或 5 倍，它的面積會發生什麼變化？若是等比放大某個分數倍，長方形面積又會發生什麼變化？

倘若你把一個長方形按比例放大 k 倍，長方形的面積會發生什麼變化？

範例 7.2
資料來源：取自 NRICH（http://nrich.maths.org/6923）。

　　有些組別可能會從幾何的角度解題；有些則從數值的角度，並把對應值表列出來；而有些組是從代數的角度。要求學生分享他們的解題方法之後，老師會問：「有沒有人有不同的觀點？」

解釋並證明你得出的任何結論。

你的結論對長方形以外的平面形狀也適用嗎？

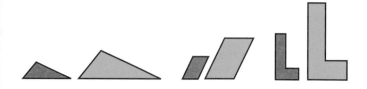

現在探討一下把不同的長方體按比例放大之後，表面積與體積會發生什麼變化。

解釋並證明你得出的任何結論。

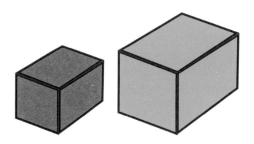

你的結論對長方體以外的立體也適用嗎？

範例 7.2（續）

　　然後老師會繼續給學生挑戰活動，但沒有提供所有的必要訊息，所以他們必須一起找出表格、圖形、等式或幾何當中缺漏的元素，見圖 7.7 所示。

　　雷賽德學校採用的這些及其他課堂活動的更多細節，可參考納席爾（N. S. Nasir）等人的著作（2014），許多課堂活動都放在《核心聯結系列》（*Core Connection Series*）系列套書中。雷賽德的老師過去也曾在能力分組的班級裡以傳統教學法授課，但學生數學不及格的比例很高。儘管很多學生進學校時的數學知

線性函數任務

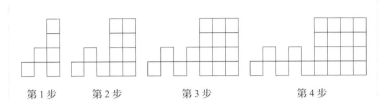

第1步　　　第2步　　　　第3步　　　　　第4步

這些形狀是如何增長的？

你能不能預測第 100 步後是什麼形狀？

第 n 步又是如何呢？

範例 7.3

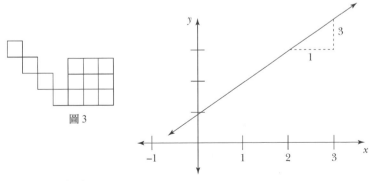

圖 3

圖 7.7　CPM 任務。

識只相當於二年級的程度，這些老師還是沒有因此認定數學不及格的原因是能力不足。相反地，他們申請了一筆補助經費，讓他們趁著暑假規畫出新的課程和教學法。他們聽說過複雜教學，所以取消分軌，並設計一套所有高中新生都會修的代數入門課程。他們把這個代數課程設計得比傳統課程更有深度，讓所有修過或沒修過代數的學生都覺得有挑戰性。雷賽德的老師致力推動平等教育與異質性教學，因此他們共同努力開發並落實一套多點銜接數學的課程。標準的教科書通常是圍繞著數學方法來安排的，像是「畫出線性函數」或「多項式因式分解」，雷賽德的老師在課程安排上則是圍繞著重要的觀念，如「什麼是線性函數？」他們並未設計課堂活動，而是從已公布的各個課程選出有深度、概念性的活動，譬如大學預備數學課程（College Preparatory Mathematics，簡稱 CPM）及互動式數學計畫（Interactive Mathematics Program，簡稱 IMP）。他們不僅選擇圖像化的代數表示法，也選擇用實物，建構了利用代數教具「algebra lab gear」的課程，並用這套教具來建立代數上的理解，見圖 7.8 所示（Picciotto, 1995）。

　　代數課及該校所有的課程主題都是鼓勵多種表示法。他們時常要求學生用不同的方式表達自己的想法，像是透過文字、圖形、符號及圖表。他們也會鼓勵學

圖 7.8　學生在討論怎麼找出某個形狀的周長；這個形狀是用代數教具「algebra lab gear」建構起來的。

生用顏色編碼，以同樣的顏色代表想法——譬如在算式、圖表、圖形和段落中用同一個顏色代表 x（見範例 7.4）。

　　雷賽德課程的多元，是學生邁向成功的極重要因素。在分析雷賽德學生普遍的高學業成就時，我們發覺雷賽德之所以比較多的學生成功，是因為學生們懂得

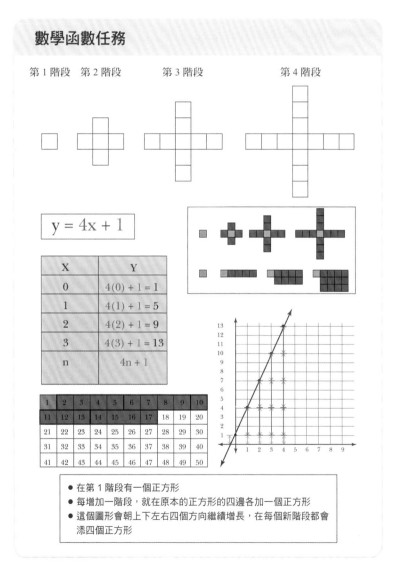

範例 7.4

利用多種方法獲得成功。在我研究雷賽德學校之後，我還針對根據複雜教學方法安排的課堂進行了其他研究。很可惜的是，其中一些課堂未能透過多元任務來教學，也並未重視多元工作，而我們的研究顯示，課堂數學狹隘化會導致課堂不平等（LaMar, Leshin & Boaler, 2020）。即使在致力於平等成果的學區，狹隘化的數學也限制了平等和高成就的目標。我們在分析中追蹤了狹隘化數學的途徑，追溯到用來引導課程與題目設計的標準。

在雷賽德，取得的平等成果有一部分是老師選擇的重要觀念所致；他們的教學總是以重要觀念為主，而不是方法或狹窄的內容。這些重要觀念和我們為加州設定的觀念類似，可以在 youcubed.org 平台（www.youcubed.org/resources/standards-guidance-for-mathematics/）上取得。整合 1 和整合 2 這兩門高中課程的重要觀念和觀念之間的連結如範例 7.5 所示。我分享的是整合數學課程的重要觀念，因為代數和幾何的地圖上的數學連結少很多（設計這套方法的目的是分散內容）。

整合 1 和 2 的重要觀念，出自加州

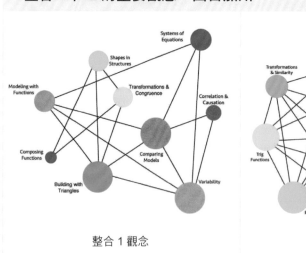

整合 1 觀念

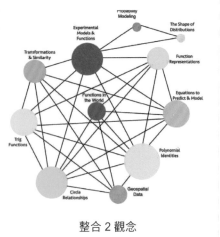

整合 2 觀念

範例 7.5

雷賽德的老師不僅重視數學學習的許多面向，也採用了多元的評分方式（見第 8 章）。儘管該校學生依規定必須參加的加州標準化測驗不重視多元面向的數學，他們的測驗成績還是達到高水準，因為他們學到勇於在課堂表現、去理解數學，並對數學產生好感。所以當他們面對測驗時，心態上也是自信滿滿、樂意嘗試任何問題。雷賽德學生在數學科的測驗成績，比其他各科都要高──這很不尋常，而且該校在數學科的表現也勝過同一學區的其他學校，儘管它位於最低收入的地區。

在我觀摩的一節代數課堂上，老師給學生一個具挑戰性的典型題目，但幾乎沒給什麼指示。老師要這些學生運用自己已知的數學工具，譬如對應值表和函數圖形，以 y = mx + b 的形式寫出等式，這個等式會讓他們知道不同的鞋子該買多長的鞋帶（見範例 7.6）。

鞋帶

不同尺碼的鞋子需要多長的鞋帶？

探討一下鞋帶長度與鞋子尺碼之間的關係。

寫出形式為 y = mx + b 的等式，好讓製鞋師知道他們要替不同的鞋子買多長的鞋帶。

範例 7.6
圖片來源：Guzel Studio/Shutterstock.。

　　這位老師鼓勵學生用真正的鞋帶，可由各組中的一個人貢獻自己的鞋帶。她在介紹這個問題時告訴學生，這個問題可以從很多方向著手，若想成功解題，小組成員之間需要有良好的溝通，要互相傾聽，讓彼此都有認真思考的機會。老師還說，如果學生採用多種方法證明、解釋他們對這個問題的討論成果，就會獲得比較高的成績。

　　正如許多數學問題，這個問題對很多學生來說最困難的部分是在開頭，必須知道怎麼開始。老師告訴他們要寫出一個等式，來幫助他們買鞋帶——這是相當開放式的指示，讓學生自己想出某些可放在等式裡的未知數，譬如鞋帶孔的數目、打出蝴蝶結所需的鞋帶長度。他們還必須理解，等式裡的 y 必須代表所需的鞋帶長度。

　　在課堂進行的時候，我注意到很多組別不清楚一開始該如何著手。其中一組有個男生，很快就對同組的同學說「我不知道」，另外一個組員也表示同意，說「這個問題我不懂」。這時這組中有個女生提議把題目大聲再念一遍。在他們念出題目的時候，有個男生問：「這隻鞋子跟那個等式有什麼樣的關聯？」另外一個男生提議他們來算出自己的鞋帶長度。於是這一組開始量鞋帶，這時有個男生說，他們還要考慮到所需的鞋帶孔數目（見圖 7.9）。他們繼續討論下去，組員提出問題讓整組的人一起思考，藉此互相幫助。

　　我看了很多像這樣的例子：學生可以藉著彼此鼓勵、把題目重念一遍、互相問問題來開始。老師鼓勵他們大聲讀出題目，並且在遇到關卡時互相提問，譬如可以問：

- 這個問題在問我們什麼事情？
- 我們要怎樣把這個問題更清楚地表達一遍？
- 這個問題有什麼重點？

　　雷賽德的老師採用的教學方法，其中一部分是給各組一個題目，等每一組都

圖7.9　學生正在想出等式，來表示不同的鞋子所需要的鞋帶長度。

完成後，再問進一步的問題來評定學生了解多少。透過老師問學生的這些問題及給予學生的鼓勵，譬如要學生重述題目，學生學會問出對彼此有幫助的問題。沒過多久，當學生開始量鞋帶、思考鞋帶與鞋帶孔的關係，高度參與的氣氛就在教室裡散播開來了。這裡我列出影響學生課堂參與的因素：

- 老師的參與：老師已先很謹慎地設定問題，並且在教室裡走動，給學生一些問題。
- 課堂活動本身：具有充分的開放性和挑戰性，讓不同的學生能夠貢獻想法。
- 課堂的多元：有不同的數學思考方法，例如問問題、畫出圖示、做出有用、有鼓舞作用的猜想。
- 處理的問題是實際生活會碰到的物品和觀念。
- 學生之間的高層次溝通：他們已經學會怎麼藉由提問來互相協助。

　　很多數學部門採用團體工作的方式，但並未經歷過我們在「雷賽德」團體學習中目睹的高成功率與令人印象深刻的運作效率（Leshin, LaMar, & Boaler, 2020）。雷賽德的學生能有這麼好的成果，部分原因在於雷賽德實施並且重視多元面向的數學教學，同時學校老師也教導學生要協助彼此學習。

組員角色（美國版）

主持人：

在開始之前你務必讓全組把這張角色單讀過一遍。「誰來大聲讀一遍？大家都清楚自己要做什麼了嗎？」
讓你這組保持團結。每個人的想法一定都要聽得見。「誰還有不同的看法？我們可以繼續了嗎？」一定要讓每個人都能解釋。

記錄／通訊員：

你必須協助全組整理所有的結論。你們的結論必須呈現出大家的想法，要有條有理，可以用顏色、箭頭等數學工具傳達你們的數學、理由和連結。「我們想要怎麼表達這個想法？」隨時準備集合聽取老師的指示。

資源管理員：

- 替你這組拿取用具。
- 確保所有的問題都是你這組的問題。
- 你這組做完時，請老師過來聽你們的數學報告。

組長：

- 提醒你這組為每個數學陳述找到理由，並找出不同陳述之間的關聯。「你要怎麼確定這一點？這跟……有什麼關聯？」
- 別跟其他組討論！

範例 7.7

角色扮演

　　學生分組後，每個人都被指派要扮演的角色。範例 7.7 是老師發給學生的任務單之一，上頭有任務的說明。

　　我在英國向老師介紹複雜教學時，他們希望角色聽起來更有英國味，並減少階級感，於是變更了幾個角色。在英國的這些老師決定給學生的角色名稱和描述，如範例 7.8 所示。

組員角色（英國版）

召集人：

- 讓你這組保持團結，把注意力集中在問題上；確保沒有人跟別組的人討論。

總務：

- 只有你能離座，替你們這組領取直尺、電子計算機、鉛筆等用品。
- 確定大家都準備好了，再去請老師過來。

了解者：

- 確定所有的想法都經過解釋，大家都滿意為止。
- 如果你不懂，就向懂的人問個明白……如果你懂了，就確認其他人也懂了。
- 確定大家把你解釋的所有重點都寫下來了。

傾聽者：

- 確定每個人的想法大家都聽見了；請其他人提出建議。

範例 7.8

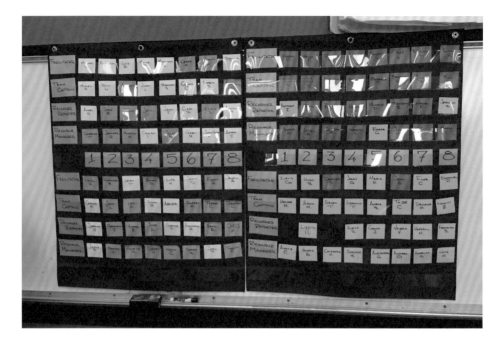

圖 7.10　隨機分組與角色分配。

　　角色扮演是複雜教學重要的一環，因為它讓每個人都能夠參與，而且促使學生承擔責任。正如英國的例子顯示的，老師可以依據自己的教學需求調整這些角色。

　　在採用複雜教學法的課堂上，老師會把分組角色表張貼在牆上，而學生分組和指派任務的方式是隨機的（見圖 7.10）。

　　每隔幾週，老師會要求學生換組，並扮演不同的角色。老師在課堂上要時常強調職務的不同之處，譬如在課堂開始不久暫停一下，提醒「主持人」幫組員檢查答案、出示自己的思考成果或是提出問題。

　　所有的老師都知道，學生開始分組熱烈討論數學之後，就很難把他們拉回來聽講，不過老師必須經常在團體工作中增添新資訊或新方向。在複雜教學上，老師的做法並不是想辦法讓整班安靜下來，而是請各組的「記錄／通訊員」集合，接著老師就可以提供資訊給他們帶回各組。這種做法不但可以協助老師，也能把責任交給學生，這可以實質幫助他們感覺自己有辦法掌握數學。複雜教學中的角

色扮演促成了雷賽德學校課堂上的互連系統，這個系統使每個人都有重要的事可做，讓學生學會相互信賴。

賦予能力

　　複雜教學中建議一個有趣又精妙的方法，就是**賦予能力**。這項工作會需要老師藉由一些做法，讓他們認為在小組中地位可能比較低的學生的地位提升，譬如可以稱讚他們動過腦筋才說或做出的事，並讓同組的人或整班都注意到。舉例來說，老師也許可以請學生報告想法，或是當著整班的面公開表揚學生的表現。

　　我是在實際看到之後，才完全了解賦予能力的做法。有一天我去雷賽德參訪，觀察三個學生的小組進行討論。小組裡有個安靜的東歐男孩伊凡（Ivan），在老師朝他們走過來時對著同組另外兩個主導小組討論的拉丁美洲裔女孩嘀咕了些什麼。伊凡說的話很簡短：「這一題跟我們剛才做的那個題目很像。」走到他們旁邊的老師馬上接話說：「很好，伊凡，你說到非常重要的一點；這個問題跟剛才的問題很像，而且我們都應該要思考，這兩個問題有什麼相似點和不同點。」後來女孩們回答老師的其中一個提問時，他說：「喔，這和伊凡的想法很類似；妳們是依靠伊凡的想法來當基礎。」老師提升了伊凡的貢獻程度，若沒有他的介入，幾乎可以確定伊凡不會受到這樣的重視。伊凡在老師稱讚他的想法及後來提醒同組女生注意他的想法時，明顯挺起胸膛，向前傾身，展現出投入的姿態。複雜教學的設計者科恩（1994）建議，如果學生回饋是在處理地位問題，就必須公開、知識性、具體，而且要與團體課堂活動有關。公開這一層面很重要，因為其他學生會明白是這位學生提供了想法；知識性則在確保回饋是維持在數學討論上；具體是指學生清楚知道老師在表揚什麼事。

為彼此的學習負責

　　在雷賽德學校實現的平等以及複雜教學的核心，是教導學生對彼此的學習負責。許多學校採用團體學習方式，期望學生培養出對於彼此的責任感，不過這一

直是個挑戰。在雷賽德，老師採用了很多方法協助學生學會一起好好討論，培養出對於彼此的負責態度。老師做了一個重要的決定，就是在第一年開學不久的第一門代數課花十週教學生怎麼讓小組討論順暢進行。學生在這段期間學習數學，但數學是老師的次要目標；他們的優先要務是教學生如何一起好好討論。十週之後去雷賽德觀摩的人，都看得出這個時間投資有多麼大的效益，學生尊重相互的對話，互相聆聽，根據彼此的想法進一步思考。

我自己在做小組教學時，也會先花時間仔細訂定出尊重與聆聽的小組規範。在正式進入任何數學主題之前我一直很喜歡讓小組進行的活動，是要求他們一起討論他們喜歡和不喜歡其他組員在小組進行數學活動時做與說哪些事情。我們共同製作兩張大海報貼在牆上，其中一張列出大家喜歡的事，另一張列出他們不喜歡的事（見圖 7.11）。在「不喜歡」的清單裡，學生通常會提到很多我也想要阻止的行為，比方說由一個人做然後把答案告訴每個人，或有人擺出自己比別人聰明

圖 7.11　老師把學生比較喜歡的團體討論行為製作成海報。

的樣子，說些類似「這太簡單了」的話，或是不讓人參與討論。我發現當學生自己去想什麼是正面、什麼是負面的團體討論，並列出他們自己的清單時，他們會更關注自己在小組裡的互動方式。我們把這兩張海報留在牆上，有時候我也會提醒學生和各組我們一致同意通過的規範。

我也會在課堂開始時先跟學生說明我認為重要的事。我會說我不看重速度或大家急著做數學；我重視的是大家展現出自己是如何思考數學的，以及如何有創意地表達想法，同時我也告訴學生聆聽彼此的想法與互相尊重有多麼重要。在我教導史丹佛大學的學士班時，許多學生在高中都因為能快速完成數學任務而備受認可，但每次開始數學探究前我都會說：「快速完成任務的人不會令我感到驚豔，甚至我對此不以為然，因為這代表你不夠深思熟慮。」我看到學生們對這段話思索再三，並因此在之後的任務中變得更有深度和創意。我在第 9 章會分享一個精采具體的活動，這個活動可以幫助學生學會在團體中一起好好討論。

雷賽德的老師還有一種鼓勵團體責任感的做法：他們會走向某一組，找個跟這一組的討論有關的問題來問其中一個學生。這個後續問題會是概念性的，只能由被問到的學生來回答，老師都是隨機挑選出學生的，其他學生不能幫忙回答。如果那個學生答不出來，老師在離開這一組之前會告訴其他學生，在他再回來問那個學生前務必要讓每個人都弄懂。在這期間，這一組的責任就是協助那個學生學會回答該問題需要知道的數學。有兩個女孩吉塔（Gita）和布莉安娜（Brianna）在接受訪談時，把她們對數學的觀感和她們學到的責任感直接連結到老師的那個舉動：

訪談者：學習數學是個人的事還是團體的事？

吉塔：好像兩者都是，因為如果你懂了，你就必須解釋給其他人聽，而且有時候小組可能會遇到問題，我們都必須把它弄懂。所以我想兩者都算。

布莉安娜：我覺得都是，因為從個人的角度來看，自己必須了解，才

能在小組討論時幫忙別人。你必須弄懂，才能跟他們解釋，因為你永遠不知道四個人當中她會挑誰。而且還要靠她挑出的那個人說出正確答案。（Railside, year 2）

這兩位受訪學生的節錄，明確指出了老師要求小組任一成員回答問題與他們要為同組夥伴負責的關聯。她們也傳達了數學有趣的社群特色，表示個人求知的目的不是要比別人優秀，而是這樣「才能幫助同組的其他人」。在我自己教中學生的時候，我採取的做法通常不會是一對一要學生回答問題，因為我並不想強調我們的不同角色位階層──老師是掌管者的角色；我會在第 9 章陳述我的教學方式。我比較喜歡縮小位階權勢關係，創造出所有社群成員（師生）共同合作、一起找出數學想法和關聯的環境。

不過，雷賽德學校的老師鼓勵團體責任感的另一種做法，或許會讓一些人感到震驚，但這個方法確實傳達出小組成員為彼此負責的理念。這些老師偶爾會給學生做他們所謂的「分組測驗」。每個學生都做測驗，但每組只隨機選出一份試卷來評閱，而這份試卷的分數就會是這組學生的分數。這傳達給學生的訊息非常清楚：他們必須很確定每個組員都理解數學了。

來到雷賽德學校的那些學生，過去八年都是各做各的數學，把數學當成個人的、充滿競爭的科目。但他們在雷賽德學到不同的數學，有不一樣的學習目標，很快就適應這種新的學習型態。進學校不久，他們就開始把數學視為合作、共同的活動，一切都跟互助合作有關。在我們進行研究的前幾個月，高成就者向我們抱怨他們老是要解釋給同學聽，但幾個月後連他們的態度也轉變了，他們開始領會分組與有機會解釋想法的價值，因為他們發覺這對自己的理解有非常大的幫助。

在我們的研究後期有幾個修微積分的女孩，伊美黛（Imelda）是其中一個，她說到團體責任對她的幫助：

伊美黛：我覺得大家把它當成責任，我認為這是大家慢慢開始要做的

事，就像我們已經修過那麼多的數學課。所以到了九年級也許就會說：「我的媽呀！我不想幫他們，我只想把自己的作業做完就好，我們為什麼非要做分組測驗不可？」可是一旦修到微積分先修課，就會想說：「喔！我必須先做分組測驗，再做測驗。」所以修的數學課越多，學得越多，慢慢就會開始體會到像是「喔，還好我有跟別人同一組！」的感覺。（Imelda, Railside, year 4）

儘管這不是雷賽德老師的目標，但在統計分析時發現，從異質性分組和複雜教學中獲益最多的學生都是當初的高成就者，他們的學習加速得比雷賽德的其他學生更快，而且表現出來的程度明顯高出其他學校裡進入高程度班的學生。因為這些學生要一直做解釋，這會使他們的理解提升到新的層次，同時他們也一直在進行多元的思考。許多高成就的學生原先是反應快、只顧程序的運算者，促使他們進行更廣更深的思考對他們的學業成就大有助益。

這些學生對不同學生的看法也變得更開闊，開始領悟到所有的學生在解題過程中都能夠有所貢獻。他們經歷的教學方式越多元，看待彼此的態度就越寬大，並注意其他人看待及理解數學問題的角度。以下是兩個女生在訪談時的反思：

訪談者：你們覺得怎麼做才能在數學上獲得成功？

阿雅娜（Ayana）：能跟其他人合作。

艾絲黛兒（Estelle）：心胸要開闊，聽聽看每個人的想法。

阿雅娜：必須聽別人的意見，因為自己也許是錯的。

艾絲黛兒：我們可能是錯的，因為每件事都有很多解決方法。

阿雅娜：每個人做事情的方法都不一樣，所以你永遠能找到不同的解決辦法，找出不同的東西。

艾絲黛兒：總會有人想出的辦法，我們總是會想說：「天哪，真不敢相信你居然想得到這個。」（Ayana and Estelle, Railside, year 4）

在訪談中，那些學生還告訴我們，他們因為學校採用的數學教學方式而學到要尊重不同文化、階層與性別的學生：

> 羅伯特（Robert）：你知道嗎？我喜歡這所學校。附近有些學校完全不一樣。他們分了很多種族小圈圈之類的團體。在這間學校，大家都把每個人當人看，而不是看你的膚色。
>
> 訪談者：數學的教學方式對這件事有幫助嗎？還是整間學校的影響？
>
> 強恩（Jon）：數學課的分組促使同學間凝聚在一起。
>
> 羅：是啊，換組的時候還會讓你跟更多人混熟，而不是只照著一成不變的座位表來坐，只能接觸到坐在前後左右的人，但教室另一頭的同學卻不認識。在數學課必須發言，遇到不懂的地方要說，或是說出你正在學的東西。（Robert and Jon, Railside, year 4）

雷賽德的數學老師極為重視平等教學，但他們並未採用那些為引發性別、文化或階層議題而設計的特殊課程材料（Gutstein, Lipman, Hernandez, & de los Reyes, 1997）；反而教導學生去領會每個人看待數學的不同方式。隨著課程越來越多元，學生也學會理解來自不同文化、不同環境的見解。

很多家長擔心異質性班級裡的高成就者，認為他們的學業成績會被低成就者拉低，但這種情況通常不會發生。高成就者之所以在美國的教育制度下是高成就，是因為他們在程序性的學習速度很快。這些學生往往沒學到深入思考的觀念、學會解釋自己的想法，或是從不同角度切入數學，因為老師不曾要求他們這麼做。當他們和不同的思考者分在同一組進行討論時，對他們是有幫助的，一方面可以想得更深入，另一方面是有機會做解釋，也就加深了他們的理解深度。團體對話會提升有最高層次想法學生的程度，而不是被團體中的低成就者拉低。倘若只是和能力相近的學生分成一組，對高成就者或低成就者都沒有幫助。

雷賽德的學生體認到大家所知各不相同，他們漸漸開始尊重每個人的不同長處，就像札克（Zac）接受我們訪談時表示的：

在那裡每個人的程度都不一樣，可是讓上課感覺很好的原因正是每個人有不同的程度，所以大家總是互相教導，彼此幫忙。

在研究其他高中教學方法的過程中，我得知學生喜歡互助合作，他們會因為異質性分班而心懷感謝（LaMar, Leshin & Boaler, 2020）。我後來認為推動平等教學特別重要的兩個做法是證明和推理，這對培養學生互相負責的態度是非常重要的。在雷賽德，老師隨時都要求學生說明自己的答案為何有道理，為他們的解題方法提出理由。這麼做有許多很好的理由，因為證明和推理都是數學的本質（Boaler, 2013c），不過這些慣例在推動平等教學上也發揮有趣而特殊的作用。

以下是胡安（Juan）的訪談節錄，他入讀雷賽德時是班上的低成就者。他分享了證明與推理給他的幫助：

他們多半就是知道要做什麼，而且每件事都懂。起先你會想：「為什麼你寫出這個？」然後如果我寫下我的，再和他們的對一下，就會覺得他們的超級不一樣，因為他們知道要怎麼做。而我就會說：「借我抄一下。」或說：「為什麼你這樣做？」然後我可能就會說：「我不懂為什麼你會算出這個。」結果有時候答案就是：「唉呀！反正他就是對的，你是錯的。」「但是，為什麼呢？」（Juan, year 2）

胡安清楚證明這件事對他的幫助，而且覺得讓他人除了給答案之外還要解釋**為什麼**得到這個答案——也就是推理，讓他很自在。在雷賽德，老師很謹慎地讓學生優先明白大家有兩個重要的責任，就如下面這份在教室裡四處張貼的公告強調的：

有人需要幫助時隨時提供協助，需要幫助時隨時尋求協助。

在追求平等教學的過程中，這兩個責任都很重要，而證明和推理對於很多學生的學習是非常有用的做法。

要不是注意到「雷賽德」的學生學會用比一般學校更尊重的態度相待，類似羅伯特和強恩描述的那種族群小圈圈在數學教室裡那麼明顯，學生們大概很難在雷賽德的教室裡相處多年。那些學生上數學課時，老師會教他們欣賞來自不同文化、不同特質和觀點學生的貢獻。在我看來，從這個過程中，這些學生學到了極為重要的事，這對他們和其他人將來在社會上的人際互動將很有幫助。我把這稱為**關係平等**（relational equity，Boaler, 2008），這是一種與考試分數無關的平等，而是關乎對其他人的尊重，不因對方的文化背景、種族、宗教信仰、性別等特質而差別相待。一般人認為，假如學生在英語或社會科課堂上討論過相關議題，或讀過各類型的文學作品，他們就能學會尊重不同的人和文化。但我的看法是，**所有的**學科都有助於平等的推動，而數學可以做出很重要的貢獻，雖然數學往往被視為是最抽象的科目，與文化或社會認知的責任相去甚遠。雷賽德的學生在跨文化及性別上的尊重，是靠數學教學法培養出來的，這種教學法講求在共同解決特定問題時，重視不同的見解、解題法與觀點。

我對複雜教學的調整

和採用複雜教學的老師一起工作，讓我學到了很多，我非常讚賞複雜教學的許多層面，以及支撐不同教學方法的基本原則。我也知道，許多著重平等的老師致力於複雜教學，以及這套在一九九〇年代制定的方法的各個環節。儘管如此，我還是偏好用一個經過調整的版本來教學，我之所以這麼做，是因為相信所有的系統和方法都能從新想法的挹注獲得好處，而且最重大的系統沒有理由不能繼續演變。我也不會聲稱我採用的方法比較好，但這是我採用過的方法，而且有大量

的學生學習證據，在第 9 章會再作說明。

　　主要區別是這樣的。在複雜教學的課堂上，我觀察到學生被告知他們必須一起完成任務，而且每個人要按照小組的節奏來進行。在我最近針對高中複雜教學課堂的研究中，這種要全組人步調一致的要求帶給學生壓力，動作較慢的學生認為自己拖累了小組，而動作較快的學生感到沮喪（LaMar, Leshin & Boaler, 2020）。有些人可能會聲稱，這種情況只會發生在沒有花足夠的時間制定團隊合作規範時；但在我自己的教學中，我並沒有要求學生要一起進行課堂活動，因為我認為這對學生的學習不是最有利的。我偏好更靈活的做法，讓一些學生繼續思考，從不同的方向進行，或有時候可以選擇某個延伸任務。這與開放式任務搭配得很完美，因為他們自然可以發展出不同的方向和不同的想法。我在實行這種方法時非常小心，不讓任何學生被漏掉，或是讓小組中的其他人感到難過。

　　讓學生把成果提升到更高程度的教學方法的好處之一，是它讓一些學生達到非常有趣的位置。每次的學生都不一樣，而不同的學生在真正吸引他們的不同任務中發揮想法。另一個好處是它可以安撫家長，有些家長希望自己的孩子在不同的程度上課，而且認為他們的孩子不應該按照小組的節奏學習。這不表示我願意接受那些為了超前而勇往直前的學生，而且我始終在關注可能正在發展的地位問題。

　　我也選擇偶爾只用角色，而且不會為了看看有沒有理解而去盤問個別學生。我認為我所採用的修訂版是靈活的複雜教學版本，適合我個人的教學方式。我完全理解其他老師為什麼比較偏愛原始版本，尤其是那些全年在教學生的老師，因為原來的版本會更適合他們的教學與目標。

結論

　　平等且基於成長型思維的教學方式比傳統教學困難；傳統的方式是老師先講課，然後給學生封閉型的問題做短促的練習。平等包括傳授廣博、開放、多元的數學，教學生為彼此負責，向學生傳遞成長型思維的觀念。這也是數學老師所能

做到最重要、最有價值的教學；看到學生積極參與，表現出色，老師很快就能感到滿足和活力。我很幸運，能和那麼多致力推動平等、成長型思維教學與分組的老師一起工作。我在這一章分享的見解，正是和這些優秀老師一起工作與研究多年下來獲得的領悟。我把我最喜歡的團體工作激勵策略（一種複雜教學策略），保留到本書的最後一章，也就是第 9 章，到時我會再建議大家該用什麼規範和方法設計出一堂成長型思維的數學課。

CHAPTER 8

評量成長型思維的成效

孩子理解數學的複雜方式很吸引我。學生會用各種不同的方法問問題、理解觀念、畫出表示法、連結解題方法、說明理由及推理，不過近年我們已經看到，學生理解的所有細微差異，全都被簡化成用來判定學生價值的分數。制度鼓勵老師給學生考試評分，到一種可笑且有傷害的程度；學生則開始用分數定義自己，以及數學。以這樣粗糙的方式來評量理解程度，不但不能充分衡量孩子學得的知識，在很多時候甚至還歪曲了事實。

在美國，學生的考試過多，多到簡直不可思議的地步，尤其是數學。多年來我們都是用狹隘且程序性的複選題來評斷學生。考出好成績所需的知識，和現代世界需要的適應力、批判性、分析能力完全脫節，在現代世界中，像 Google 這樣的頂尖雇主已經聲明他們不再對學生的考試成績感興趣，因為考試成績完全無法預測出職場上的成功與否（Bryant, 2013）。

好的考試有個關鍵原則，就是它應該要評量什麼是重要的。數十年來美國的考試都是在評量何者是容易考的，而非重要有用的數學，這代表數學老師一直以來必須把教學的重點放在狹隘、程序性的數學上，而不是廣博、有創造力、成長型的數學，然而這些才是真正的數學。由 Smarter Balanced（https://smarterbalanced.org）和 PARC（https://osse.dc.gov/parcc）提供的共同核心評量除了選擇題外，還包括要求思考和釋述的開放題，可說是重大的一步。

傷害不會止於標準化測驗，因為這種考試會讓數學老師認為，他們也應該採用低品質的課堂小考，即使他們其實知道這些小考是

在評量狹隘的數學。他們會這麼做，是為了幫學生日後的成功做好準備。有些老師每週都會給學生做一次甚至更多次小考，特別是高中老師，數學老師又比其他科目的老師更覺得需要經常考試，因為他們漸漸相信數學跟表現有關，而且通常沒考慮到考試已經在學生對數學及他們自己的觀感上產生負面影響。我認識的很多數學老師會在新學年或一門數學課的開始，先給學生做個小考，讓學生在課堂的第一天就接收到關於表現的訊息，但在這個時間點，最重要的是提供關於數學和學習的成長型思維訊息。

芬蘭在國際數學測驗的成績名列前茅，不過他們的學生在學校裡並沒有任何考試；相反地，老師會去充分了解學生從教學中獲得的知識，然後向家長報告，並評量學習成果。我在英國做過一項連續研究，花三年時間追蹤一群採用開放式專題導向學習的十三到十六歲學生，最後他們要參加全國標準化考試。他們在課堂上不考試，他們的學習成果也沒用分數來評量。一直到考試前的最後幾週，老師給這些學生做一些試卷，他們才接觸到評量的問題。雖然他們對於考試答題或在時限內作答並不熟練，他們的成績還是明顯高出那些花了三年練習做模擬考題而且經常有小考的同齡學生。這些學生在標準化全國考試中有那麼好的表現，是因為他們被教導要對自己的能力有信心；他們在學習上接收到了有用、可用於判斷的訊息；他們已經知道自己是數學問題解答者，有辦法解決任何問題。

為了研究需要，我獲准看到學生的全國考試試卷，這些試卷平常會由考試委員會妥善存放在英國。考試委員會同意這對研究知識的進展有助益，所以批准了我的不尋常請求。我在儲藏室一般大、沒有窗戶、藏在考試委員會辦公室深處的房間裡待了一天，記錄並分析所有學生的考試答題，給我非常大的啟發。我發現，那些接受開放式專題學習的學生嘗試解出的試題明顯比較多，他們想盡辦法解題，不管有沒有看過這個問題，而這是每個學生都該學會的習慣。這些學生在他們設法求解的問題上，也有較為成功的表現，即使那些題目評量的標準解法是老師從未教過的。我把所有的問題分成程序型和概念型兩大類，結果發現兩所學校的學生在程序型題目的得分相當，這類題目只需要單純套用標準解法。在需要

更多思考的概念型問題方面，採專題導向學習的學生得到較高的成績。學校沒有小考的那些學生考試成績較好，這看起來可能違反直覺，但針對大腦與學習的新研究就能解釋這個結果。沒有考試和小考經驗的學生之所以獲得高分，是因為我們給學生最重要的觀念就是成長型思維、對自己能力的信心，以及他們準備在任何數學情境中用來解題的數學工具。在專題導向學校裡學生的數學學習方法，為他們的人生做了萬全的準備。

在後續針對這些年輕人畢業約七年後的追蹤研究中，我採訪了這兩所學校條件相似、在全國考試中成績不相上下的學生——結果發現，當初就讀專題導向學校的學生從事的工作，在專業程度上明顯較高，而且他們也解釋自己曾經把數學課中學到的方法應用在工作和生活上。另一方面，就讀的學校是透過簡短、封閉式數學問題來教導的那些學生反映，他們現在看到生活中處處有數學，無法理解為什麼他們的學校採取如此不同的做法。其中一個學生還把在校時分進高能力組的經驗形容成「心理監獄」。關於這項研究，詳見 Boaler & Selling (2017)。

過去十年的測驗制度已經對學生造成很大的負面影響，但造成影響的不止測驗；把成績發給學生，也同樣是負面的。在學生得知分數後，能做的事只有跟周圍的人互相比較，結果會有至少一半的人認定自己比別人差。這稱為「自我回饋」（ego feedback），已有研究發現這種形式的回饋對學習有損無益。可悲的是，只要經常讓學生知道測驗成績和分數，他們就會開始用那些成績和分數看待自己，他們不會把成績視為自己的學習或是必須做什麼事才能達成目標的指標；他們是把成績看成定義自己的標準。美國學生給自己的形容詞經常是「我是成績拿 A 的學生」或「我是成績拿 D 的學生」，這種現象正說明了學生如何用分數定義自己。雷・麥克戴摩（Ray McDermott）寫過一篇很具說服力的論文，在談孩子的學習障礙，描繪了思考及理解方式不同的學生如何被貼上標籤，隨後又被那個標籤定義的過程（McDermott, 1993）。針對受制於成績和考試分數的學生，我也可以提出類似的論證。他們之所以形容自己是成績拿 A 或 D 的學生，是因為他們就在注重表現的文化裡長大，有很長一段時間，這種文化都在重視頻繁的測驗和打分數，

而不注重毅力、勇氣或解決問題。美國數十年來採用的傳統評量方式，是在還不太開明的時代設計出來的（Kohn, 2011），那個時代的人相信成績和考試分數會激發學生，認為成績會為學習成果提供有用的資訊。現在我們知道成績和考試分數不但不會激發，反而會打擊學生，傳達給學生的訊息既僵固且負面，導致課堂學習成果變差。

有些研究人員針對評定成績和代替評分的方式做了研究，也做出一致的研究結果。這些研究全都顯示，評定成績會讓學生的學習成就下滑。舉例來說，艾拉瓦（Elawar）和柯爾諾（Corno）把六年級老師對數學回家作業的回應方式做了對照研究，他們讓一半的學生獲得分數，其餘半數獲得評語，但沒有評分（Elawar & Corno, 1985）。結果，獲得評語的學生的學習速度是對照組的兩倍，男女生之間的學習成就差距消失了，學生的學習態度也改善了。

茹絲・巴特勒（Ruth Butler）也把課堂作業拿到分數的學生，和拿到診斷性回饋但沒分數的學生做了對照研究（Butler, 1987, 1988）。結果顯示，拿到診斷性評語的學生明顯達到更高的程度。巴特勒的研究令人覺得極有趣的地方在於，她後來加了第三個條件：給學生分數**還有**評語，因為有人可能會認為這是兩全其美。不過結果卻顯示，只得到分數的學生和兼得分數與評語的學生，學業成績同樣差，而表現明顯較好的是只獲得評語的組別，當學生同時拿到分數和評語，他們會在乎和關注的只有成績。巴特勒發現，相較於只收到診斷性評語的學生，拿到分數的兩組五、六年級生不論是高成就（GPA 前 25％）還是低成就（GPA 後 25％），在表現和學習動機方面都有減損。

珀夫雷（C. Pulfrey）、布赫斯（C. Buchs）和布泰拉（F. Butera）也做了巴特勒的研究，重製出她的研究並再次證明，拿到分數的學生以及同時獲得分數和評語的學生，表現與學習動機都不如只得到評語的學生。他們還發現，只要學生**認為**自己是在為分數努力，他們就會失去動機，導致成績下滑。

從分數轉變成診斷式的評語是重要的一步，也是老師給學生很棒的禮物，讓他們知道並悟出進步的方法。老師或許會擔心這可能要多花額外的時間，這點完

全合情合理，因為好的老師付出的時間已經超出他們受薪的工作時數。我建議的解決之道是減少評量；如果老師以偶爾給診斷式的評語代替每週評分，他們就能花同樣多的時間，消除分數傳遞的僵固型思維，提供學生一些把他們推向更高成就學習軌跡的深刻見解。分數是總結性（summative）的，旨在概括學生的學習，適合用於課程的結尾。而在課程期間，則應透過形成性（formative）的方法來審視學生，也就是能夠為學生和老師提供學生學習資料的方法。稍後我會分享一些跟我合作過的老師的經驗談，他們都在沒多花額外時間的情況下改變了評量方式。他們會講述自己的做法及其對學生的影響。

力爭碰壁

《力爭碰壁》（*Race to Nowhere*）這部紀錄片凸顯了美國學生在學校裡承受的壓力（見圖 8.1），幾年前發行時引起廣泛的關注與好評，譬如《紐約時報》就稱它是部「不容錯過」的電影。發行後沒多久，這部紀錄片就在全美各地的電影院和學校大禮堂播映。影片記錄了考試、評分、回家作業及時間表排滿對學生的健康與幸福感的負面影響。《力爭碰壁》的行動目前還繼續獲得來自成千上萬教育工作者與家長的支持。當我看《力爭碰壁》的時候，我在整部影片裡看到數學是造成學生壓力與焦慮的主要源

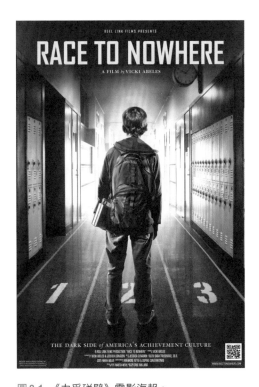

圖 8.1 《力爭碰壁》電影海報。
圖片來源：Courtesy of Reel Link Films。

頭。影片講述一個高中女學生黛雯・馬文（Devon Marvin）的悲傷故事。黛雯在數學方面的表現一直很好，她也是個很積極進取的女孩，她把數學視為自我的一

部分。有一天她數學考試拿到 F 的成績，而且很不幸地，她自殺了。對黛雯和很多學生來說，她拿到的分數傳達出的訊息並不是告訴她在成長學習之路上還需要努力什麼，反而是告訴她自己是怎樣的人，而現在她是個拿到 F 的學生。這個想法對她來說難以承受，於是她決定結束自己的生命。毫無疑問，她個人的悲傷故事很複雜，我並不想把這簡化成她人生中的一個事件，但我很確定，F 的成績所傳達的訊息，不會是這本書的讀者想要告訴一個青少女的訊息。

當我們評量學生的時候，是在創造重要的機會。精心設計且附帶清楚回饋的教學活動和問題，可提供學生一條成長型思維的學習軌跡，讓他們知道自己可以學到很高的程度，以及更重要的是該如何達到那個程度。但很不幸，美國課堂上的評量制度多半恰恰相反，傳達給學生的訊息會讓很多人認為自己是失敗者，永遠學不會數學。近幾年和我一起工作的老師們，已經改變了他們的評量方法，不再採用打成績的標準考試，而是特別提供學生可以好好學習所需要的訊息，並搭配成長型思維。這種做法為他們的學習環境帶來極大的轉變，過去常在學生身上看見的數學焦慮感消失了，取代的是他們的自信，也提高了他們的學習動機、課堂參與及學業成就。我在這一章將分享幾個我們必須在教室裡做的轉變，目的就是要讓成長型思維的評量方式取代僵固型思維的考試，增強學習者的自信。

《力爭碰壁》的導演薇姬・埃伯利斯（Vicki Abeles）已經發行了一部續集，片名是《無法測量：挽救過度繁忙、屢被測驗、遭到低估的一代》（*Beyond Measure: Rescuing an Overscheduled, Overtested, Underestimated Generation*）。在籌拍續集及訪談全美各地學生與家長的過程中，她體認到數學是最需要改變的科目；數學比其他科目更容易讓學生想讀大學甚至高中畢業的夢想破滅。這促使埃伯利斯想再以一整部新片探討數學的議題。在這部新片中，她拍攝了我過去幾年和某個學區的老師共同合作的情形，那是個數學普遍不及格的學區。聖地牙哥的維斯塔聯合學區就像美國很多的城市學區一樣，有超過半數的學生代數不及格，然後進入不斷受挫的惡性循環。不過數學不及格影響到的不是只有數學而已。維斯塔聯合學區完成高中必修課程的學生人數只有 24%，這個數字很令人震驚。幸

運的是，維斯塔聯合學區的督學戴文‧沃迪卡（Devin Vodicka）和數學科主任凱西‧威廉絲很有創新精神，他們知道必須有所改變，也準備投入時間和精力做出改變。在接下來的一年，我和學區內所有的中學老師一同進行課程研發，想要設計出教好數學的方法、成功的學生分組方式，以及能培養出成長型思維的評量。

學區數學科主任威廉絲先前已經決定，學區內所有的中學老師在這一年都應該跟我合作——不管是否願意。這表示我和這群老師初次見面時，他們求變的動機各不相同。我還記得法蘭克（Frank），他已經有點年紀，也快要退休了，不打算改變自己用了一輩子的傳統教學模式，剛開始幾次開會討論時，他都興致索然地坐在那裡。但漸漸地，法蘭克開始感染到其他老師的熱情，意識到我所分享的研究的重要性，他發覺自己可以給學生更好的數學未來。我仍清楚記得那年結束前的某次開會，他很興奮地衝進會議室，告訴我們他週末時和太太一起在油布上做了一張實際大小的圖形，當他要學生圍著圖形走動，幫助他們理解圖形關係的意義時，他的數學課有多麼棒。我在這群老師的身上都看到了同樣的轉變：他們和學生一起嘗試新的想法，結果看到學生的課堂參與度提升了。

我是老師們的鼎力支持者，我知道「不讓任何孩子落後」的時代剝奪了很多老師的專業精神和熱情，因為他們被迫（我的用字是慎選過的）採用他們知道沒有助益的教學方法。我現在和老師合作的重要目標之一，是幫助他們重拾專業精神。那些參與我在維斯塔聯合學區課程研發的老師，開始重新把自己視為創造者，開始有能力設計出注入自己理念的教學環境，傳達數學是有創造力且迷人的科目。對老師來說，這是個更能帶來滿足感的角色，也是我鼓勵所有跟我合作的老師要肩負的角色。我看著這群老師在過程中活躍起來，會議室裡的活力一天比一天增加。一年下來，這群老師的教學方式從演練習題的數學轉變成探究型的數學；他們決定廢除分軌教學，並告訴所有的學生他們也可以成為高成就者，同時他們還把評量方式改為成長型評量。我在很多跟我一起工作的老師身上看到這樣的轉變。只要我們把老師視為稱職的專業人士，在學術研究的輔助下請他們運用自己的判斷力，為學生創造出正面的學習和評量經驗，這種轉變就會發生。

在埃伯利斯的新紀錄片中，她和團隊訪談了學區內的幾個國中生，聽他們講述在新課程上路之後在他們教室裡發生的轉變。有個名叫蒂莉亞（Delia）的女孩，講到前一年她的回家作業分數拿到 F，讓她不再碰數學——更糟的是所有的課業她也連帶放棄了（見圖 8.2）。她在訪談時語帶感傷地說：「我一看到作業上的那個 F，覺得自己一無是處。我在那一科成績不及格，所以我覺得我其他各科可能也會不及格。我根本不想努力。」

圖 8.2　蒂莉亞，《無法測量》。
圖片來源：Courtesy of Reel Link Films。

在影片的後段，她談到數學課堂上的改變，以及她現在受到鼓勵的感覺。她說：「以前我很討厭數學，但現在我和數學有了連繫，感覺就好像我變得坦率，感覺自己還活著，更充滿活力。」

蒂莉亞用了「坦率」這個字眼形容她對於數學的感受，而我從一些學數學時不用擔憂考試成績不好的學生口中，也經常聽到相似的情緒。然而這不是僅止於評量。當我們所教的是有創造力、探究式的數學時，學生在知識上會感受到無比的自由。我在跟一些做過「number talks」的三年級學生進行訪談時（見第 4 章），就問了他們對「number talks」有什麼感受。小小年紀的迪倫（Dylan）在訪談時說的第一件事就是：「我覺得很自在。」接著他繼續描述，由於老師重視不同的數學策略，讓他覺得能盡情用自己想要的方式做數學、探索想法、學習數字。那些學生用到「自在」、「坦率」之類的字眼，正展現了學生接觸成長型思維數學之後產生的變化；這不僅止於數學成績，而是往後還會影響學生一輩子的認知（intellectual empowerment）（Boaler, 2015a; Boaler & Selling, 2017）。

學生對於自身潛能的看法，會影響他們的學習、學業成就，以及他們的學習動機和努力，而這和成績同樣重要。正如蒂莉亞在影片裡講述的。數學成績拿到 F 之後，她不但放棄了數學，還放棄了其他各科，因為她覺得自己是失敗者。這種對評分的反應其實很平常。當學生拿到的分數讓他們得知自己比別人差，他

們往往會自暴自棄，認定自己永遠學不會，自認為是成績差的學生。給高成就學生打分數同樣有負面影響，這些學生心裡會形成自己是「成績拿 A 的學生」的想法，而開始建立不穩的僵固型思維，由於擔心失去成績好的標籤，他們會避開比較困難的作業或挑戰。這樣的學生如果在任何考試或作業拿到 B 或更低分，往往會一蹶不振。

　　我最近向老師們做了一場演講，談評分的負面影響，演講結束後有位經驗豐富的高中老師跑來找我。他說他當了二十多年的高中數學老師，一直給學生打分數，直到去年才不再評分。他說這個轉變帶來了特殊的影響：整間教室變成開放的學習空間，學生更加努力，他們的表現更上層樓。他表示，他用來代替評分的評量方式是讓學生盡可能多回答問題。遇到問題變難，讓他們覺得自己無法回答的時候，他就要他們在紙上畫一條線，然後邊查書邊回答其餘的問題。學生做完評量後，他們在那條線下方做過的問題就成了課堂上一起討論的內容。這個老師說，那些評量不但向學生傳遞非常好的成長型訊息，也讓他比以前更能掌握自己所教的數學，他可以很快又輕而易舉地看出學生遇到什麼樣的困難，以及課堂上應該討論什麼主題。

　　迪佛斯（M. Deevers）針對評分做了另一項研究，他發現如果學生拿到的不是分數而是建設性正向回饋，未來的表現比較成功（Deevers, 2006）。但他也發現一件憾事是，隨著學生年齡漸增，老師給的建設性回饋變少，而僵固式評分變多。他發現，老師的評量方式和學生的信心之間，有個明顯而且是意料之中的關係，學生對於自身潛能和自己在學習上是否有可能進步的信心，會從五年級逐漸降到十二年級（Deevers, 2006）。傳統高中數學老師認為他們必須經常給學生僵固型思維式的考試和成績，何況這種評量的文化已經盛行數十載了，因此我特別高興聽到那位有豐富經驗的高中老師講他改變了自己的做法，建構出「開放」的教室，而且立刻在學生的動機和學習上看見轉變。

　　我們希望學生對於學習感到興奮並產生興趣。只要學生對所學的觀念萌生出興趣，他們的學習動機和學業成就也會隨之提高。針對兩種類型的動機所做的研

究非常多。內在動機（intrinsic motivation）來自對主題的興趣和學習到的觀念；外在動機（extrinsic motivation）則是因為想要獲得更好的成績引發的動機。由於幾十年來大家一直把數學當成一門表現的科目來教，在數學課堂上動機最強的學生通常也是那些具備外在動機的學生，如此造成的結果之一就是，通常只有那些考高分的學生對數學課有正面的感受。大部分奉成績為圭臬的老師採用成績的原因，是認為成績有激勵學生向上的作用。成績的確能激勵某些學生，也就是那些無論如何都可能會達到更高目標的學生，不過卻會打擊其他的學生。然而，高成就學生身上發展出來的外在動機長遠來看並無幫助。一項又一項的研究顯示，發展出內在動機的學生達到的學業成就高出那些發展出外在動機的學生（Pulfrey, Buchs, & Butera, 2011; Lemos & Veríssimo, 2014），而內在動機會驅策學生往更高的程度努力，堅持下去而不放棄（Stipek, 1993）。

我自己的女兒升上五年級時，我看到了內在動機與外在動機帶給她的不同影響。她就讀的是本地的公立小學，這所學校不打分數，只給學生最少的考試，所以在五年級之前她都只有拿到老師對她實際表現的回饋意見，而我也觀察到她發展出很好的內在動機，因為她回到家後會很興奮地告訴我那天她學到什麼觀念。五年級時，她遇到一位很會教學的老師，他的教學充滿了豐富有趣的課堂活動，但他會替每個學生的表現評分。他告訴我，會這麼做是因為當地的國中對每件事情都要打分數，所以他想讓學生為此預作準備。艾菲・柯恩把這種方法描述成「最好習慣它」（BGUTI，better get used to it）。學校之所以採取負面的做法，是因為老師知道學生將來會遇到，因而想讓他們先習慣這些做法。我的女兒讀五年級的那年，我在她身上看到很大的轉變，突然開始只在乎並擔心成績。她的注意力從所學到的觀念轉移開來，變得不時為自己會拿多少分操心。柯恩（2011）引述了一個名叫克萊兒（Claire）的學生所說的一段話，這段話正描述了類似的轉變：

我還記得第一次看到我的一篇作文被打上分數……所有的喜悅感突然

間被奪走了。我是在為分數寫作，我不再是為我自己探尋。我想要找回那份感覺。我還找得回來嗎？

正如克萊兒描述的，她失去了探尋和喜悅感，而我自己的女兒有個完美的結局，六年級時她進了一間不打分數的學校，我看著她重拾學習的興致。但很多學生的境遇就不是這樣了，他們在國中階段接觸到的分數越來越多，所學的觀念帶給他們的激勵卻越來越少。

我在《干數學什麼事？》這本書裡對評分和考試為各程度的學生帶來的傷害，以及其負面影響的研究證據，有更多的著墨（Boaler, 2015a）。我也建議大家去看柯恩談傳統評量法不良影響的文章和書籍（Kohn, 1999, 2000）。接下來我會把重點放在成長導向的評量方法，我們能夠藉由這些方法給學生成長型思維，把他們帶向一條具正面影響力的成功之路。這是老師在課堂上能做到最重要的改變。

促進學習的評量

幾年前，英國有兩位教授——保羅・布萊克（Paul Black）與迪倫・威廉（Dylan Wiliam）——針對上百項關於評量的研究做了統合分析，結果發現一件驚人的事：有一種評量形式實在很有影響力，只要老師把自己的做法改成這種評量方式，就會提高全國的學業成就，從位居中段攀升到前五名，正如一些國際研究做出的評估所顯示的。（布萊克爵士和威廉教授是我在倫敦大學的優秀同事；布萊克還是我的論文指導教授。）布萊克和威廉發現，如果老師採用「促進學習的評量」（assessment for learning），正面影響將遠遠超過減少班級人數之類的教育措施（Black, Harrison, Lee, Marshall, & Wiliam, 2002; Black & Wiliam, 1998a, 1998b）。他們把研究結果發表在英國的一份小手冊上，這本手冊出刊頭幾週的銷售量就超過了兩萬本。促進學習的評量目前在很多國家是全國性的措施；它有廣大的研究證據基礎，而且向學生傳達了成長型思維的訊息。

此前提過，評量的類型有兩種：形成性評量和總結性評量。形成性的評量提

供的是學習上的資訊，它是「促進學習的評量」的精髓。形成性的評量是用來觀察學生處於哪個學習階段，讓老師和學生判斷他們下一步必須了解什麼內容。相較之下，總結性評量的目的是在總結學生的學習，是對於學生學習的成果做最終描述，而且把它當作終點。在美國的問題是，很多老師在觀念形成階段採用總結性評量；也就是說，學生還在學習內容時他們就給了最終的分數。在數學課上，老師每週往往會先讓學生做總結性的小考，再繼續進行下一個單元，而且不等著看小考顯示了什麼結果。在促進學習的評量中，學生會了解自己已經知道什麼、必須知道什麼，以及該怎麼縮小兩者間的差距。學生會感受到未來的學習之路是有彈性而不斷增長的，這有助於他們培養出成長型數學思維。

在學生學習一門課程的幾週和幾個月裡，非常重要的是形成性評量，而非總結性評量。除此之外，促進學習的評量方式，或可以想成促進成長型思維的評量方式，提供了各種策略和方法。

促進學習的評量有個重要的原則：它在教導學生對自己的學習負責。其關鍵是讓學生有能力成為自動自發的學習者，能夠自我調整並意識到自己最需要學習什麼，知道用什麼方法可以讓自己的學習進步。我們可以把促進學習的評量視為三個方面：一、清楚讓學生知道他們學到了什麼；二、協助學生了解他們的學習階段以及必須達到的目標；三、告訴學生如何縮小現階段與目標之間的差距（見圖 8.3）。

這種評量法之所以稱為**促進**學習的評量而非**針對**學習的評量，是因為老師和學生從中得到的資訊可以盡最大可能地幫助老師更有成效地教學，並幫助學生學習。採用促進學習式評量的老師花比較少的時間告訴學生他們的學業成就如何，而花較多的時間讓學生有能力掌握自己的學習軌跡。英國有位老師改用促進學習評量法之後反思：這讓我把更多心思放在孩子身上，而不是放在自己身上（Black et al., 2002）。由於一些有效的策略讓他的學生能夠督促自己學習，他對於身為老師也更具信心了。

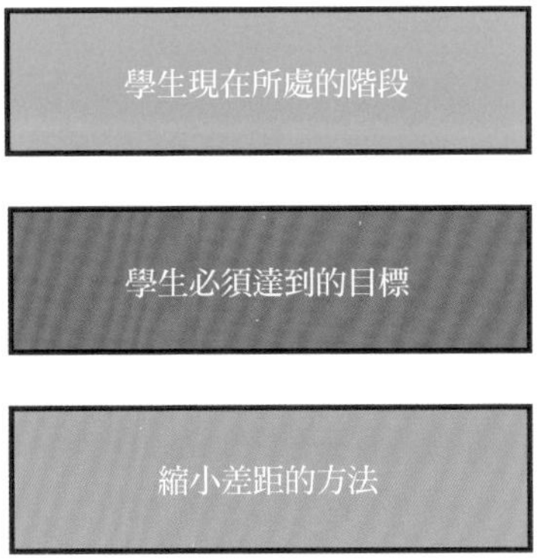

圖 8.3　促進學習的評量。

培養學生的自我覺察與責任感

　　能力最強的學習者是那些會反思、參與後設認知（metacognition，會思考自己所了解的知識）、能掌握自己學習的人（White & Frederiksen, 1998）。傳統數學課的一大弱點是，學生很少很清楚地知道他們所學的知識是什麼，或思考自己處在廣泛的學習地景中的位置。他們把重點放在背記的方法，但往往不知道自己在做的是哪個領域的數學。我參觀過很多次數學課，而且會在學生的課桌旁駐足，問他們正在做什麼。通常學生只會告訴我他們所做的問題。我遇到的很多互動情形會像這樣：

　　我：你在做什麼？

　　學生：習題二。

　　我：那你實際上在做什麼？你在做什麼數學？

　　學生：喔喔喔，對不起，是第四題。

　　學生通常不會去想他們在學習哪個數學領域，他們並不清楚自己的數學學習目標，他們期望被動式的引導，由老師來告訴他們，他們是不是「懂了」。評量專

家認為這種情況很像船上那些每天都有交辦的工作要做，但完全不知道船要駛向哪裡的船工。

芭芭拉‧懷特（Barbara White）和約翰‧弗德瑞克森（John Frederiksen）做過一項研究（White & Frederiksen, 1998），非常有力地說明了反思的重要性。研究人員研究了十二班修物理的七年級學生，他們把這些學生分成實驗組和對照組，各組都教了「力與運動」單元。然後，對照組在每節課都花些時間討論作業，而實驗組在每堂課則花些時間進行自我評量和同儕評量，檢視他們正在學習的科學原理。研究結果很引人注目。實驗組在三個評鑑中的表現都優於對照組，又以先前低成就的學生獲益最多。在他們花時間思考科學原理並據此進行自我評量之後，他們開始達到與學業成就最高者同等的程度。國中學生在高中物理考試的成績，甚至比修物理先修課的學生更好。研究人員做出的結論是，大部分學生過去的低成就並非來自能力的欠缺，而是因為他們過去不知道自己其實應該注重什麼。

不幸的是，許多學生就是如此。因此讓學生知道他們該學習什麼非常重要，這既能幫助學生了解成功是什麼，也能開啟自我反思的過程，這個過程是寶貴的學習工具。

有很多策略可以激勵學生多去了解他們所學的數學，以及他們在學習歷程中的位置。下一節開始，我要來分享我最喜歡的九個策略。

1. 自我評量

協助學生了解他們所學的數學及所處的學習軌跡的兩個主要策略，是自我評量和同儕評量。在自我評量中，要針對學生所學習的數學給他們明確的陳述，讓他們思考自己學到的知識，以及還需努力的地方。這些陳述應該要傳達如「我理解平均數和中位數的差異，也知道各應該用在什麼時候」之類的形式，或像是「我學會即使碰到難題也要堅持不懈」這樣的數學訓練。如果在每個單元開始時，學生就對他們即將學習的數學有清楚認知，他們就會開始關注範圍更大的學習之

路；他們會學習什麼是重要的，以及自己必須努力改進的地方。研究已經顯示，在要求學生透過自我評量替自己的理解程度打分數時，他們對自己的理解都有非常準確的評估，不會高估也不會低估（Black et al., 2002）。

自我評量可以依細微程度的不同來發展。老師可以在一堂課裡把數學教給學生，或是利用更長的時間向學生解釋數學，譬如一個單元甚至整個學期。我在這裡會提供一些適用於短期及長期課程的自我評量標準的例子。除了接受評量標準，學生還必須有時間反思自己的學習，他們可以在課堂上、下課後甚至在家裡做這件事。

範例 8.1 中的例子來自一位優秀的三年級老師蘿莉‧瑪雷（Lori Mallet），瑪雷和我一起工作過，她來參加我的暑期課程研發研習，在那次的研習中我們探討了激勵出成長型思維的所有方法。瑪雷的自我評量範例中，提供學生三種選擇。

有些老師，尤其是低年級學童的老師，會利用見圖 8.4 所示的笑臉來讓學生反思，而不採用文字敘述。

這兩種選擇都能督促學生思考他們學到什麼以及還需要學習什麼。

第二個自我評量範例，來自一位經驗豐富的高中老師麗莎‧亨利（Lisa Henry），麗莎在俄亥俄州布魯克蘭（Brookland）教了二十三年高中數學，四年前她開始對評分感到不滿意，她知道自己評的分數不代表學生懂得多少。於是麗莎改以她和學生分享的標準來評量學生。她很熱心地和其他人分享了她為整個「代數一」課程所寫的自我評量陳述（見範例 8.2）。麗莎表示，由於學生是依據標準來評量自己，而她評量學生的方式是看他們懂了什麼和不懂什麼，不再是給個整體分數，因此她更加了解學生的學習力和理解力。

自我評量：多邊形

	我可以獨力完成這件任務，並把我的解法解釋給同學或老師聽。	我可以獨力完成這件任務。	我需要更多時間。我需要看個例子來輔助。
畫出直線與已知長度的線段。			
畫出平行線與線段。			
畫出相交直線與線段。			
作一個已知周長的多邊形。			
作一個已知面積的正方形或長方形。			
作一個不規則的形狀，你可以把它切成長方形或正方形來求出面積。			

範例 8.1
資料來源：取自 Lori Mallett。

我懂了！　　　我在努力學習。　　　我需要協助。

圖 8.4　自我反思的表情符號。

代數一自我評量

第 1 單元：一次方程式與不等式

☐ 我會解一元一次方程式。

☐ 我會解一元一次不等式。

☐ 我會求解公式中的特定未知數。

☐ 我會解一元絕對值方程式。

☐ 我會解聯立一元不等式並畫出圖形。

☐ 我會解一元絕對值不等式。

第 2 單元：表示數學關係

☐ 求解公式時我會使用並解釋單位。

☐ 我會做單位換算。

☐ 我可以確認數學式的各部分。

☐ 我會寫出最能模擬問題的一元方程式或不等式。

☐ 我會寫出最能模擬問題的二元方程式。

☐ 我可以說明能代入方程式的適當值，並捍衛自己的選擇。

☐ 我可以在模擬的情境中解釋我的解法，並判斷解法是否合理。

☐ 我可以用適當的坐標軸標記和刻度，把方程式畫在坐標圖上。

☐ 我可以驗證圖形上任何一點的坐標代入方程式後，會讓等式成立。

☐ 我可以用圖形、對應值表及代數的方式來比較兩個函數的性質。

第 3 單元：理解函數

☐ 我可以指出一個圖形、對應值表或一組（有序）數對是不是代表一個函數。

☐ 我能解讀函數的記法，解釋一個函數產出的數值和輸入值是如何配對的。

範例 8.2
資料來源：Lisa Henry 提供。

☐ 我可以把一串數字（數列）轉換成函數，也就是把整數當輸入值，而以這個數列的元素當輸出值。

☐ 我可以利用圖形、對應值表或方程式，指出函數圖形的關鍵特徵，譬如截距、函數是遞增還是遞減、最大值與最小值，以及圖形端點行為。

☐ 我能解釋函數的定義域和值域要如何表示在函數圖形中。

第 4 單元：一次（線性）函數

☐ 我會計算並解釋函數的平均變化率。

☐ 我會畫一次函數的圖形，指出它的截距。

☐ 我可以在坐標平面上畫出一次不等式。

☐ 我能證明一次函數的變化率固定不變。

☐ 我可以指出哪些情形是相等區間呈現相同變化率、而且能用一次函數來模擬的情形。

☐ 我可以從等差數列、圖形、對應值表或關係的描述寫出一次函數。

☐ 如果一條直線是在模擬真實世界中的某個關係，我會解釋這條直線的斜率、y 截距及直線上其他各點的意義（使用適當的單位）。

第 5 單元：聯立一次方程式與不等式

☐ 我可以透過圖形解一次方程組。

☐ 我可以透過代入消去法解一次方程組。

☐ 我可以透過加減消去法解一次方程組。

☐ 我可以透過圖形解聯立一次不等式。

☐ 我可以為一個線性規畫問題寫出一組限制條件並畫出圖形，然後找出最大值與（或）最小值。

第 6 單元：統計模型

☐ 我可以描述資料分布的中心（平均數或中位數）。

☐ 我可以描述資料分布的離散程度（四分位距或標準差）。

範例 8.2（續）

- ☐ 我會用實數線上的圖（點圖、直方圖、盒狀圖）呈現資料。
- ☐ 我會把兩個或多個資料集用相同的刻度畫出來，從圖形的形狀、中心、離散程度來比較這些資料集的分布。
- ☐ 我可以在問題的情境中，解釋資料集的形狀、中心、離散程度有何差異，也能說明極端資料點的影響。
- ☐ 我可以理解並解釋雙向表呈現出來的資料。
- ☐ 我可以在問題的情境中解釋相對次數的意義。
- ☐ 我會繪製散布圖，畫一條迴歸直線，並寫出這條直線的方程式。
- ☐ 我會用最佳配適函數進行預測。
- ☐ 我會分析殘差圖，判定這個函數是否配適得妥善。
- ☐ 我可以運用技術算出相關係數，並加以解釋。
- ☐ 我可以了解有相關性不代表有因果關係，而散布圖並未說明因果關係。

第 7 單元：多項式與函數

- ☐ 我會做多項式的加減法。
- ☐ 我會做多項式的乘法。
- ☐ 我會用因式分解來改寫一個多項式。
- ☐ 我會利用因式分解來解二次方程式。
- ☐ 我會利用二次函數的零點（即二次方程式的根）和其他容易識別的點，來畫出約略的函數圖形。

第 8 單元：二次函數

- ☐ 我會用配方法把二次函數式化成頂點式。
- ☐ 我會畫二次函數的圖形，指出圖形的截距、極大與（或）極小值、對稱性、圖形端點行為等重要特徵。
- ☐ 我可以指出變換對於函數圖形的影響，不論有沒有透過技術。
- ☐ 我可以繪製散布圖，利用技術找出最佳配適二次函數，並用這個函數進行預測。

範例 8.2（續）

第 9 單元：二次方程式

☐ 我可以解釋為什麼和與積不是有理數就是無理數。

☐ 我會用配方法解二次方程式。

☐ 我會透過找平方根來解二次方程式。

☐ 我會用公式解來解二次方程式。

第 10 單元：非線性（一次）的關係

☐ 我會應用指數的性質去化簡帶有有理指數的代數式。

☐ 我可以畫出平方根或三次方根函數的圖形，指出像截距、極大與（或）極小值、圖形端點行為之類的重要特徵。

☐ 我可以畫出分段函數（包括階梯函數及絕對值函數）的圖形，指出像截距、極大與（或）極小值、圖形端點行為之類的重要特徵。

第 11 單元：指數函數與方程式

☐ 我可以證明指數函數在相等區間有固定不變的倍數。

☐ 我可以指出在相等區間呈現相同變化率、並且可用指數函數來模擬的情形。

☐ 我會利用圖形或對應值表，比較一次函數、二次函數及指數函數的變化率。

☐ 我會用指數的性質改寫指數函數。

☐ 我可以解釋實際問題中的指數函數的參數。

☐ 我可以畫出指數函數的圖形，並指出截距、極大與（或）極小值、漸近線、圖形端點行為等重要特徵。

☐ 我會繪製散布圖，利用技術找出最佳配適指數函數，並用這個函數進行預測。

範例 8.2（續）

2. 同儕評量

同儕評量和自我評量很類似，因為這種策略也是要給學生清楚的評量標準，只不過是用來互評而非評量自己。學生互評的時候，會有額外的機會去察覺自己正在學和需要學的數學。已經有研究指出同儕評量非常有成效，部分原因在於學生通常比較願意聽另一名學生的意見或改進建議，而且同儕往往也會用彼此容易理解的方式溝通。

我最喜歡的同儕評量方法之一，是「兩顆星和一個願望」（見範例 8.3）。老

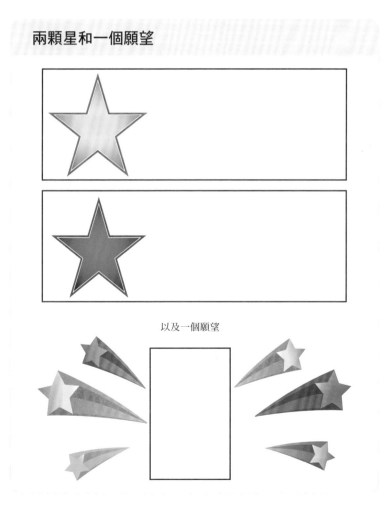

範例 8.3

師要讓學生看同學的作業，並選出做得很好的兩件事及一個待改進的地方，不管有沒有判定標準。

　　只要學生清楚傳達自己所學的資訊，而且被要求常常反思自己的學習時，他們就會對自己的學習培養出責任感。有些人會稱這種做法是在邀請學生加入公會——給學生那些通常是老師才有的強大的知識，這讓他們能夠為自己的學習負責並成功達到目標。

3. 反思時間

　　讓學生清楚知道自己學到什麼觀念的有效方法，是花一些課堂時間進行反思。利用類似範例 8.4 所列的問題，在下課前要學生反思一下。

反思

我們今天討論到的重要觀念是什麼？

我今天學到什麼？

我今天有提出什麼好的想法？

我今天學到的知識能夠用在什麼情況下？

我對今天的討論內容有什麼問題？

 這一課讓我思考的內容給我什麼新的想法？

範例 8.4

4. 交通號誌

　　這是一種促使學生反思、同時提供重要資訊給老師的課堂活動。交通號誌活動有很多種變化，不過全都需要學生利用紅、黃、綠三色（見圖 8.5）來顯示他們是否完全理解、部分理解或還需要加強某個觀念。有些老師會發放不同顏色的紙杯，讓學生在學習過程中擺在他們的桌上。需要老師停下來複習的學生，就在桌上擺紅色紙杯，覺得進度太快的人放黃色紙杯，或者老師也可以自己就這個主題想出不同的變化。剛開始有些老師會發現學生不太願意擺出紙杯，但在他們發現這對自己的用處之後，就很樂意這麼做了。有些老師會請擺出綠色紙

圖 8.5　交通號誌。
圖片來源：Dimitar Marinov/Adobe Stock.。

杯的同學向全班解釋觀念。這對學生和老師都有非常大的幫助，因為老師可以即時得到教學的回饋，而不是等到單元或作業結束才知道，而且通常到那個時候不管做什麼都為時已晚了。除了紙杯，老師也可以採用護貝的色紙並在上頭打洞，方便穿在活頁裝訂環上。

5. 拼圖分組

　　在拼圖分組中，一起討論的學生會變成某項事物、新方法或某本書的專家，接著要把各組打散重新分組，好讓每組都有不同專長的組員。接下來，各個組員要把自己當成專家一樣，互相傳授自己學習到的新知識。這個策略若要順利進行，至少需要四個專門知識領域，才能讓組員在重新打散分組之後有不同的東西可以彼此傳授。圖 8.6 是三十二人的班級分成八組的可行方式。

課堂拼圖專家　　　　　　　　　　　　　　　課堂拼圖分享

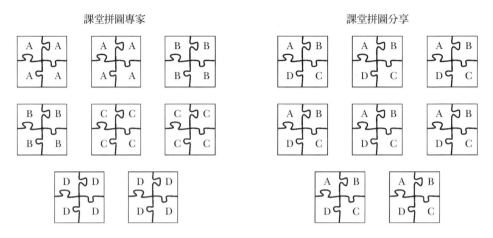

圖 8.6　拼圖分組。

代數拼圖任務A

任務 A

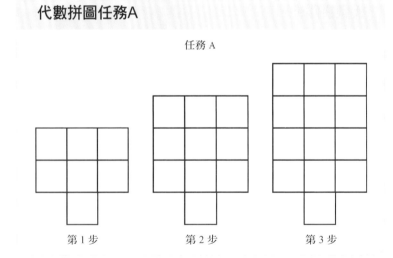

第 1 步　　　　　　　第 2 步　　　　　　　第 3 步

範例 8.5

　　我在第 6 章提過拼圖活動，學生在活動中會成為激勵專家，可以幫忙消除大家對於誰才學得好數學的刻板印象。

　　拼圖活動的另外一個例子則在激勵學生理解代數與圖形、對應值表、方程式的各項和模式之間的關聯。在這個例子中，老師會給四個模式，就如範例 8.5 到 8.8 所示，然後請各組學生製作一張海報，畫出他們覺得這些形狀是如何增長的、

代數拼圖任務B

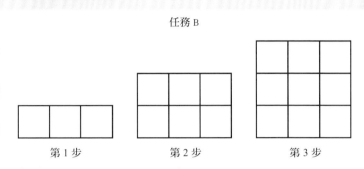

任務 B

第 1 步　　　　　第 2 步　　　　　第 3 步

範例 8.6

代數拼圖任務C

任務 C

第 1 步　　　　　第 2 步　　　　　第 3 步

範例 8.7

列出對應值表、畫出方程式的圖形，以及由方程式一般化並模擬出來的模式。每個成員都會成為他們那組多種表示法的專家。接下來老師就要每組當中的一個學生移動到新的組，新組的成員都來自不同組，然後讓他們跟其他組員分享自己在原本那組得到的知識。接著他們再討論各自的代數模式與表示法的異同。

　　當學生成為專家，負責教導課堂上其他成員時，會再次激勵他們為自己所學習的新知識負起責任。

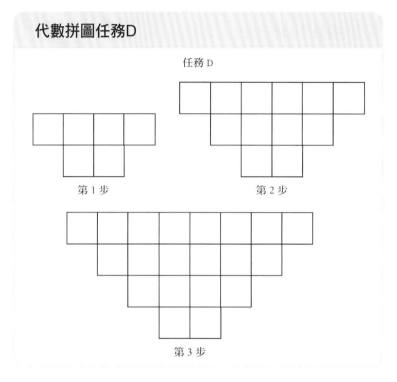

範例 8.8

6. 出場券

　　出場券就是你在課堂結束前給學生一張紙，要他們反思自己在這堂課的學習情況（見範例 8.9）。他們在走出教室之前，要把出場券寫完並交給你。這是另一個讓學生反思、協助他們學習的時機，老師也可以趁此機會得知學生的學習情況，獲得下一堂課的想法。

7. 線上填表

　　另一個有效的策略，是老師要學生在課堂上填寫線上表格，把他們的想法即時傳送到老師的電腦。老師可以請學生針對課程給予意見或看法。通常不會口頭發表意見的學生，會比較願意在網路上分享自己的看法。有很多做法可以採用，

出場券

出場券		姓名 日期
我今天學習到的三件事……	我覺得很有趣的兩件事……	我的疑問……

範例 8.9

譬如要學生傳送反思、投票表決某件事，或是用其他學生不會看到的方式給老師紅燈、黃燈或綠燈。

8. 信手塗鴉

　　就像我在第 4 章提到的，腦科學家告訴我們，成效最好的學習是在我們運用到腦部不同的連結路徑時。這項發現對於課堂學習的影響是很大的，因為影響到的不只是評量方法。這些影響還告訴我們，當學生利用圖像且直覺化的數學思維（這與數值思維是相通的），數學的學習就會有所增進，尤其是占學校課程很大分量的正規抽象數學。要鼓勵學生做這種思考，有個非常好的方法就是把想法畫出來（圖 8.7）。

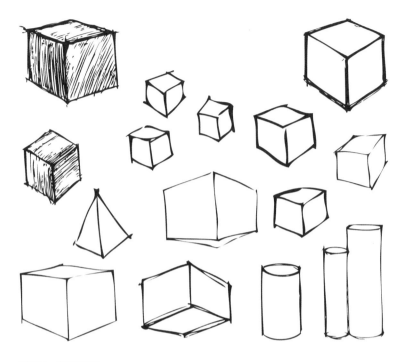

圖 8.7　數學塗鴉。

在反思時間或課後，不妨要求學生把他們理解到的東西畫成速寫、漫畫或塗鴉，而不是只能用寫的。如果你想要看或是展示給學生看一些精采的範例，我會推薦你去看薇・哈特（Vy Hart）的幾個動態塗鴉；以下是網路上找得到的兩支影片：

螺線、費布那西與一株植物（三之一）：https://youtu.be/ahXIMUkSXX0

三角派對：https://youtu.be/o6KlpIWhbcw

9. 讓學生設計題目和測驗

請學生自己設計題目或是為同學寫評語。讓學生自己出好題目，會幫助他們把注意力放在重點上，讓他們創意思考，這件事本身也很重要。學生很喜歡接到寫數學學習評語的任務。

診斷評語

　　以上這些策略都會達成三階段「促進學習的評量」過程的前兩階段：可以幫助學生了解他們學習到的知識，以及自己在學習歷程中的位置。

　　「促進學習的評量」的第一及第二階段本身已經非常重要，而第三階段對學生的助益更是其他方法所辦不到的。這個極為重要的階段是在讓學生了解，如何縮減他們目前的程度與必須達到的目標之間的差距。在這方面，有一個方法的效益比其他方法來得大：老師對於學生表現給予診斷評語。我們能夠給學生最棒的禮物就是我們的知識、觀念，以及我們對於他們的數學發展所給予的回饋意見——而且措辭必須正面，還要有成長型訊息。

　　艾倫・克魯斯（Ellen Crews）是跟我一起在維斯塔聯合學區工作過的老師，在我們的課程研發活動期間，我向克魯斯及其他老師分享了我先前總結的研究，和大家說明以診斷評語代替成績的正面影響。克魯斯是位傑出又敬業的老師，她在一所被評定為「計畫改善」（program improvement）而面臨考驗的學校服務；也就是說，加州認定這所學校表現不佳。這所學校招收到的學生很多元，拉丁美洲裔占了九成，而一成是其他族裔，有 43％ 的學生是英語學習生，而有 86％ 的學生符合享用免費校餐的資格。克魯斯告訴我，她開始在該校教書的時候，校內行政部門非常注重考試，被貼上「計畫改善」標籤的學校一向如此。考試題目與那些有大量複選題的標準化評量試題很相似。該校把重心放在「改善」上，這聽起來很好，老師也花很多時間研讀由測驗軟體弄出來的報告，想找出趨勢。然後每個學生都被賦予一個顏色，並告訴老師標為藍色的學生在州試中會有好成績，但紅色的學生就沒太大的希望了。老師也接獲指示要多關注綠色學生的最末端和黃色學生的最前端，因為他們的表現只要有進步，就會對學校的考試成績產生最大的影響。

　　「改善」這樣的字眼聽起來或許很值得讚許，但就像眾多「計畫改善」學校一向的做法，這所學校採用的改善方法只是加強會使學校測驗成績提升的一群學

生，而不是個別學生的需求。該校先後讓學生陷入考試成績和顏色之中，這也決定了哪些學生可能會受到較少的關注，就是那些高成就和低成就學生。像這樣把活生生的孩子當成統計數字來操弄的做法，正是美國各地學校因應以「改善」之名的嚴厲評斷與標籤時通常會採取的方式。

處於這種強加於學校的表現文化之下，克魯斯決定對她的學生進行調查。果如所料，她發現考試焦慮的程度很高。學生要面對一大堆考試，而老師又被告知要不斷強調考出好成績的重要性。克魯斯很想改變這種文化，她的第一步就是不再給學生小考，而改成小型的評量。她不再使用「測驗」和「小考」等用詞，而是把她的小型評量稱為「展現你懂了多少」的機會。她拿掉了複選題，變成要學生寫出數學問題的答案。克魯斯也不再幫學生準備學區的標竿測驗；相反地，為避免增加焦慮，她沒給學生任何提醒，只告訴他們：「盡力就好，不用擔心。」儘管克魯斯沒讓學生做什麼準備，也沒把力氣放在這上面，但這些學生的考試成績並未滑落，而且焦慮的程度還減低了。更重要的是，克魯斯告訴我，學生開始喜愛數學課了。

不過就像其他關心學生的老師，克魯斯並不感到滿足；她還採取了進一步的改善行動。隔年，她和兩位教八年級的同事安奈特・威爾森（Annette Wilson）與安綺拉・湯森（Angela Townsend）完全不打分數，改採用一種陳述性的評分指標。整個團隊也把她們的評量名稱改為「展現你能做到多少？」（範例 8.10）。在數學團隊不再打分數而改給診斷回饋之後，學生就開始看回饋意見並且解讀，偶爾還會問問題。假如學生提出問題，克魯斯還會給他們分數。克魯斯告訴我，起初她經常發現自己為了經常給一百一十個學生診斷回饋，不得不花很多時間，所以她漸漸學著在對學生最有幫助的情形下寫回饋。這是最恰當的診斷回饋做法。它確實比檢核或評分還花時間，但是對學生更有幫助。在專業判斷的重要時刻偶爾給予的回饋意見，是給學生的寶貴禮物，但也不必經常給。

現在克魯斯告訴我，她有更多學生肯在數學上花工夫，看到他們盡力而為，這真是很理想的結果。克魯斯還告訴我她在教學上所做的改進都來自她從新的評

展現你能做到多少？

我們重視的個人特質	解釋理由（有必要的話）	
毅力 ● 你有堅持下去嗎？ ● 你做了其他的嘗試嗎？ ● 你有沒有問題？ ● 你有沒有描述一下自己在哪裡卡住？		有做到！ 同意
多種表示法 文字　　　圖片 示意圖　　圖解 圖形　　　超過一種解法 資料表		有做到！ 同意
明確的期望 ● 你有描述自己的思考過程嗎？ ● 你的答案是怎麼得來的？或你是在哪裡卡住的？ ● 想法：箭頭、顏色、文字、數字		有做到！ 同意
結果 ● 你有沒有完成任務？或你是在哪裡卡住的？ ● 你盡了最大的努力完成任務嗎？		有做到！ 同意

範例 8.10
資料來源：Ellen Crews 提供。

量形式獲得的有用資訊，因此她在做教學計畫時也採用了這些改進。在克魯斯改變教學及評量方法之後的幾年間，她的學校裡升上高中的學生的成績有明顯進步，高中代數不及格率也少了一半。

近幾年來，我逐漸了解科羅拉多州一個優秀高中數學科的工作成果。那些老師採用的高中課程稱為**整合式**（integrated）課程，而且實際上整合了很多數學課堂活動。有太多所謂的整合式課程，我認為只稱得上是「穿插式」

（interspersed）。有些出版商注意到整合式數學的趨勢，就在他們的代數和幾何教材裡，互相穿插幾章另一個主題的內容，然後就說這些教材是「整合式的」。如果這還不算慘，我會覺得很可笑。整合式數學的目的，是要給學生類似現實世界裡的問題的題目──是要讓他們同時運用不同數學領域來解答的問題。就我所知，全美國只有兩套高中課程真的是整合式課程：一套是 Core Plus，另一套是 IMP。科羅拉多州的那些老師採用的是 IMP，他們不但採用高品質的課程，而且並沒有實施分軌教學，好讓所有的學生都能接觸到高階程度，最近幾年他們甚至不再給學生打分數。針對所有的任務和專題，這些老師會給判斷性的評語，例如針對「摩天輪」專題的評語（圖 8.8），而不是給成績。

　　我們在 youcubed.org 上發表的其中一篇文章，是我與 Youcubed 團隊成員克莉絲汀娜・丹斯（Kristina Dance）和艾絲黛兒・伍德柏利（Estelle Woodbury）合寫的，我很喜歡和她們一起工作。這篇文章描述了科羅拉多州的老師，以及在伊利諾州和聖地牙哥的其他創新高中老師的教學成果，他們都在努力放棄評分，因為他們看到了打成績的負面影響（www.youcubed.org/resource/assessment-grading/）。

評分建議

　　很可惜，許多老師因為學區或學校行政部門的要求，迫不得已必須打分數。最理想的是，老師只需在課程結束時評分，而不是在課程期間，也就是說唯有學生需要知道能學得更好的方法時，才需要評分，而且這些學習方法應該要透過形成性的評量。以下匯集了幾個建議，是在不得不打分數時可用來公平評分與繼續傳遞正面成長型訊息的方法：

1. **不論何時都要允許學生補交作業或是考出更好的成績。**這是最重要的成長型思維訊息，目的在於讓學生知道你在乎的是學習而不只是成績。有些老師告訴我這並不公平，因為學生可能會到別的地方，自己去學習他們需要

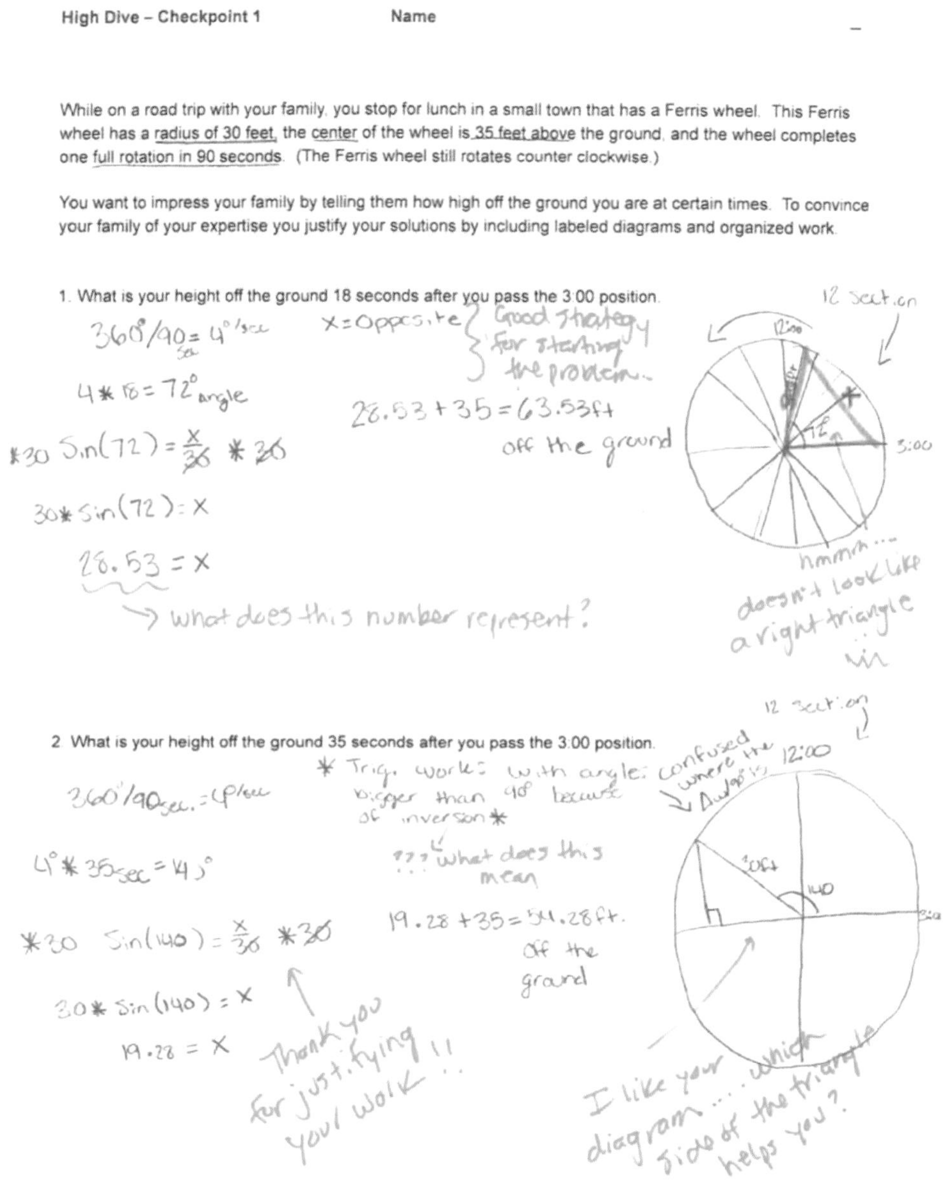

High Dive – Checkpoint 1　　　　　　Name ___

While on a road trip with your family, you stop for lunch in a small town that has a Ferris wheel. This Ferris wheel has a radius of 30 feet, the center of the wheel is 35 feet above the ground, and the wheel completes one full rotation in 90 seconds. (The Ferris wheel still rotates counter clockwise.)

You want to impress your family by telling them how high off the ground you are at certain times. To convince your family of your expertise you justify your solutions by including labeled diagrams and organized work.

1. What is your height off the ground 18 seconds after you pass the 3:00 position.

$360°/90 = 4°/sec$

$4 * 18 = 72°$ angle

$*30 \ \sin(72) = \frac{x}{30} * 30$

$30 * \sin(72) = x$

$28.53 = x$

→ what does this number represent?

$x = $ Opposite ⎰ Good strategy
⎱ for starting the problem.

$28.53 + 35 = 63.53$ ft off the ground

12 section

hmmm... doesn't look like a right triangle \\\\

2. What is your height off the ground 35 seconds after you pass the 3:00 position.

$360°/90_{sec.} = 4°/sec$

$4° * 35_{sec} = 14_{0}°$

$*30 \ \sin(140) = \frac{x}{30} * 30$

$30 * \sin(140) = x$

$19.28 = x$

Thank you for justifying your work !!

* Trig. works with angles bigger than 40° because of inversion *

???? what does this mean

$19.28 + 35 = 54.28$ ft. off the ground

12 section

confused where the 12:00

I like your diagram.... which side of the triangle helps you?

圖8.8　摩天輪。

的以提升成績；然而我們應該重視這樣的努力，因為關鍵在於他們是否有所學習。

2. **跟學校行政部門而不是與學生分享成績。**如果你服務的學校要求在課程結束前打分數，這不代表你一定要給學生分數。相反地，不妨以口頭或書面的方式給學生診斷回饋，提供他們改進的方向。

3. **採用多元的評分。**很多老師認為數學是涵蓋很廣的科目，在課堂上可能會重視多元的數學，但是在評量學生時卻只看他們在程序性的問題上是否得到正確答案。我合作過最好的老師在不得不打分數時，是採用學生的數學活動而不是考試成績——譬如記錄他們有沒有問題、以不同的方式表現數學、推理及證明，或是根據彼此的思考來發展。換句話說，他們的評量重視數學的多元。以數學活動的許多方面來評量學生，就會有更多的學生達到更高的目標。

4. **不要用一百分制。**最不公平且從數學的角度來看極糟糕的方法之一，是老師採用幾次功課當成評分基礎，且假定每次的滿分都是一百分，而未完成、缺交或不交作業者就給零分。道格拉斯・黎維斯（Douglas Reeves）的研究已經顯示，這樣的做法不符合邏輯，因為拿到 A、B、C、D 的學生之間的差距都是十分，然而 D 和 F 間的差距卻是六十分。這表示缺交一次作業的學生在某門課的分數可能會從 A 掉到 D。黎維斯建議採用四分制：

A = 4

B = 3

C = 2

D = 1

F = 0

讓分數之間的間隔都相等，而不要用：

A = 91+

B = 81 ～ 90

C = 71 ～ 80

D = 61 ～ 70

F = 0

這種量表以數學的角度來看很荒謬（Reeves, 2006）。

5. **不要把數學課初期的作業納入課後成績**。這其實是對學生前一門課的表現評分，但分數應該呈現學生在課程中的學習，而非他們已經從另一門課學到的東西。評分應該只包括學生從課堂開始的那一刻起所做的努力和作業。

6. **如果有回家功課，也不要把回家功課納入成績**。正如第 6 章解釋過的，回家作業是教育中最不平等的做法之一；把回家作業納入評分，會增加學生的壓力及不平等後果的可能性。

結論

　　老師在評量學生的時候，其實也是面臨大好的機會，因為可以讓學生知道他們的學習成效，而不是學業成績。這可以加速通往成功之路，提供學生關於數學與學習的有效成長型思維訊息。有大量的研究證據顯示，把評量的方式從評分和考試改成「促進學習的評量」，對學生的學習成就、自信、學習動機與未來的學習軌跡有很大的正面影響。這一章分享了一些敬業又有見地的老師的改革成果。在最後一章我們要來回顧一下，數學課堂上可以用來創造與維持成長型思維的做法。

CHAPTER 9

促進成長型思維的
數學教學

　　我寫這本書的目的,是給數學老師、領導者及家長各種不同的教學理念,可以讓學生把數學視為開放式、成長型的科目,並把自己當成學習過程中的關鍵執行者。

　　在寫最後這一章的時候,我發覺我們已經走了很長的一段路程,從思考孩子潛能的方式,一路談到可以培養出負責、會自己調整的學生。在這一章,我將從整本書摘取一套教學理念,可以幫助各位打造並維持有成長型思維的數學教室。本章會把整本書提及的許多觀念做個較簡短的總結,為設計出具成長型思維的數學課提供更扼要的準則。

鼓勵每個學生

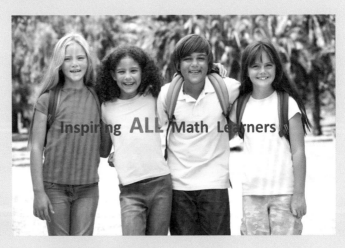

Inspiring ALL Math Learners

圖 9.1　激勵所有的數學學習者。

設立教室規範

來上課的學生其實不確定老師對他們有什麼期望。課程的頭幾天，甚至第一天上課的頭幾個小時，是設立教室規範的好時機。我往往會在課程一開始就告訴學生，我會重視和不重視什麼。我告訴他們：

- 我對他們每一個人都有信心，沒有數學頭腦或數學基因這種東西，而且我相信他們每個人都能達到最高程度。
- 我喜歡他們犯錯和遇到困難。每次陷入困境，大腦都會增長、連結和強化。
- 失敗和吃力不代表他們學不好數學 —— 這些是數學與學習中最重要的一環。
- 我看重的不是學生做得快；我重視的是他們做得很深入，創造出有趣的步驟和表示法。
- 如果你看到有人更快或更輕鬆就解題了，並不表示他們的數學比較好；速度不重要，而且有很多數學家分享經驗時說，他們是慢慢思考的人。
- 我喜歡學生提問，而且會把這些問題寫在海報上並貼在牆上，讓全班一起思考。

不過，這些陳述都是言語而已 —— 即使很重要，但如果學生沒看到老師以行動去實踐，就流於空談了。

我們在 Youcubed 平台上分享了可在課程剛開始和課程進行間用來鼓勵學生的七個最重要的規範，這本書各章也回顧了建立各個規範的方法。有些老師覺得，在課程開始時把 Youcubed 的海報貼在教室牆上，是很有幫助的（見範例 9.1、〈附錄二：數學課堂上的正面規範〉，以及 youcubed.org 的「poster」頁面）。

除了跟學生說明規範與期望之外，我發覺讓學生傳達他們自己希望訂定的小組討論規範，也是很重要的。在分組討論數學之前，我會先讓學生在小組中跟

七個正面數學規範

1. 每個人都能學習到最高程度的數學。
   鼓勵學生對自己有信心。沒有哪個人「天生」就數學好。只要肯努力，人人都可以達到自己想達成的最高程度。

2. 錯誤是很寶貴的。
   錯誤會讓你的大腦增長！吃力和犯錯是好事。

圖片來源：MEE KO DONG/Shutterstock。

3. 問題非常重要。
   每次都要發問，每次都要回答問題。問你自己：為什麼這樣做是合理的？

4. 數學講求的是創造力和講出道理。
   數學是非常有創造力的科目，核心在於把數學圖像化及想出解決步驟，讓其他人能夠理解、討論並批評。

5. 數學講求關聯與溝通交流。
   數學是相通的科目，也是一種溝通的形式。用不同的形式表示數學，比如文字、圖片、圖形、方程式等，然後把這些表示法連結在一起。用顏色編碼！

6. 深度比速度更重要。
   像洛朗·史瓦茨這樣的頂尖數學家，思考得很慢卻很深入。

7. 數學課講求的是學習，而非表現。
   數學是成長型的科目；學習數學需要時間，一切全靠努力。

範例 9.1

其他人討論在合作解決數學問題時他們欣賞和不欣賞其他人做出什麼舉動，就像我在第 7 章討論到的，並且要他們把這些喜好做成海報貼出來。這個活動值得一做，因為能幫助學生制定出正面的規範，同時也知道這些都是同學共同討論出來

的，而假使必須重新設立良好團體工作的規範，老師隨後可以讓學生回頭參考這些海報。

我在第 7 章討論過，雷賽德的老師非常慎重地鼓勵良好的團體工作，教學生怎麼順利進行小組討論——彼此傾聽、互相尊重及根據彼此的想法發揮新的想法。那些老師決定，在高中課程剛開始的前十週他們不會著重學生學習過的數學，而是去注重小組規範和互動方式。學生一直一起討論數學，但老師並不擔心課堂內容的是否超出範圍，只顧慮學生有沒有學習互相尊重團體工作。這種側重良好團體工作的謹慎教學方式，就反映在學生們高中四年優異的數學學業成就上（Boaler & Staples, 2008）。

參與測驗

我最喜歡的良好團體工作激勵策略，可在課程之初採用，也可經常採取，它被稱為「參與測驗」（participation quiz）——如今我稱之為參與提升（participation boost）。構想出複雜教學的兩位學者（Cohen & Lotan, 2014）建議，參與測驗要進行評分。但評分的對象不是個別學生，因為這麼做會產生負面的僵固型思維；相反地，是要為團體行動評分。然而參與測驗或提升不一定要以評出分數來作結；這個活動只需讓學生強烈感覺到他們如何互動才是重點，而且你有在注意。我非常喜歡這個分組活動策略；我曾經把這個策略傳授給一群老師，後來他們告訴我，這個策略很快就能改變學生團體運作的方式。

若要進行參與提升，可以先選一個讓學生分組進行的課堂活動，然後向他們說明你看重的工作方式。舉例來說，範例 9.2 和 9.3 所示的投影片是雷賽德學校非常成功的老師所做的。在第一個範例中，老師強調出他們重視的數學討論方式。如果是針對低年級的孩子，條列的事項可以再少一些。第二個範例則著重於形成良好團體運作的互動方式。

這些都可以在教室海報上呈現。一旦向學生說明完畢，就可以讓他們開始進行討論了。在他們分組討論時，你可以四處巡視各組的進行狀況，寫下評語，你

參與測驗：數學目標

你們這組今天會很成功，只要你們……

- 認出並描述模式

- 用理由解釋想法並採用多種表示法

- 在不同的做法和表示法之間建立關聯

- 利用文字、箭頭、數字、顏色編碼來清楚傳達想法

- 向組員和老師清楚解釋想法

- 藉由提問來了解其他組員的想法

- 提出讓小組更深入思考的問題

- 安排一個報告，讓別組的人也能了解你們這組的想法

沒有人擅長所有的事情，但每個人都擅長某件事。你們會需要全體組員在今天的任務中都有成功的表現。

範例 9.2
資料來源：出自 Carlos Cabana。

參與測驗：小組目標

在參與測驗期間，我會尋找……

- 圍著桌子聚在一起討論

- 發言時間同等

- 團結一致

- 互相傾聽

- 互問很多問題

- 扮演好自己在小組中的角色

範例 9.3
資料來源：出自 Carlos Cabana。

會需要一張紙或是利用黑板上的空白處，劃分成幾個區域，每組各有一個空間可用。舉例來說，把三十二個學生分成八組、每組四人的情形就是：

1	2	3	4
5	6	7	8

在你一邊巡堂一邊記筆記時，可以記下值得注意的學生發言。有些老師會公開記錄，把評語寫在黑板上，有些老師則會使用紙板夾。在下課前，應該要做出完整的圖表，可以幫各組打分數，或是針對學生的團體工作給回饋意見但不評分（這是我所提倡的）。以下是某位老師給參與提升的評分範例：

很快就開始 大家一起討論 討論得很精采 整組保持討論 「我們看看每個人是怎麼看這個形狀的」 A+	四個人都參與討論 檢查每個人的工作 問了一些好問題：「那要怎麼用在另一個數字上？」 團隊角色良好 A+	「你們覺得如何？」 在桌子中央做出形狀 互相檢查 A+	聊衣服 偏離活動──小組要求停止討論 個別進行，沒有討論 B
嘗試各種想法 互問問題 討論題目 A	進度緩慢──偏離活動 在桌子中央做出形狀 檢查想法 討論得不錯 A	「有人看出不同的方法嗎？」 互相解釋得很好 針對意義做了很棒的討論 A+	好的開始 安靜讀題目 每個人從頭到尾都很專注 提出很好的問題 A+

　　筆記不一定要做得很詳細，但是會幫助學生了解你重視的是什麼，也會幫助他們更加專注於自己與同學的互動方式。我在史丹佛大學的學士班學生和聽我教過這個方法的許多老師，都很喜歡參與提升，當我帶著記事本在他們各組旁邊逗留時，會故意以滑稽的模樣「靠攏過來」問深奧的問題！學生也很盡興，同時更加明瞭他們必須怎麼做才能投入小組討論。

　　我對舉行參與提升十分有信心。過去在課堂上鼓勵團體討論遇到困難的那些老師，在採用了參與提升後，都對學生的正面轉變感到驚訝。幾乎是一夕之間，學生開始互問好問題，讓同組各成員公平參與。只要學生有良好的小組討論、互相尊重、會提出好問題，對學生和老師雙方來說教室就會是很棒的場所。

對每個學生都要有信心

　　我一直很清楚，讓學生知道老師對他們有信心有多重要；以前我是以老師的身分明白這件事，近來則是因身為家長而更加意識到這點。我女兒在五歲的時候，就發覺老師會給其他同學比較難的數學題目，她回到家就會問我為什麼。當她注意到老師覺得她沒有潛力時，她的自信被打垮，產生出非常僵固的思維模式，這種思維模式在後來很長一段時間對她的學習和信心都造成傷害。幾年之後，經過父母和幾位優秀老師的許多努力，她現在脫胎換骨了：她有成長型思維，而且熱愛數學。儘管那位老師從來沒有對我的女兒說她對她沒信心，但她還是清楚明白地傳遞出那樣的訊息，而且我的女兒也理解這個訊息，雖然她才五歲。

　　我的女兒在英國讀的那間學校，在學生二年級時會進行能力分組，但在我向校長提出研究證據、他們在了解到異質性分組的教學策略之後，就不再實行這種做法。在學校改變做法之後，校長寫信告訴我，這不但使數學課大為改觀，也提高了全校的學業成就。如果進行能力分組，即使用些沒有惡意的名稱像是紅組、藍組等等，學生還是會知道，而且他們的思維模式會因此變得更僵固。當我女兒的學校把孩子按能力進行分組，被安排到低程度組的孩子回家後會說：「那些聰明的同學現在都跑去另一組了。」讓學生知道自己的學習潛力（不只是數學方面的

潛力），對他們來說是有破壞性的。就國家整體而言，我們首先必須採取的步驟，就是不要再採用僵固型思維的落伍分組方式，並讓每個學生知道他們都能夠有所成就。

最近有一項研究得出的結論極為有力，也確認了讓學生認為老師對他們有信心的重要性（Cohen & Garcia, 2014）。有上百名學生參與了這項針對高中英文課程的實驗研究。在研究中，每名學生都要寫作文，而且會從老師那裡收到嚴謹的診斷回饋，但有半數的學生收到的回饋意見下方還會多一句話。一年後，多收到一句話的學生達到的學業成績明顯比較好，即使老師並不知道誰收到了那句話。只靠一句話就能改變學生的學習軌跡，這看起來或許很不可思議，但額外加的那句話是：

「我給你這個回饋意見，是因為我對你有信心。」

收到這句話的學生，在一年後達到更好的成績，這種效應在有色人種的學生身上特別顯著，而這些學生往往覺得自己比較不受老師重視（Cohen & Garcia, 2014）。我經常和老師分享這個研究結果，他們總是能完全了解它的重要意義。我之所以分享這個結果，並不是希望老師把同樣這句話加到所有給學生的回饋意見中，因為這麼做可能會讓學生覺得這句話不真誠，而適得其反。我分享的用意，是要強調老師的言語及他們對學生的信心是很有力量的，同時也在鼓勵老師要隨時灌輸正面的訊息。

老師可以透過口頭鼓勵把正面的期望傳達給學生。對於表現得很上進、看起來學習得很輕鬆或反應快的學生，這件事很容易做到，但更為重要的是，也要把信心和正面期望傳達給反應較慢或顯得提不起勁的學生。要明白學生領會概念的速度並不代表他們的數學潛力，這點也同樣重要（Schwartz, 2001）。儘管很難不預想誰在數學課堂活動中會有很好的表現，還是不能在課堂活動開始前就有先入之見。我們必須始終相信，任何學生都能表現得很好。有些學生留給人的印象是，數學對他們來說就像一場持續不停的奮戰，他們可能會問許許多多的問題或是不斷說自己卡住了，不過他們只是把自己的數學潛能藏起來，而且有可能苦於

某種僵固型思維。有些學生從小就感受到不愉快的數學經驗和訊息，或是他們還沒有跟其他學生一樣獲得大腦成長與學習的機會，因此學業成就比其他人低，但這並不代表他們在良好的數學教學、正面的訊息及老師的高度期望下，也無法突飛猛進。你可以是那個拉他們一把、讓他們脫離僵固學習軌跡的人。這通常只需要一個人就夠了──學生永誌不忘的那個人。

重視努力與失敗

　　老師關心學生，希望他們有所學習，他們也知道重點是建立起學生對數學的好感。也許就是因為有這層領悟，美國大部分的數學課堂設計都在設法讓學生正確做出大多數的作業。然而新的腦科學證據卻告訴我們，這不是學生需要的。在最有成效的數學教室裡，可以讓學生解決複雜問題、有冒險的信心，而且能夠在費了力氣與失敗後仍然覺得解決難題是有趣的。這就表示，為了給學生大腦成長與建立連結的機會，數學課堂活動應該要有難度，但這不是指光增加難度就算了，這樣可能會讓學生有挫折感；相反地，這是指要改變數學課堂活動的本質──由於狹隘的問題難以給予所有學生適當的挑戰性，因此低地板、高天花板的活動是老師們最好的策略，「地板低」意味著任何人都能理解其中的觀念，而「天花板高」則是指學生能夠把這些觀念延伸到更進階的程度。

　　除了改變課堂活動，老師也應經常傳遞這個訊息給學生：費力與失敗是好事。我在史丹佛大學教的許多學士班學生，他們的學習生涯都達到很高的程度，也接收過許多負面、僵固型思維的回饋，例如經常有人對他們說他們「很聰明」。所以當他們在史丹佛遇到較難完成的工作，成績卻只拿到 B 時，有一部分的人就會崩潰、感到驚慌或開始質疑自己的能力。他們在面對讓自己很吃力的問題時（就學習而言，這其實是非常值得花時間的地方），他們很快就會失去信心，開始認為自己不夠「聰明」，不知是否還能留在史丹佛。這些大學生都是在看重表現的文化中成長的，對他們來說，努力和失敗從未受到重視。我所教的大一學生告訴我，我們學習的那些觀念對他們來說有多重要；而學到「花力氣是好事」，是讓他們繼

續在數學和工程課程邁進、沒有放棄理工之路的原因。

我們必須努力破除「成就得來全不費工夫」的迷思，我們必須指出所有的高成就者都經過了努力和無數的失敗，就連公認的那些「天才」也是如此，正如第 4 章談到的。我們也必須忍住不要推崇「得來全不費工夫的成就」，例如稱讚在數學上反應很快的學生；相反地，我們應該看重毅力與努力思考。當學生失敗和感到吃力，並不表示他們沒有數學潛力；這其實意味著他們的大腦正在成長，突觸正在放電，新路徑正在形成，將使大腦日後變得更強健。

給予成長型的讚賞與協助

杜維克和學齡前的孩子一起工作時，發現有些孩子在經歷失敗時不屈不撓，想要繼續嘗試；其他的孩子卻輕易放棄，並請老師讓他們做那些對他們來說很容易的課堂活動。這些有毅力和沒有毅力的思維模式，在年齡才三、四歲的孩子身上顯而易見。

研究人員隨後和這些孩子進行角色扮演，請他們假裝自己是要對他們的活動表現作出反應的大人。不屈不撓的孩子扮演把力氣集中在策略的大人，要說「多花些時間或採取不同做法的孩子會比較成功」；沒有毅力的孩子扮演的大人則要說「孩子無法把活動做完，所以應該待在房間裡」。沒有毅力的孩子接收到的回饋似乎是在告訴他們，他們有個人的局限，而且失敗是很糟糕的（Gunderson et al., 2013）。這項研究及其他很多和思維模式有關的研究（Dweck, 2006a, 2006b; Good, Rattan, & Dweck, 2012），都在告訴我們：給學生回饋與讚美的方式極為重要。我們都知道，從旁助長學生發展出僵固型思維的方法，就是給予僵固型的讚美——尤其是告訴他們，他們很聰明。學生聽到有人稱讚他們聰明，起初會感到很高興，但當他們覺得吃力或遭遇免不了的失敗之後，就會開始認為自己沒那麼聰明。他們不斷用僵固的「聰明」量表自我評斷，這對他們會帶來傷害，即便獲得許多正面的回饋，就像我的史丹佛學士班學生一樣。

老師和家長應該把重心放在孩子的付出與努力上，而不要告訴孩子他們很聰

明伶俐。可以對學生說「太好了，你學會了」或是「我很喜歡你思考這個問題的方式」，而不要說「你真是聰明」。把「聰明」這個形容詞從我們的用詞刪掉，這不容易做到，因為我們都習慣稱人聰明。我的大學部學生真的在這上面花了許多工夫，現在會稱讚他人有不錯的想法、有所成就、很努力或有毅力。

　　學生做錯的時候，要找出他們的想法然後利用這個想法，而不要說「這是錯的」。比如說，倘若學生在做 $\frac{1}{3}$ 和 $\frac{1}{4}$ 的相加，然後說答案是 $\frac{2}{7}$，那麼你就可以說：「嗯，我曉得你的算法，你是把我們做整數相加的方法運用到上面和下面的數字，不過這兩個是分數，而做分數相加時，我們必須整個分數一起思考，不是把分子、分母拆成單獨的數字來想。」學生的想法永遠帶有某個邏輯，不妨找出這個邏輯，這麼做不是為了避免「失敗」，而是要褒揚學生的思考。即便孩子做出來的結果完全弄錯了，也要小心別讓他們認為題目對他們來說太難，因為這是在表明他們能力有限；相反地，把焦點集中在策略上，不妨說「現在你還沒學到這個題目需要用到的策略，但是你很快就會學到了」之類的話。

　　重點是不要給學生太多協助，而奪走了課堂活動的認知需求。法國學者季・博羅梭（Guy Brousseau）確立了他所稱的「教學契約」（didactic contract），此後也得到全世界老師和學者的認可（Brousseau, 1984; Brousseau, 1997）。博羅梭描述了一種數學課堂上常見的狀況，也就是學生請老師過去提供協助。學生期待得到協助，而老師知道他們的角色是幫助學生，所以老師分解問題，讓它變簡單。這麼一來，他們就等於是奪走了問題的認知需求。博羅梭指出，這是老師和學生之間的共同作為；雙方都扮演了預期的角色，履行了教室裡訂立的「教學契約」，這就導致學生喪失學習機會。根據契約的要求，學生不必奮力摸索，他們應該獲得協助；而老師要知道**他們的**角色是輔助學生，所以他們跳進來協助，卻經常不知不覺中就剝奪了他們的學習機會。教科書的作者則是類似過程中的同謀，他們把問題分解成幾小塊讓學生回答。我在學生求助時會非常小心，不替他們做數學上的思考；相反地，我常要求他們把問題畫出來，這個過程總會幫他們開啟新的想法。

最近我讀到一篇研究，提到一位教二年級的老師娜蒂雅·波利亞（Nadia Boria），在學生求助時給了這樣的回應：「我們來想一下。今天你們是希望我的大腦成長，還是想讓你們的大腦成長？」（Frazier, 2015）

這是個很好的回應，儘管老師不得不運用專業知識和直覺去評判每個互動，明白學生何時能應付更多的奮戰而不會洩氣，但還是要切記，我們能給學生的最好協助往往就是不要提供協助。

我們在數學課堂上為學生訂立的規範、協助並鼓勵他們的方式，以及我們給他們的訊息，這些都極為重要。不過我要特別強調，如果我們不向學生證明數學是一門成長型的科目，只給他們成長型思維的訊息也是於事無補。本章後半段的討論重點，將集中在老師可用來傳授開放、成長型、富創造力的數學的教學策略和方法。

放開數學的限制

把數學當成開放、成長型的科目來教

數學教室和家裡採用的數學問題大多數是狹隘且程序性的，需要學生做計算。當學生花大部分的時間做計算時，他們就很難真正相信數學是一門成長型的科目，因為封閉的題目傳達出的訊息是：數學是個僵固、只有對或錯的科目。有些問題會狹隘、只有一個答案，這是合理的，但這種問題對於培養出透徹的數學理解並不是必要的，如果非採用不可，也應該只占一小部分。數學課堂活動應該提供大量的學習空間，應該讓學生有探索、創造、成長的機會，而不是要求學生給個答案就算了。

任何數學課堂活動都可以放開限制，只要放開了，就會有更多的學生參與及學習。以下示範了放開數學活動限制的三個方法：

1. 不要讓學生直接回答 $\frac{1}{2}$ 除以 $\frac{1}{4}$ 等於多少，而是請學生做個猜想，猜猜

看 $\frac{1}{2}$ 除以 $\frac{1}{4}$ 的答案是什麼，然後證明他們的答案道理何在，包括至少一種圖像表示法。正如我在第 5 章描述的，亨弗瑞斯請學生求解 $1 \div \frac{2}{3}$ 之前，先告訴他們說：「你們可能知道解這個題目的規則，但今天這個規則不重要，我希望你們理解自己的答案，解釋出你們的解法為什麼**有道理**。」

2. 針對代數課的常見問題，比如化簡 $\frac{1}{3}$（2x + 15）+ 8，不妨要求學生找出與之等價的所有表示法，而不要叫他們化簡。圖 9.2 舉出了一些範例。

3. 不要問學生圖 9.3 中的第 100 步有多少個方塊，而是去問他們，他們認為這個模式是怎麼增長的，並把這個看法推廣到第 100 步。

$\frac{1}{3}$（2x + 15）+ 8	$\frac{2x + 15}{3}$ + 8	$\frac{2}{3}$ x + 5 + 8
$\frac{2x}{3}$ + 13	$\frac{2x + 15 + 24}{3}$	$\frac{1}{3}$（2x + 39）

圖 9.2　代數範例。

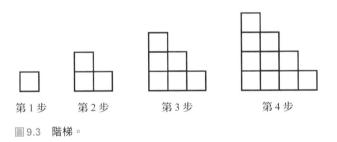

第 1 步　　　第 2 步　　　　第 3 步　　　　　第 4 步

圖 9.3　階梯。

就像第 5 章充分討論過的，任何一個數學課堂活動都可以放開限制，好提供學生學習的空間。舉例來說，你可以請學生討論：

- 看待數學的方式

- 表達觀念的方式

- 解決問題的不同解法與策略

- 採用的不同方法與「為什麼你選了這些方法？這些方法是怎麼做的？它可

以怎麼連結我們上禮拜學的方法？」

學生在進行開放式的數學活動時，他們不只是被鼓勵要把數學視為一門成長型的科目，也是被賦予探索者的角色。他們不再是去找答案；他們是在探討想法，建立連結，著重於成長和學習。同時他們也在探索正規的數學課程中詳述的方法和公式。兩者的差異在於，學生是在自己面臨需求時才學習標準方法，這讓他們有學習這些方法的動機與興奮感（Schwartz & Bransford, 1998）。正如我所強調的，最恰當的開放式數學問題是那些「地板低、天花板高」的問題（參見Youcubed網站上的課堂活動專區：http://www.youcubed.org/tasks/，還有我們備受歡迎的「每週數學啟迪」任務，如今已用在三分之二的美國學校中。）。在審視是不是開放型的課堂活動時，我認為最重要的問題是：「這個活動是否為學生提供了學習空間？」

鼓勵學生當個數學家

數學家會把自己的學門視為有創造性、優美、具美感的。每個孩子都能扮演數學家，只要鼓勵他們當個小小數學家，就可能會激發他們非常強大的自信心。重要的是，學生主動提出想法——或套用數學術語來說，就是做出數學上的猜想（conjecture）。黛博拉·鮑爾（Deborah Ball）是我見識過最了不起的三年級老師之一，她後來出任密西根大學教育學院院長。鮑爾教她的三年級學生當個數學家——成為探索者，並提出數學上的猜想。當全班在某個數學想法達成共識時，就會說他們有個「初步定義」（working definition），並且在他們進一步探討之後還會回頭改進這個定義。在某堂課上，三年級的夏恩（Sean）對6這個數提出了想法，他說：「6既是偶數也是奇數。」（網路上有影片可看：Mathematics Teaching and Learning to Teach, 2010；http://deepblue.lib.umich.edu/handle/2027.42/65013）。

他提出這個猜想的理由是，6是由奇數個2相加成的，而其他的偶數如4或

8 等，則有偶數個 2。班上很多學生跟夏恩爭論，並在過程中回頭去看他們對偶數的初步定義。大部分的老師很可能會告訴夏恩他弄錯了，然後繼續上課，但鮑爾對他的想法很感興趣。接下來這班學生展開了熱烈討論，這場討論引起了關注，影片點閱者來自很多不同的背景和信念，其中有不少是老師和數學家。課堂上的孩子越來越聚精會神思考夏恩提出的猜想，而且他們完全沒有要老師告訴他們夏恩說的對不對，因為如果他們這麼做了，討論就會中止了。這班三年級學生反而請夏恩證明他的猜想，他們則提出相反地證據，利用偶數的許多不同定義去告訴夏恩 6 是偶數而不是奇數。當討論進行到某個時刻，鮑爾注意到夏恩提出了關於 6 和其他也是 2 的奇數倍的數（譬如 10）的某個共同點，這個特徵在數學上沒有名稱，結果全班決定把這些數命名為「夏恩數」。夏恩的觀察是正確的，他指出有些數具有特別的特徵。在那個學年的後續討論中，這一班還會探討數的概念，而且不時會提起「夏恩數」來進行討論。不像很多因程序性的陳述而排斥數學的三年級生，這班的孩子很喜歡有機會分享自己的思路和想法，提出猜想然後再建構出證明，在這個過程中他們全班對初步的定義和命題漸漸達成一致意見，同時也是在學習正規的數學。這些學生踴躍提出猜想、推理及證明，無論在哪個觀察者眼中他們就像是小小數學家（Ball, 1993）。

　　有些人對於把孩子稱為數學家的想法感到震驚，然而他們卻輕鬆自在地稱孩子是小藝術家和小科學家，這是因為數學被高高奉在寶座上的原因，正如我在第 6 章談到的。我們必須反駁「只有那些讀過多年數學研究所的人才該擔任數學家」這樣的想法，我們不該再把真實數學的經驗留到最後，甚至留到學生進研究所的時候，因為大部分的學生在那之前就已經放棄數學了。要讓所有的學生知道數學是寬廣、探究基礎的科目，他們全都可以從事，最好的方法莫過於要求學生當個數學家。

把數學當成探討模式和關聯的科目來教

　　數學其實是在研究模式。很多人在思索見圖 9.4 所示的圖案擴充問題時，體

會到他們其實是在處理模式。

　　圖9.4　圖案長條。

　　不過，就連學習算術或更抽象的數學領域，任何活動也都是在尋找模式。我試過鼓勵我的孩子把自己當成尋找模式的人，我的小女兒八歲的時候，跟我分享了一個有趣的觀察，她才剛學到除法的「傳統算法」，但當她碰到像這樣的題目……

$$6\overline{)18} \qquad 7\overline{)35} \qquad 8\overline{)27}$$
$$8\overline{)96} \qquad 6\overline{)72} \qquad 7\overline{)83}$$

　　她發現這個算法要在某些情況下才有用。試了幾題後，她說：「噢，我看出模式了！相除循環法，要在第一個數字大於除數的時候才有用。」她指的是「傳統」算法。我不是非常喜歡讓學生透過傳統的算法來學習除法，因為這種方式往往會阻礙學生看到整個數字，而且不利於數值的理解，但是她尋找模式的方向讓我很高興，這個方向代表她在思考數字裡的模式，而非閉著眼睛套用方法。我不是在暗示傳統算法無用；在學生了解除法是許多分配方法的其中一種**之後**，這種算法就可能有所助益。學生在學習除法時，應該要用那些能鼓勵他們理解數字及相除概念的方法。

　　老師在教數學方法時，其實是在教一種模式，他們在說明一直出現、屬於一般情形的某件事。把大於 1 的數乘以 10，得到的答案是在原來的數後面加一個 0；把一個圓的圓周長除以本身半徑的兩倍，得到的數永遠是 π。這些就是模式，當我們讓學生把數學看成模式而非方法和規則，數學就會開始令他們感到興奮。也可以鼓勵他們思考模式的本質：這個例子的**一般情形**是什麼？美國國家公共廣播電台（NPR）的「數學專家」暨頂尖數學家德福林，為大眾寫過一系列好書。在我最喜歡的《數學：模式的科學》這本書中，德福林說明數學家的工作其實是

在運用並研究模式；這些模式產生自他所描述的自然界或人心。德福林引述優秀的數學家梭爾（W. W. Sawyer）所說的：「數學是各種模式的分門別類與研究。」以及「模式是包括心智可認知的任何一種規律性。」德福林表示贊同，說：「數學不在談數字，而是關乎生命。它關係到我們所生活的世界，談及觀念非但不像經常被描繪得那樣索然無味、了無新意，而且還充滿了創造力。」（Devlin, 2001）

邀學生踏進尋找模式的世界、賦予他們積極的職責，讓他們尋找出數學所有領域和程度中的模式。

我在第 3 章介紹過我在史丹佛的前同事米爾札哈尼，她是首位榮獲費爾茲獎的女性，這是數學領域的最高榮譽，因而成為國際媒體關注焦點（米爾札哈尼不幸於二〇一七年病逝）。數學家在談論她為數學進展帶來的重大貢獻時，談到她的研究工作與許多數學領域的連結方式，包括微分幾何、複變分析、動態系統等。米爾札哈尼反思：「我喜歡跨過大家在不同領域間設下的假想界線，這非常與眾不同……有很多工具，但你不知道哪一個用得上。其實就是要保持樂觀，嘗試把事物連結起來。」這正是我很想讓每個學習數學的學生擁有的思維模式。

當學生建立並看出方法之間的關聯，就會開始理解真實的數學，並且更加喜歡這個科目。正如第 6 章討論到的，讓女孩子進入理工領域，這件事格外要緊。課程標準通常不利於建立關聯，因為這些標準都把數學條列成不連貫的主題。但是老師可以而且也應該要不斷提及、重視關聯，要求學生思考並討論，還有恢復章節之間該有的關聯。我們放在 Youcubed 的數學關聯影片，告訴大家分數、圖形、三角形、比率、畢氏定理、圖表、形狀、斜率、乘法在比例推理的主題下全部貫通在一起的方式（Youcubed at Stanford University, 2015c; http://www.youcubed.org/tour-of-mathematical-connections/）。我們當初製作這支影片，是為了告訴學生數學領域之間其實是相關的，而不是他們以為的那樣毫不相干，隨後有老師發現讓學生看這支影片，幫助他們思考關聯，對學習很有助益。學生應該能得到鼓勵，開始以不同的角度探究、看待數學關聯。

以下是如何加強數學關聯的幾個例子：

- 鼓勵學生提出不同的解題方法，然後請他們畫出這些方法之間的關係並稍作討論，譬如這些方法的相同和相異處，或是為什麼可以用某一個方法而不能用另一個。這種做法可用於數字問題的解法，見第 5 章的圖 5.1 所示。
- 請學生一邊解題一邊畫出數學概念之間的關聯。譬如範例 9.4 和圖 9.5 中的兩個數學問題。

為了運用到不同的大腦路徑，老師可以鼓勵學生做出不止一種表示法，把解法當中的數字與所畫的圖示連結起來。有些學生可能喜歡用方格紙，有的喜歡數

狗骨頭

把 24 支狗骨頭分成兩堆的方法有幾種？

平均分配 24 支狗骨頭的方法有幾種？

把你找出的所有組合用圖像表示法的方式畫出來。

範例 9.4

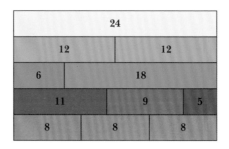

圖 9.5　狗骨頭的解。

線，也有人可能會喜歡用多連方塊等小道具。老師可以請學生想一想，在考慮平均分配的情形下還有什麼不同的方法可用──尤其是加法與乘法，並思考這些方法之間有怎麼樣的關係。

在範例 9.5 的活動中，老師要學生特別注意不同的數學領域及其間的關聯。成功的學生不會把數學視為一連串互不連貫的主題，即使這是許多學生抱持的看法。相反地，這些學生會把數學視為一套相通的觀念（PISA, 2012），這也是老師必須積極倡導的觀點，特別是若教科書給人相反印象的話。相通的數學是令學生振奮且感興趣的，每位老師都可以讓學生明白數學相通的本質。

凸顯數學關聯

把 $\frac{3}{4}$、$\frac{6}{8}$、$\frac{12}{16}$ 這幾個分數畫在圖上。

證明這幾個分數是相似三角形。

分數的不同表示法（數、圖形、三角形）之間有什麼相同和相異之處？你能不能用顏色碼標出每個表示法的特徵，使這些特徵在不同表示法中有相同的顏色？

範例 9.5

教有創造力、圖像化的數學

我自己在教數學的時候，會藉由有趣的挑戰和重視思考來激發學生的創造力。我會告訴學生我關心的不是他們是否很快就做完數學問題；我反而很希望看到有趣的表示法，或是有創意的方法或解法。當我以這種方式向學生介紹數學時，他們的創意想法總能令我刮目相看。

讓學生圖像化地思考數學是很重要的，因為這會促進理解，並且運用到不同的大腦路徑。亞曼達・孔拉巴（Amanda Koonlaba）是教四年級的老師，她嘗試把藝術跟核心學科（包括數學）連結在一起；她描述了自己問學生他們喜歡在核心科目中用什麼樣的藝術呈現時的情景。她回憶道，有個學生「輕柔但熱情地表明他喜歡圖像藝術的原因是創作讓他『忘掉不愉快』，而且他『每星期』需要『不止一次』」（Koonlaba, 2015）。

藝術和圖像表現都很重要，且都有治療和創造性的作用，在讓所有學生獲得理解的機會方面也扮演了關鍵角色。在我要求學生把想法畫出來時，也總是會發現更積極的參與度和了解數學觀念的機會，而在沒有圖像呈現的情況下就沒有這些收穫。有些學生會比其他學生更覺得圖像化的想法很困難，不過運用這些想法之後，將會讓這些學生獲益最多。

除了請學生畫出想法、方法、解法與問題之外，老師還應該要求他們把圖像化想法和數值或代數的方法與解法連結在一起。正如我在第 5 章告訴各位的，顏色編碼是激發出這些關聯的好辦法。在下面兩個範例可以看到，顏色對於加強學生在幾何、分數、除法的理解能有很大的幫助；我在前面幾章已經展示過代數與平行線的顏色編碼。當學生在學習角的關係時，老師可以請他們用顏色標出三角形的不同角，然後撕下來排在一起，看看角的關係。角的描繪會幫助他們記住這些關係。

如果要求學生用顏色替分數編碼，也能加強他們對分數的理解（見範例 9.6 及圖 9.6）。

顏色編碼布朗尼

山姆烤了一盤布朗尼蛋糕，他想切成相等的 24 份。他希望跟 5 個朋友平分這些蛋糕。請你分割這盤布朗尼蛋糕，用顏色編碼呈現山姆和他的朋友會分到多少個蛋糕。

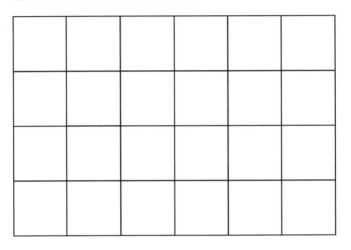

範例 9.6

山姆烤了一盤布朗尼蛋糕，他想切成相等的 24 份。他希望跟 5 個朋友平分這些蛋糕。請你分割這盤布朗尼蛋糕，用顏色編碼呈現山姆和他的朋友會分到多少個蛋糕。

圖 9.6　顏色編碼布朗尼。

我特別喜歡蒂娜・路普頓（Tina Lupton）、莎拉・普拉特（Sarah Pratt）和凱麗・理查森（Kerri Richardson）為除法設計的顏色編碼方法。他們建議，老師可以請學生利用除法拼片來解除法問題，這個工具有助學生確實理解把數字分配

成相等的幾份和餘數（見圖9.7）。他們還提供了如何設計出這個有用活動的細節（Lupton, Pratt, & Richardson, 2014）。

圖9.7   除法拼片。
資料來源：Lupton, Pratt, & Richardson, 2014。

　　以不同的表示方式表達數學觀念是很重要的數學應用，數學家和高階問題的解決者都會這麼做。數學家在工作時，會用許多不同的方式表達想法，像是圖表、文字、數學式，還有比較鮮為人知的──速寫甚至塗鴉。米爾札哈尼對思考數學難題的描述是這樣的：

> 「你不會想要寫下所有的細節……可是把東西畫出來的過程總會讓你
> 與問題連結。」米爾札哈尼說，她的三歲女兒安娜希妲（Anahita）常
> 在看到她畫東西時大呼：「哇！媽咪又在畫畫了！」「她大概以為我
> 是畫家。」（Klarreich, 2014）

　　每當有人要我解決複雜的數學問題時，我會把問題畫出來；就我所知，這是解決難題和理解數學的最佳方法。當我面對學生，而他們卡住的時候，我也會請他們畫圖，問他們：「你們有沒有試過把問題畫出來？」不習慣畫出數學的學生剛開始可能會覺得這是個挑戰，但他們可以學著畫，這對他們很有幫助。第8章提供了更多讓學生畫圖塗鴉的方法。

　　願意而且有辦法在數學思考中運用圖像表示法，不管在學校數學課還是在生活中，對學生都有非常大的幫助。

鼓勵直覺與自由思考

我在第 5 章討論了高階數學使用者——譬如替史密森尼學會打造機器人的賽巴斯欽・特隆運用直覺發展出數學想法的方法。莉昂・柏頓訪談了七十位數學研究者，想歸納出數學研究工作的本質；其中五十八人談到直覺在工作中的重要作用。赫希在《數學究竟是什麼？》這本書提到，假如我們「去檢視數學的應用，會發現直覺無所不在」（Hersh, 1999）。

不過這個叫做直覺的東西到底是什麼？為什麼數學家會運用直覺，學生在教室裡卻很少運用呢？老師只要在教方法之前問學生他們認為什麼方法有用，就可以鼓勵學生運用直覺思考任何數學問題。不管學到哪個年級的數學程度，學生都有發揮直覺思考的機會。小學老師可以在教方法之前，要求學生想出自己的解題方法；舉例來說，在老師還沒講面積公式之前，他們會怎麼求一張地毯的面積，而在中學或高中階段，我們也可以在教任何方法之前，問學生他們會怎麼求一個高到無法測量的物體的高（這收錄在我和我的研究生丹・梅爾〔Dan Meyer〕、莎拉・賽靈〔Sarah Kate Selling〕和凱西・孫〔Kathy Sun〕一起設計的遮陽者任務中，https://www.youcubed.org/tasks/simpsons-sunblocker/）。我在第 5 章提到了一堂微積分先修課，老師在正式教微積分之前先請學生憑直覺猜想檸檬的體積怎麼求。老師只要稍微改變一下教學法，就能給學生運用直覺的機會。

要求學生用直覺思考數學觀念，就是在邀請他們開放而自由地思考。當我問一群透過「number talks」學習的三年級孩子，他們對「number talks」有何想法時，迪倫告訴我的第一件事就是：「你會很自在，想做什麼就做什麼。你可以拆解數字⋯⋯」《無法測量》（這是《力爭碰壁》的導演所拍攝的第二部紀錄片）的其中一個主角蒂莉亞，談到她參與探究式數學之後的經驗時也有類似的描述：「現在我和數學有了連繫，感覺就好像我變得坦率，我感覺自己還活著，更充滿活力。」在這部紀錄片中，尼可（Niko）把以前做數學練習題的經驗，跟需要團體合作、探究基礎的教學，做了一番比較：「去年的數學課，你就好像是自己一個人，每個

人都要靠自己；可是今年是開放的，好像一座城市，我們全部的人一起創造出這個美好的新世界。」

一旦放開數學的限制，讓孩子運用自己的想法、體會有創造性且優美的數學，他們用來形容數學的言談就持續讓我驚訝不已並大受鼓舞。他們說「我們很自在」、「我變得坦率，我感覺自己還活著」、「我們全部的人一起創造出這個美好的新世界」，所談論的正是探究基礎的數學帶來的影響。學生之所以這麼說，是因為他們獲得了知識上的自由，而那正是非常深刻且鼓舞人心的體會。我們要求學生運用直覺自由思考的時候，他們培養出的不只是對於數學、自己和世界的新視角，還徹底改變他們與學習之間的關係。

黛博拉・鮑爾寫過一篇迷人又引發爭論的論文，她在文中引用了著名心理學家傑洛米・布魯納（Jerome Bruner）的一段話：

「我們假設任何學科都能以可信賴的形式，很有效地傳授給任何發展階段的任何孩子。從課程的本質來思量，這是個大膽且極為重要的假設。現在沒有證據可以反駁，但支持的證據正越積越多。」（Bruner, 1960，引自 Ball, 1993）

這段話對很多人來說可能很具挑戰性，而在我第一次向史丹佛的學生介紹這個觀念時，也使他們感到不安。但他們很樂意思考可以用什麼方法跟小孩子討論微積分裡的觀念。鮑爾十分確信地說：「孩子疑惑、思索、發明的事物既深刻又有難度。」（Ball, 1993, p. 374）。如果我們把老師和學生從教學內容標準規定的階層鬆綁，讓學生去探索可能很吸引人的高階觀念，譬如第四維、負空間、微積分、碎形等等，那麼我們就有機會帶他們體驗真正的數學興奮感，去探索有力的觀念，而且不管他們是什麼年齡。我的意思並不是我們要教小孩正規的高等數學，而是我喜歡布魯納和鮑爾論及的可能性——不論對哪個年齡層，數學的任何部分都可以用知識上可信的形式來介紹。這是個令人振奮又重要的想法。

把深度看得比速度重要

我們必須改變某個存在於全世界數學教室裡的想法：在數學方面，速度比深度更重要。數學比其他科目更受這個想法困擾，連數學的學習者也深受其害。然而世界上頂尖的數學家都提到要放慢且深入，而不要求快，像米爾札哈尼、史蒂芬·史楚蓋茲（Steven Strogatz）、德福林和史瓦茨，他們都因自己的工作成果獲得最高榮譽。我在第 4 章引述過史瓦茨的自述，這句話的節錄是：「重要的是把事物與相互關係了解透徹。」史瓦茨談到他求學時因為腦袋動得很慢，所以覺得自己「很笨」，他勸讀者領會數學講的其實是深度和關聯，而不是粗淺的事實和速算。

數學是應該隨時強調思考深度和相互關係的科目。最近我去中國參訪，有機會在幾間國中和高中觀摩幾堂數學課。中國在 PISA 和其他的測驗結果都遠比其他各國優異（PISA, 2012），這讓大家以為在中國數學課的重點會放在速度和反覆演練，但我從這些課堂教學觀摩看見非常不同的景象。在我觀摩的每堂課中，老師和學生在一小時內討論的問題不超過三個，她透過詢問的方式教觀念，甚至是數學上更定義性、更公式性的觀念，譬如餘角及補角的定義。在其中一堂課，老師跟學生一起探究餘角及補角的意義，老師先舉了一個例題，並要學生「仔細想想這個問題」，然後開始討論延伸出的問題和觀念（https://www.youcubed.org/resources/a-visit-to-china/）。隨後討論的深度，是我在餘角及補角這個主題的數學教學觀摩中從未見過的。她以啟發性的方式承接學生提出的想法，並做出不正確的說明讓學生來質疑，然後全班一起考慮保有這個定義的角之間的各種關係。

以下的文字紀錄是典型美國課堂在教餘角與補角的情景，內容來自 TIMSS 針對各國教學的影片研究（Stigler & Hiebert, 1999）：

老師：在這裡我們有對頂角和補角。角 A 和哪個角是對頂角？

學生齊聲說：70° 的角。

老師：所以角 A 一定是……？

學生齊聲說：70°。

老師：現在有補角了。哪個角是角 A 的補角？

學生齊聲說：角 B。

老師：角 B 是，還有哪個也是？

學生：角 C。

老師：補角相加等於什麼？

學生：180°。

　　我們在這段摘錄看到，老師用定義性的問題引導學生回答出答案。把這段教學和我們在中國看到的課堂進行做一番比較，會發現中國的老師不問像「補角相加等於什麼？」這樣的問題。相反地，她問的問題會像這樣：「兩個銳角會互為補角嗎？一對互補角會是銳角嗎？」這些問題需要學生更深入思考定義和關係。以下是我在中國課堂觀摩的節錄，跟美國的課堂形成鮮明的對比。

學生：就像他剛才講的，如果有兩個角相等，相加又是 180°，那就一定是兩個直角。因為銳角一定小於 90°，兩個銳角的和不會超過 180°。

老師：所以說，如果兩個角互補，就一定都是鈍角？

學生：不對。

老師：為什麼不對？

老師：我認為如果兩角互補，它們一定是鈍角。

學生：我認為一個是銳角，另一個是鈍角。

老師：她說，雖然不可能兩個都是銳角，但有可能一個是銳角，另一個是鈍角。

學生：比方說，就像那一題裡的角 1 和角 5。一個是銳角，而另一個

是鈍角。

老師：好。如果兩個角互補，就必定有一個銳角和一個鈍角嗎？

學生：還是不對。

學生：應該是說，如果兩個角互補，其中至少有一個角是銳角。

其他學生：不對，是至少有一個角大於 90°。

學生：兩個角都是直角的情況是例外。

　　美國和中國的課堂差異再明顯不過了。在美國的課堂上，那個老師連珠炮般的向學生丟出程序性的問題，而他們回答出可能的單一答案。老師所問的問題有可能直接來自課本中強調角的簡單範例，而學生就他們學到的定義來回答。中國課堂上的老師就不問那種「由你接著把話說完」的問題；她傾聽學生提出的想法，做出跟這些想法有關的啟發性說明，讓學生的理解再往前推進。她的說明促使學生提出猜想和理由來回應，同時思考不同的角之間的關係。

　　那堂課的後半節重點放在學生能夠畫出哪些圖示，把討論過的兩角關係描繪出來。這牽涉到學生畫出不同的視覺圖示：翻轉和旋轉射線及三角形的各邊。學生跟同學和老師一起討論想法，針對這些想法提問，把他們推向我在觀摩之前想像不到的廣度與深度。全班在討論兩角關係的視覺圖示時，有個學生表示：「這太有趣了。」而在美國版的課堂上會得出這個結論的學生就不多了。

　　TIMSS 影片研究把美國的教學和其他各國的教學做了一番比較，得到的結論是，美國的課堂「教學範圍很寬廣，但不夠深入」（Schmidt et al., 2002），而在他們分析的其他國家中，特別是日本，課堂上則注重概念而且比較深入，學生討論的機會也比較多。分析員認為，和美國相較起來，日本成就較高的原因和他們的討論深度有關（Schmidt et al., 2002; Schmidt, McKnight, & Raizen, 1997）。

　　有些家長不了解數學深度的重要性，且誤以為孩子反應快會占優勢，因而積極讓他們的孩子跳級，盡早修到進階數學。然而數學的學習不是競賽，數學的深度才是激勵學生、讓他們保持興趣並學好數學，為未來的高階學習做好準備的關

鍵。我們知道，被逼著更快學過所有課程內容的那些學生，只要有機會通常就會放棄數學（Jacob, 2015; also Boaler, 2015b）。我們希望每個學生都能很有成效地學習數學，沒有哪個學生覺得太簡單或是被迫重修他們已經學到的觀念。勉勵高成就者最好且最重要的方法之一，是給他們深入思考的機會，這是他們可以跟其他同學一起做的事，只是其他學生可能要在其他時候才能深入思考。我和史丹佛的學生一起做深入思考時採取的方法，是請那些做完問題的學生把問題延伸到新的方向。

上週我給史丹佛的學生一個問題，稱為「彩繪立方體」，還給了幾盒方糖，好讓他們模擬問題（見範例 9.7 和圖 9.8）。

為了考慮立方體各面的分布情形，有些學生用方糖建構了一個較小的例子，譬如一個 $3 \times 3 \times 3$ 的立方體，並用筆把表面著上顏色。

我告訴他們，在解決 $5 \times 5 \times 5$ 立方體的問題之後他們可以隨意延伸。這是這個課程最棒的部分，也是有更多學習機會的時機，舉例來說，有幾組就在考慮怎麼找出一個方糖塔而不是方糖立方塊的答案（圖 9.9）；另外有一組要找小方糖塔堆成的大方糖塔中的關係，還有一組想找的是立方體放進第四維甚至推到第 n 維時的關係。

如果給學生延伸問題的機會，他們幾乎都會製造出有創造性又豐富的機會去深入探索數學，這對他們而言是非常值得做的事。

透過建立數學模型讓數學與真實世界連結起來

學生表示他們不喜歡數學的主要理由是它很抽象，感覺好像與真實世界不相關。對他們在學校接受的數學教育來說，這個感想令人難過，因為數學就在我們身邊而且無所不在。事實上，要讓生活順利運作，數學是重要關鍵，甚至還有人把數學稱為新的「公民權」──這對人民在社會中充分行使職責是必要的（Moses & Cobb, 2001）。我曾訪談一群年約二十四歲的年輕人，他們都接受過學校裡傳統的數學教學，當我問起他們在生活和工作中碰到的數學時，他們都對自己受過

彩繪立方體

想像有個由 1×1×1 的小立方體組成的 5×5×5 立方體，表面彩繪成藍色。

考慮以下幾個問題：

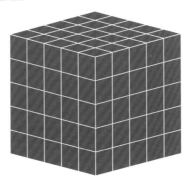

有 3 面是藍色的小立方體有多少個？

有 2 面是藍色的小立方體有多少個？

有 1 面是藍色的小立方體有多少個？

完全沒有著色的小立方體有多少個？

範例 9.7

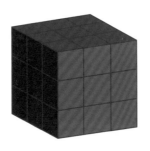

圖 9.8　彩繪立方體。

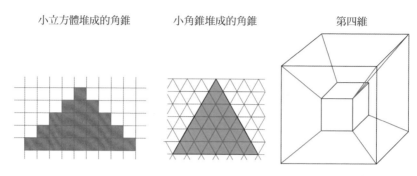

小立方體堆成的角錐　　　小角錐堆成的角錐　　　第四維

圖 9.9　彩繪立方體的延伸問題。

的數學教育表示失望。這些年輕人說，現在他們在周遭世界隨處可見數學，日常工作中都在使用數學，但求學時的經驗並沒有讓他們了解到數學真正的本質以及對未來的重要性。他們說，如果早知道數學不是死氣沉沉、與真實世界無關的科目，要是知道他們的成年生活其實少不了數學，就會大為提升他們在學校數學課的學習動機（Boaler & Selling, 2017）。

這種使數學變得有趣、與真實世界連結起來的需求，往往會促使教科書出版社把數學放進我所稱的「擬情境」（Boaler, 2015a）之中，就是那些意圖代表現實世界、要學生做與現實脫節的偽現實問題，譬如在同一條軌道上飛速對開的兩列火車。這些情境無益於學生了解數學是有用的科目，反而會給學生相反的印象，因為它顯示數學是超脫塵世且不真實的。為了正確解出偽現實問題，學生被要求假裝真有其事般投入這些問題，同時忽略他們所知的一切現實情況。例如考慮以下這些典型問題（Boaler, 2015a）：

小明可以在 6 小時做完一件工作，小華可以在 5 小時做完同一件工作。若兩人一起工作 2 小時，可做完多少工作？

美國某家餐廳 $\frac{1}{8}$ 個法式鹹派要賣 2.50 美元。整個鹹派賣多少錢？

聚會時有 5 個朋友把一個披薩平分成 5 片。其中 3 人吃了自己的那片，但又來了 4 個朋友。剩下的 2 片披薩應該分成幾分之幾？（Boaler, 2015a）

　　這些問題全都出現在已出版的教科書上，是學生在數學課會遇到的典型題目，但都很荒謬可笑。每個人都知道，大家在合作時的做事速度和獨力作業時不同，餐廳對大量販售的食品會有折扣優惠價，而且如果聚會時臨時有朋友來，就會多訂披薩，而不會把剩下的披薩切成更小片。學生經年累月和擬情境打交道的後遺症就是：他們開始把數學視為是與現實脫節的。事實上對許多學生而言，他們知道當自己走進數學課時，是在進入**數學國度**，這是個需要他們把常識留在門外的詭祕之地。

　　那麼我們該如何幫助學生看見數學的廣泛用處和應用性，但又不要用擬情境呢？其實世界裡充滿了迷人的實例，許許多多的情況都可以透過數學來理解。我的線上課程會給學生看雪花、蜘蛛的傑作、雜耍和舞蹈以及海豚叫聲中的數學，藉以幫助他們明白這一點，這些數學的範圍從基礎到進階高中數學都有（Stanford Online Lagunita, 2014）。但並不是所有的數學問題都能或應該要放進真實世界的情境中，因為幫助學生學習思考的一些重大問題是沒有情境的，不過，花一些時間處理現實的未知數讓學生明白數學的應用性，是很重要的。

　　沃夫朗在他的 TED 演講中勉勵聽眾，要把數學視為以提出問題、建構數學模型為中心的學門（Wolfram, 2010）。他強調建構模型是全世界數學的主要核心。美國各州共同核心標準（CCSS）也強調建立一套數學應用標準的重要性。

MP 4：用數學模擬

　　在我看來，CCSS 最重要的貢獻之一就是納入數學應用；數學應用對學數學很重要，學生在學習數學知識時也必須投入應用。「用數學模擬」就是八個數學應用標準的其中之一（見下方專欄）。

八個數學應用之數學模擬

數學好的學生可以應用他們知道的數學，去解決日常生活、社會及職場上出現的問題。在低年級的階段，這也許很簡單，譬如寫個相加的等式來描述某個情況。到中年級的時候，學生也許會應用比例推理，去規畫學校的活動或分析社區遇到的問題。到了高年級，學生可能就會運用幾何去解決設計方面的問題，或用函數描述所求的量隨另一個量變化的關係。精通數學且能應用所學知識的學生，可以輕鬆自在地提出假設和粗略估計，讓複雜的情況簡化，同時也明白這些假設稍後可能需要修正。他們有辦法確定出實際情況中的重要數量，利用圖表、雙向表、函數圖形、流程圖、公式等工具來描繪數量之間的關係。他們能夠針對那些關係做數學分析，以得出結論。他們經常在該情況的情境中解釋自己的數學結果，並思考這些結果是否合理，如果模型無法滿足需要，可能就會改進模型。

資料來源：Common Core State Standards Initiative, 2015

我們可以把建構模型想成是把任何現實問題簡化為有助解決問題的純粹數學形式。建模都要透過數學，但學生通常不會知道他們是在建構模型或被要求思考建模。在我寫完第一版《幫孩子找到自信的成長型數學思維》之後，出現了一項令人振奮的措施，要把基礎教育程度的資料科學整合到數學課程中，讓學生有機會學習建構模型。我初次接觸到納入資料科學的改革，是在接到一通電話的時候，電話另一頭不是我常接觸的圈子裡的人——不是從事教育或數學工作的。打電話的人是芝加哥大學經濟學家史蒂芬・李維特（Steve Levitt），《蘋果橘子經濟學》（*Freakonomics*）這本書是他的成名之作。他想改革高中數學，在電話中問我願不願意提供協助，我滿懷熱情地答應了！從那之後，有很多事情發生，包括我的 Youcubed 團隊和 Google 合作，編寫了一學年的資料科學高中教材。在史丹佛大學的所在地加州，很多大專院校也向中小學示意，可讓學生在資料科學和代數二之中擇一修課。正如我在第 6 章和第 7 章談到的，在我看來，這種改變有

可能打破長久以來纏擾著數學的不平等現象；而且全美國都開始進行改革了。然而，資料科學不單單對高中很重要，從幼稚園開始的各級學校老師，都可以選取資料科學的面向。當我們仿照 number talks 的體系，在 youcubed.org 上推出「data talks」時，得到各級學校老師的熱烈迴響。目標是要和學生分享資料視覺化（data visualization），問他們注意到什麼、想知道什麼、什麼事情會讓他們好奇。這可能會引發學生討論資料視覺材料呈現的內容或帶來的問題，幫學生培養出對他們的人生十分重要的東西——資料科學素養。在 youcubed.org 的「資料科學」專區有更多相關資訊，以及幫助學生培養資料科學素養的教學資源。

　　隆納德・費德基（Ron Fedkiw）是史丹佛的應用數學家，他專門從事電腦特效。他用數學模型製作過幾部獲獎電影中的特效，如《神鬼奇航 2：加勒比海盜》和《星際大戰三部曲：西斯大帝的復仇》。費德基在二十三歲之前是讀純數學的，後來轉攻應用數學。他的工作之一是設計出新的演算法，這些演算法可以讓物體旋轉、模擬碰撞，還有「透過數學把水滴的碎片縫合起來」。

　　數學建模也用於刑事案件上，而且曾經協助偵破備受關注的殺人案件。《數字搜查線》（*NUMB3RS*）是美國收視率很高的電視影集，內容描述一位 FBI 探員經常在他的數學家弟弟協助下破案的經過。第一季的第一集是殘暴連續殺人犯的真實案件；FBI 探員已經在地圖上標出案發地點，但無法看出任何規律。劇中的 FBI 探員苦思不得其解，但想起他的數學家弟弟一直在講數學是研究模式的學問，所以向弟弟求助。這個數學家輸入了跟連續殺人犯有關的關鍵資訊，譬如他們傾向在距離住處很近又不會太近的地方犯案，並留一個他們不會犯案的緩衝地帶。他發現他可以用簡化的數學模型描繪出符合條件的交集，這就是資料科學的實踐，這個模型顯示出「熱區」，代表凶手可能居住的區域。於是 FBI 探員著手調查住在該區域、符合特定年齡的男子，最後終於破案。這集根據的是數學家金・羅斯姆（Kim Rossmo）的真實工作成果，他利用數學模型發展出犯罪地理標定（criminal geographic targeting）的方法，也是現在世界各地的警察機關都在使用的方法。

　　當我們要求學生從真實世界裡找個問題來，根據實際的數據及限制條件，然

後利用數學來解題，其實就是在請他們建構這個情況的模型。正如沃夫朗說的，學生應該去接觸或找出現實問題來，建個模型去解決這個問題，執行一些計算（這部分可由電子計算機或電腦來做），然後看看他們的答案是否把問題解決了，或是他們的模型還需要改進。他指出，目前學生在數學課堂上的時間有 80% 花在計算，這些時間反倒應該用於數學的其他三方面——建構模型、改進模型、運用模型解決實際問題。

學生在代數課堂上經常被要求計算，而不是運用代數來建構模型。舉下面這個出自帕克的問題為例：

某甲正在節食，他去店裡買了一點火雞肉片。店員給他 3 片肉片，共重 $\frac{1}{3}$ 磅，但他的減重飲食法建議只能吃 $\frac{1}{4}$ 磅。在遵照飲食建議的情形下，他買來的 3 片火雞肉可以吃掉多少？

這對很多人來說是難題，不過大部分的人面臨的困難點不在於計算；難處出現在建構模型去解題的過程。我在別處寫過小朋友為了解這個問題所想出的漂亮圖像化解法（Boaler, 2015a）；以下是一個四年級學生的解法：

如果 3 片火雞肉重 $\frac{1}{3}$ 磅，那麼一磅就有 9 片（見圖 9.10）。
如果他能吃 $\frac{1}{4}$ 磅，他就能吃那麼多片的四分之一（見圖 9.11）……
也就是 2 又 $\frac{1}{4}$ 片。

相形之下，大人回答這個問題時就顯得吃力，有的把 $\frac{1}{3} \times \frac{1}{4}$ 乘錯了，有的想要用代數但不記得怎麼做了。為了運用代數，他們就必須說：

3 片＝ $\frac{1}{3}$ 磅
x 片＝ $\frac{1}{4}$ 磅
然後交叉相乘，所以　$\frac{1}{3}$ x ＝ $\frac{3}{4}$ 就得 x ＝ $\frac{9}{4}$ 。

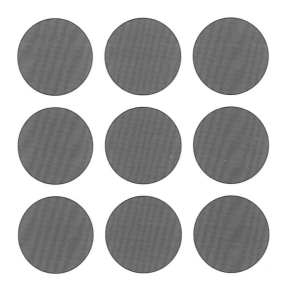

圖9.10　九片。

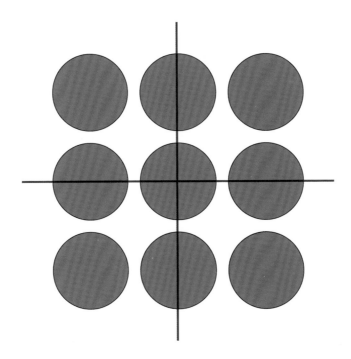

圖9.11　把九片分成四分之一。

　　遇到這個問題的大人，大多是在建構模型及寫出數學式子方面感到困難。儘管花很多年學代數，學生還是欠缺解釋情況和建構模型的經驗。學生受到的訓練是把未知數搬來搬去，求解一大堆式子，但很少建構問題。這就是沃夫朗談到的重要過程──建構出模型。沃夫朗在他的新書（2020）裡詳述了這個重要的思維，並且列舉了把模型建構和資料科學帶入數學的方法。

　　各種年齡層的學生都能建構模型。舉例來說，老師可以要幼稚園的小朋友畫出一張全班同學的座位圖，讓大家都能坐在地毯上。他們可以用形狀或物品代表每個同學，然後找出讓所有的小朋友坐在地毯上的好方法。這是用模型模擬情況的例子，而這個實例是用形狀或物品來代表更複雜的生命──小朋友！（www.youcubed.org/task/moving-colors/）。

　　數學模型通常比實際情況單純。在幼稚園的例子中，用來代表小朋友的形狀並沒有考慮他們的體型或動態。在火雞肉片的例子中，我們會假定肉片的大小和重量是一樣的。

　　著名的拴山羊問題，是能夠讓學生在中學或高中階段思考的絕佳建模問題。範例 9.8 是這個問題的延伸版，改寫者是凱西．威廉絲。

　　這個問題並不是設定在真實情境中，不過這個情境可讓學生考慮實際情況的各個層面並用於思考之中。學生可能會想知道山羊必須在多大的空間裡活動，他們或老師可以建議加些圍籬。有個很好的延伸問題，是要學生決定他們會怎麼安排六十個長一英尺的籬笆，圍出最大的外加面積，這也正是我在第 5 章描述過的漂亮又豐富多彩的問題。學生在考慮種樹的時候，他們也許會疑惑萬一山羊去啃食樹葉，會發生什麼狀況？種什麼樹最好？樹要種在哪裡，山羊才吃不到樹葉但又有樹蔭可以納涼？

　　這樣的數學情境可以給學生充分的機會提出很多問題並加以推究。他們必須建模型去模擬這個情境並建立表示法，這是兩大數學應用（見圖 9.12）。

　　有個使用實際數據的好方法，是請學生取用報章雜誌和網路上的實際數字和

拴山羊

想像有隻山羊用繩子拴在羊圈的角落。羊圈的大小是 4 英尺乘 6 英尺，繩長 6 英尺。

這個情境讓你想到什麼？

替這個情境畫一張圖。

你想到什麼問題？

太陽從羊圈的東邊升起，從西邊落下。如果有地方遮蔭，這隻山羊會很開心。你應該把樹種在哪裡？你會種哪種樹？

範例 9.8
資料來源：由 Cathy Williams 設計。

資料。舉例來說，有個我很喜歡、也可以教導學生社會正義議題的活動，是讓課堂上的學生分組，分別代表世界各大洲。接著各組要調查，如果用餅乾來代表全球財富在各大洲的分配比例，他們的小組會分到多少餅乾（見範例 9.9）。學生除了建構模型、推理、應用知識，還會學到跟現實世界及財富分配方式有關的實際重要知識，如果把財富分配轉換成他們能吃到的餅乾，對他們來說會特別真實。

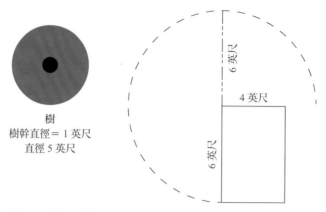

樹
樹幹直徑＝1 英尺
直徑 5 英尺

6 英尺
4 英尺
6 英尺

圖 9.12   拴山羊模型。

由於位在世上某些地方的學生分到的餅乾極少，最好多帶一些餅乾以備活動後大家吃到的餅乾一樣多！

奧運和其他運動競賽的數據是數學提問及資料科學的豐富來源。從運動競賽數據取材時，必須考慮到性別平等。範例 9.10 所舉的題目是我很喜歡的問題，一樣跟建構數學模型有關。

如果想要把真實世界帶入課堂，我會建議採用實際的數據與情況，而且只在用得到的時候才提供情境。千萬別讓學生暫停他們的理解，踏入了**數學國度**。

OECD 的 PISA 團隊針對美國學生在 PISA 國際數學評量表現出來的強項與弱點，做了很有趣又有用的分析。他們發現，美國學生的弱點跟課堂上採用的擬情境有關，課堂上不教學生運用真實世界裡的未知數，反而教學生忽略這些未知數。他們針對鼓勵學生所給的建議很有幫助：

美國學生似乎在認知較不費力的數學技能與能力上特別強，譬如從圖示中取出數值或是處理很有組織的公式。他們在需要費力的技能與能力上特別弱，比如說認真考慮真實世界中的情況，把實際情況轉成數學的講法，以及解釋現實世界問題中的數學層面。在這些試題中，眾所周知的淺顯課堂策略「別管情境，只要從文字敘述中取出數字來做

全球財富分配模擬

1. 找出生活在各大洲的全球人口比例。
2. 算出我們班上與上述各比例對應的人數。
3. 算出各大洲的全球財富比例。
4. 算出各大洲擁有的財富（以餅乾數為單位）。

表 1　全球財富資料

洲名	2000 年時的人口 （百萬人）	人口比例	財富 （GDP，兆美元）	財富比例
非洲	1,136		2.6	
亞洲	4,351		18.5	
北美洲	353		20.3	
南美洲	410		4.2	
歐洲	741		24.4	
大洋洲 / 澳洲	39		1.8	
總計	7,030	100%	71.8	100%

範例 9.9
資料來源：國際貨幣基金會（International Monetary Fund）、人口資料局
（Population Reference Bureau）、Charmaine Mangram。

幾個顯而易見的運算」必然會失效。這種策略在全世界都很普遍，經
常幫助中小學生撐過學校的數學課和考試，然而在一般的 PISA 數學
素養試題中，學生必須有充分證據地運用他們學到的數學。這樣的試
題對美國的學生來說顯然特別困難。（⋯⋯）談到這些結果的涵義，

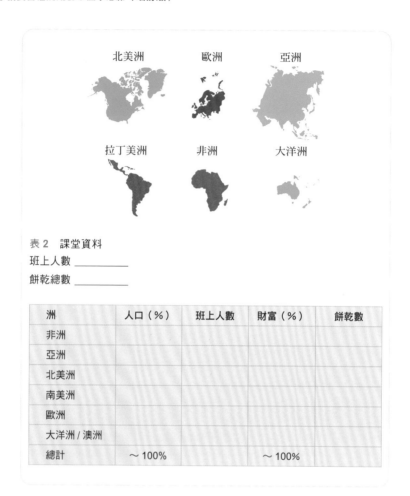

北美洲　　　歐洲　　　亞洲

拉丁美洲　　　非洲　　　大洋洲

表 2　課堂資料

班上人數 ＿＿＿＿＿＿

餅乾總數 ＿＿＿＿＿＿

洲	人口（%）	班上人數	財富（%）	餅乾數
非洲				
亞洲				
北美洲				
南美洲				
歐洲				
大洋洲 / 澳洲				
總計	～ 100%		～ 100%	

範例 9.9（續）

有個明確的建議是應該更著重較為高階的活動，譬如牽涉到數學建模的活動（了解現實世界中的情境，把這些情境轉成數學模型，然後說明數學結果），不要忽略這些活動必需的基本技能。（OECD, 2013）

PISA 團隊觀察到一個現象，這個現象來自給美國學生的那些問題的弱點。他們注意到，學生傾向於忽略情境而只用數字，這是使他們在試題上失利的原因。這反映出美國各地教科書上採用的問題品質很差，用了假的情境。令人遺憾的

足球守門員

如果你是足球守門員，敵隊進攻球員突破隊友的防線，朝你飛奔
而來，你站在哪個位置最好呢？設法根據進攻球員射門時的位
置，安排出不同的站位。

範例 9.10

是，一般美國學生從數學課學習到的策略在他們進入工作之後同樣沒有用處。學
生參與的數學課，必須有一些需要他們思考現實情況、使用實際未知數、接觸到
實際數據的問題。他們需要學習從情境中建構數學模型、解決問題，同時培養數
據涵養（data literacy），這個過程很好玩，也能讓學生明白這對他們的將來相當重
要。

鼓勵學生提問、推理、證明並保持懷疑態度

數學家必須做的第一件事就是提出有趣的問題。這在數學課堂上幾乎看不到，但卻對數學工作很重要。尼克・富特（Nick Foote）是位很出色的公立學校三年級老師和朋友，他教過我的兩個女兒，也讓我們有機會經常一起討論數學。富特有時候會在班上給學生一些情境，請他們自己想些數學問題。有一天我去參觀富特的課堂教學，那天他給了下面這個情境（見圖9.13）。

你想買幾個夢幻編織手環（Wonder Loom），所以跑去專賣店裡看，發現有這些選擇：

圖9.13　手環銷售中。
圖片來源：mervas/Shutterstock.

雙色手環——每個 0.50 美元或三個 1.00 美元

多色手環——每個 1.00 美元或三個 2.50 美元

自己 DIY 的材料：

600 入橡皮筋（袋）—— 3.00 美元或四袋 10 美元

600 入螢光橡皮筋（袋）—— 5.00 美元

夢幻手環—— 5.00 美元

接著他讓各組討論這個情境，並提出問題。範例9.11 是富特常用的講義。

這些學生興高采烈地開始思考以下這樣的問題：為什麼手環要賣這麼貴？他們先找出用材料來做手環要花多少錢，然後去思考在店面販售的成本，以這些提問來幫他們解決這個問題。這些都是實際來自學生的問題，引發了更高的參與度和學習動機。

當學生踏入職場，進到高科技世界，需要他們做的一件很重要的工作將是針

對情況和大型資料集提出問題。如今許多公司都要處理超大型資料集，能夠針對資料問出有創造力且有趣問題的人，在職場上將會極受重視。在我自己的教學經驗裡，當我在課堂上請學生思索情境並提出自己的問題時，他們多半馬上就會投入其中，很興奮地運用他們自己的思路與想法。這個提供給數學課堂的構想很容易落實，學生在學校裡應該要體驗一下，以備日後能在他們的數學生活中提出問題，並將數學視為他們思考和發想的一環。

　　沃夫朗在談論他的雇主職責時，說到他並不需要計算得很快的人，因為這個工作由電腦來做就好了；他需要的是能夠提出猜想、解釋自己的數學步驟的人。

我們想知道

組員：
日期：

我們想知道

_____

_____

利用圖片、數字及文字呈現你回答問題的方式。

我們想探討

_____

_____

利用圖片、數字及文字呈現你回答問題的方式。

範例 9.11
資料來源：取自 Nick Foote。

員工把自己的數學步驟講給別人聽，對團隊內部是十分重要的，因為這樣其他人才能在他們自己的工作和探究中運用這些步驟，而且還能看看思路或邏輯上是否有出錯。這對數學工作是很重要的；它稱為推理。

我和很多家長討論共同核心數學課程，他們（尤其是高成就學生的父母）經常問我：「為什麼我的孩子要分組討論他的想法？他自己做的話很快就能得出答案了。」我向家長解釋，把自己的思路解釋出來，這是一種數學應用，稱為推理，是數學的重點所在。學生在提出理由解釋他們的數學想法、證明他們的思路時，就是在從事數學。正如我在第 3 章所說，科學家的工作方式是先提出假設、組織理論，然後去找出能證明或反駁他們的理論的例子。數學家則是提出猜想，然後推導他們的數學步驟，用理由去證明他們在各個想法之間建立的邏輯連結（Boaler, 2013c）。

第 5 章介紹了一種課堂策略是請學生成為懷疑者，這會讓學生互相驅策，培養出高階推理的能力。這是教導學生推理，讓他們承擔懷疑者角色的絕佳方法，學生也很樂在其中。就像我在第 5 章描述的，推理不但是很關鍵的數學應用，而且也是促進平等的課堂實踐，因為它能協助每個學生接觸到觀念。學生扮演懷疑者時，他們就有機會向同學提問，而不必當個聽不懂的人。

運用時髦的科技和操作來教學

在我們邀請學生進入的世界中，數學若是開放性、圖像化、具創造性的，許多的技術與操作形式就很有幫助。古氏數棒、多連方塊和六形六色板（pattern blocks）對各種數學程度的學生都很有幫助；我在史丹佛大學部授課時也會使用。有很多功能強大的計算和繪圖工具，我最喜歡的是免費線上計算機 Desmos。在過去，學生要花很多錢買繪圖計算機才能在代數課拿到好成績；Desmos 替學生改變了這種狀況。Desmos 也提供很棒的免費課程，鼓勵使用者以圖像化、有創意的方法來看待數學。Desmos 團隊曾邀請我擔任他們的全球數學藝術競賽評審；圖 9.14 是進入決賽的選手的作品。

　　讓學生探索二維及三維中的幾何觀念相當重要，他們可以搬移角和直線，以便探索變化關係。這種有力的思考是無法靠紙筆做到的。iPad 的應用程式 Geometry Pad 和免費數學教學軟體 GeoGebra 都能讓老師及學生自己做動態模擬，鼓勵學生用動態圖像的方式探究像是 y = mx + b 與三角學各邊比例之類的幾何與代數觀念。Geometry Pad 是由 Bytes Arithmetic LLC 開發的，有基本的免費版。

　　其他的應用程式如 Tap Tap Blocks，可協助學生在三維中操作，做出空間模式和代數模式並解決問題（見圖 9.15）。學生可以在 3D 模擬空間中放置或旋轉物件。Tap Tap Blocks 是由保羅・漢格斯（Paul Hangas）開發的免費應用程式；目前只能在 iOS 系統執行。

Global Math Art Contest Finalists
View all finalists

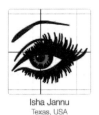
Isha Jannu
Texas, USA

YY
Yokohama, Japan

Cho Sui Ching
(Stephanie)
Hong Kong, China

Sean Kawano
Washington, USA

Judy
Kuala Lumpur, Malaysia

圖 **9.14**　Desmos 藝術競賽的決賽入圍者
資料來源：https://www.desmos.com/art/. Last accessed July 28, 2021. Desmos, Inc.。

圖 **9.15**　Tap Tap Blocks。
資料來源：Paul Hangas ─ https://tappopotamus.com/。

　　有個很好的活動可用 Tap Tap Blocks 來試試看，就是要學生嘗試畫出一個形狀的不同視角，然後要另一個朋友也自己做個問題來回答。比方說：

　　你能不能做個形狀，它要有一個橘色、一個黃色、一個深藍色、兩個綠色、兩個淺藍色、兩個紅色和兩個紫色方塊？圖 9.16 列舉了這個形狀的不同視角。

　　這些應用程式和網站都提供了讓學生進行概念性及圖像化思考的有效方法，不過還有很多應用程式、遊戲或網站能做到這件事。有一大堆數學應用程式及遊戲聲稱可以幫助學生，但有學習研究基礎、能顯出數學是重概念與圖像的卻是極

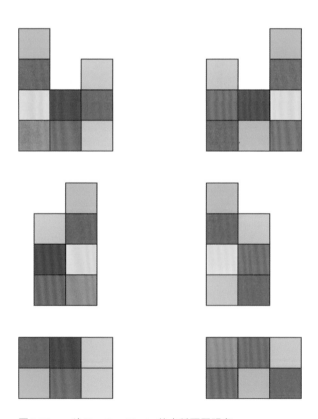

圖9.16　一塊 Tap Tap Blocks 的六種不同視角。

少數。我的建議是，在選用科技來引發學生興趣時要有眼光，運用那些能刺激學生思考及建立連結的科技，而不是旨在訓練程序與計算速度的那些科技。

數學是博大、多元的科目，當老師在教學上及評量過程中接納數學的多元性，就會有更多學生能夠親近數學，對數學感到興奮。當我們放開數學的限制，我們也是在擴充可以投身及學好數學的學生人數和類型。這並不是造作地把數學放寬或弱智化；相反地，這種擴大是要讓學校數學更接近真正的數學和現實世界的數學。

把理念化為行動

我已經提出了很多教學方面的想法，希望至少有一些對你會有幫助。在我總結出幾個想法之前，我還要分享一個數學思維方法的例子，最初我是採用這個方法的教學者，後來是設計這個方法供其他人使用的設計者。我也會分享這個方法對學生的成就有什麼影響。

數學思維方法的發展，始於我與 Youcubed 共同總監威廉絲、Youcubed 團隊成員和博士班學生坐在一起，然後發問：如果學生以這些方式體驗數學，會發生什麼結果？如果我們把數學的教學從圖 9.17 左欄列舉的特徵，轉變成右欄所列的特徵，會發生什麼情形？

我們決定在史丹佛舉辦一個夏令營。我們和本地的一個學區合作，請他們詢問準備升上七年級或八年級的學生有沒有興趣參加免費的數學體驗夏令營。我們

- 是否為「數學人」　⟶　無限潛能
- 速度與過程　⟶　深度與創意
- 單一方法和答案　⟶　多元化的點子
- 數、計算　⟶　圖像、探索
- 著重正確率　⟶　重視價值
- 獨自作業　⟶　合作

圖 9.17　轉變成數學思維方法。

請他們特別關照那些在數學方面有負面經驗的學生；學區督導說，他們一定能找到這些學生。來到體驗營的學生成就等級不一，但他們都在體驗營的第一天告訴訪談員，他們不是「喜歡數學的人」；他們說得出班上喜歡數學、答題很快的同學是誰，我們在體驗營努力去除這種認為速度很重要的信念。

　　所有來到營隊的學生，都在他們自己的學區參加了 MARS 評量。這些都是標準化的測驗，但許多問題比標準化測驗中的典型問題更概念性，會要求學生做推論。當中有些問題在評量代數推理能力，我們選這些題目當作學生的預試，因為我們的體驗營也會著重代數。在體驗營結束前，我們會給學生一模一樣的問題，看看他們的理解有沒有提升。我們原本並沒有打算這麼做，也並未「講授」這些問題，但在體驗營的最後幾天我們突然想到，這些問題可能是衡量體驗營期間的學習成果的有效標準。我們傳達給學生的訊息是，測驗並不是要衡量他們的價值，而是讓他們有機會看到自己了解多少。

　　這些學生在標準化測驗的預試和後測中的成績提升幅度，讓我們大吃一驚，因為那相當於 2.8 年的學校教育，如圖 9.18 所示。這兩張圖顯示，雖然不是所有的學生的測驗成績都提高了，但先前低成就、中等成就和高成就的學生，都有顯著提升。學生沒有按照「能力」進行分組，也沒有分軌教學。正如我在其他地方提到的，有些高成就學生的家長擔心孩子會在混合成就的組別中居於劣勢，但這些資料證明情況並非如此。

　　在體驗營期間，我們把握每個機會分享成長型思維的訊息。我們有四班學生，第一天我去了每個班，向他們介紹了大約 12 分鐘，告訴他們速度不重要，沒有所謂的「喜歡數學的人」，腦部會一直成長和改變，以及我們看重犯錯和努力等等訊息。（這些訊息也可以在 youcubed.org 平台上的影片中看到，這支影片目前大約有 50 萬次點閱紀錄。）除了不斷分享這些訊息，每當學生犯錯，我們也都會讚揚一番，並說犯錯對每個人的學習是很寶貴的。

　　體驗營的其他關鍵層面是，我們給學生的數學任務都是低地板、高天花板的，而且大部分都是圖像式的，我們會問學生，他們在進行任務前對這些問題的

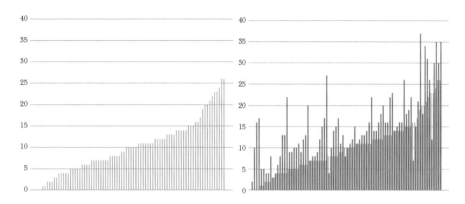

圖 9.18　Youcubed 夏令營的前後評量。長條分別代表 82 個學生在參加體驗營前後的標準化測驗（代數 MARS 問題）的得分。

看法。後來這些學生回想，他們已經習慣在小組中走動，詢問每個組員：「你怎麼看？」而這也讓小組的運作比過去更平等。課程任務的低地板、高天花板本質是關鍵，因為我們告訴學生，他們可以增進理解，而任務能讓他們看到並體驗到成長。若想進一步了解我們在體驗營的方法，請見 www.youcubed.org/evidence/our-teaching-approach/。

　　當我們與老師和其他人分享這個體驗營的豐碩成果，呈現短短四星期就有 2.8 個學年的成長時，有些人會問，是因為那些學生在史丹佛校園，和／或因為你是老師，你才得到這些結果嗎？會關切是不是因為是老師，尤其令人百思不解，因為我很確定我比大多數的全職數學老師更不懂教學。幾年後，這兩個問題在我們主辦並且調查的一場活動中得到完整解答。在原先的暑期體驗營結束之後的幾年裡，我們在史丹佛大學舉辦了工作坊，跟來參加的老師分享課程，同時傳授體驗營採用的教學方法。隨後我們籌畫了一項針對美國各地舉辦的其他 Youcubed 體驗營的調查研究。巴西和蘇格蘭在那一年也辦了體驗營，但我們只把在美國的體驗營納入研究，以便使用標準化的衡量標準。這些體驗營在標準化測驗中表現出類似的成就提升，如圖 9.19 所示。這張圖也顯示，學生體驗 Youcubed 方法的時間越長，成就的提升幅度就越大，這看起來是這套方法有效的另一種證據。

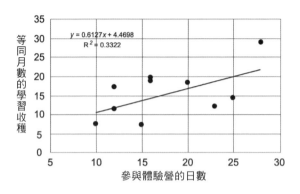

圖 9.19　美國各地 10 個體驗營的學生的平均學習收穫。

　　我們的研究也在體驗營結束後追蹤學生在他們平常的學校的表現，看看暑期介入是否會影響他們後續的數學成就。這是個很高的標準，因為這些學生從體驗營回到了許多不同形式的數學教學，包括程序工作單方法——許多學生告訴我們，這些方法讓他們變低成就。結果顯示，參加過我們的體驗營的學生，第二年的數學 GPA 顯著高於條件相似的對照組學生（0.52 SD；$n = 2417$；$p < 0.001$）。這是個令人想不到又漂亮的結果。

　　Youcubed 夏令營的原則之一，是讓學生體驗我所說的數學自由。雖然這些學生按照州的標準和平常學年去學習內容，但他們在過程中沒有成績或時間壓力。我們建議老師，只要對學生的學習有用，學生就應該堅持完成任務；然後他們可以選擇另一個任務。這種方法在夏令營期間比在學年間更容易遵循，特別是你在需要成績和平時測驗的學區工作。然而，學區裡還是有一些老師具備所有的慣常要求，他們用類似的方法教學，對成就產生類似的巨大影響（見 Boaler, 2019）。我深信，學生必須在一生中花些時間體驗數學，為了對數學的愛，而不是為了拿到好成績或考試分數。在我們的體驗營裡，有很多時候學生因為太投入他們正在進行的任務而沒去休息，這種投入毫無疑問導致他們的成就有顯著的改變，以及學習之路的改變。

　　如果你想在自己的所在地申辦 Youcubed 夏令營，或是學習在自己的教學中

使用的教學方法，我們可以在史丹佛大學提供親自參加的工作坊，並且為無法親自到場的人提供線上課程。這個線上課程稱為「數學思維」，詳述了體驗營採取的方法，還收了來自體驗營的 30 多支課堂影片（見 https://www.youcubed.org/resource/online-courses-for-teachers/）。

結論

　　老師、家長和領導者其實有機會讓學生步上成長型思維的數學軌跡，這將為他們的人生帶來更大的成就、快樂和自我價值感。我們必須讓年輕人擺脫「他們不可以失敗、不能搞砸、只有少部分學生擅長數學、成功應該得來不費工夫」的害人想法。我們必須讓他們接觸到有創造性的、有美感的數學，可以提出還沒有人問過的問題，想出超脫傳統與想像的點子。我們需要學生培養出成長型數學思維。我希望這本書給你一些想法，可以展開或重振你自己追求具創造性的**成長型數學與思維**模式，並持續一生。當我們提倡開放型的數學及背後支撐的學習訊息，我們也是在以老師和家長的身分發展自己的知識自由，並在其他人身上激發出這份自由。

　　感謝各位和我一起踏上這段旅程。現在該由你去邀請其他人加入你已學到的道路，邀請他們成為他們應該成為的人，擺脫人為的規則，讓他們知道自己有無限的數學潛能而受到激勵。我們都可以把數學的限制放開，給學生機會提出自己的問題，在學習過程中把自己與生俱來的創造力和好奇心彰顯出來。如果我們給學生這種豐富、有創造性、成長型的數學經驗，就能改變他們及他們與世界互動的方式。

　　學生解脫，他們便能發揮出無限的潛能，美好的數學也會隨之而來。

參考資料

Abiola, O., & Dhindsa, H. S. (2011). Improving classroom practices using our knowledge of how the brain works. *International Journal of Environmental & Science Education, 7*(1), 71–81.

Baker, D. P., & LeTendre, G. K. (2005). *National differences, global similarities: World culture and the future of schooling*. Stanford University Press.

Ball, D. L. (1993). With an eye on the mathematical horizon: Dilemmas of teaching elementary mathematics. *The Elementary School Journal, 93*(4), 373–397.

Beaton, A. E., & O'Dwyer, L. M. (2002). Separating school, classroom and student variances and their relationship to socio-economic status. In D. F. Robitaille & A. E. Beaton (Eds.), *Secondary analysis of the TIMSS data*. Kluwer Academic Publishers.

Beilock, L. S., Gunderson, E. A., Ramirez, G., & Levine, S. C. (2009). Female teachers' math anxiety affects girls' math achievement. *Proceedings of the National Academy of Sciences, 107*(5), 1860–1863.

Beilock, S. (2011). *Choke: What the secrets of the brain reveal about getting it right when you have to*. Free Press.

Black, P., Harrison, C., Lee, C., Marshall, B., & Wiliam, D. (2002). *Working inside the black box: Assessment for learning in the classroom*. London: Department of Education & Professional Studies, King's College.

Black, P. J., & Wiliam, D. (1998a, October). Inside the black box: Raising standards through classroom assessment. *Phi Delta Kappan*, 139–148.

Black, P. J., & Wiliam, D. (1998b). Assessment and classroom learning. *Assessment in Education, 5*(1), 7–74.

Blackwell, L., Trzesniewski, K., & Dweck, C. S. (2007). Implicit theories of intelligence predict achievement across an adolescent transition: A longitudinal study and an intervention. *Child Development, 78*(1), 246–263.

Boaler, J. (1997). When even the winners are losers: Evaluating the experiences of "top set" students. *Journal of Curriculum Studies, 29*(2), 165–182.

Boaler, J. (1998). Open and closed mathematics: Student experiences and understandings. *Journal for Research in Mathematics Education, 29*(1), 41–62.

Boaler, J. (2002a). *Experiencing school mathematics: Traditional and reform approaches to teaching and their impact on student learning* (revised, expanded edition). Erlbaum.

Boaler, J. (2002b). Paying the price for "sugar and spice": Shifting the analytical lens in equity research. *Mathematical Thinking and Learning, 4*(2&3), 127–144.

Boaler, J. (2005). *The "psychological prisons" from which they never escaped: The role of ability grouping in reproducing social class inequalities*. Paper presented at the FORUM.

Boaler, J. (2008). Promoting "relational equity" and high mathematics achievement through an innovative mixed ability approach. *British Educational Research Journal, 34*(2), 167–194.

Boaler, J (2011). Changing students' lives through the de-tracking of urban mathematics classrooms. *Journal of Urban Mathematics Education, 4*(1).

Boaler, J. (2013a). Ability and mathematics: The mindset revolution that is reshaping education. *FORUM, 55*(1), 143–152.

Boaler, J. (2013b). Ability grouping in mathematics classrooms. In S. Lerman (Ed.), *International encyclopedia of mathematics education*. Springer.

Boaler, J. (2013c, November 12). The stereotypes that distort how Americans teach and learn math. *Atlantic*.

Boaler, J. (2014a, April 28). *Changing the conversation about girls and STEM*. The White House. http://www.youcubed.org/wp-content/uploads/Youcubed-STEM-white-house.pdf

Boaler, J. (2014b). Fluency without fear: Research evidence on the best ways to learn math facts. Youcubed at Stanford University. http://www.youcubed.org/wp-content/uploads/2015/03/FluencyWithoutFear-2015.pdf

Boaler, J. (2015a). *What's math got to do with it? How teachers and parents can transform mathematics learning and inspire success*. Penguin.

Boaler, J. (2015b, May 7). Memorizers are the lowest achievers and other Common Core math surprises. *The Hechinger Report*. http://hechingerreport.org/memorizers-are-the-lowest-achievers-and-other-common-core-math-surprises/

Boaler, J. (2019). *Limitless mind: Learn, lead and live without barriers*. HarperCollins.

Boaler, J. & Chen, L. (2016) Why kids should use their fingers in math class. *The Atlantic*. http://www.theatlantic.com/education/archive/2016/04/why-kids-should-use-their-fingers-in-math-class/478053/

Boaler, J., & Greeno, J. (2000). Identity, agency and knowing in mathematics worlds. In J. Boaler (Ed.), *Multiple perspectives on mathematics teaching and learning* (pp. 171–200). Ablex Publishing.

Boaler, J., & Humphreys, C. (2005). *Connecting mathematical ideas: Middle school video cases to support teaching and learning*. Heinemann.

Boaler, J., & LaMar, T. (2019). *Valuing difference and growth: A youcubed perspective on special education*. Youcubed. https://www.youcubed.org/wp-content/uploads/2019/02/SPED-paper-3.2019-Final.pdf

Boaler, J., Schoenfeld, A., Daro, P., Asturias, H., Callahan, P., & Foster, D. (2018, October 9). How one city got math right. *Hechinger Report*. https://hechingerreport.org/opinion-how-one-city-got-math-right/

Boaler, J., & Selling, S. (2017). Psychological imprisonment or intellectual freedom? A longitudinal study of contrasting school mathematics approaches and their impact on adult's lives. *Journal of Research in Mathematics Education, 48*(1), 78–105.

Boaler, J., & Sengupta-Irving, T. (2016). The many colors of algebra: The impact of equity focused teaching upon student learning and engagement. *The Journal of Mathematical Behavior, 41*, 179–190.

Boaler, J & Staples, M. (2008). Creating Mathematical futures through an equitable teaching approach: The case of Railside School. *Teachers' College Record, 110*, 608–645.

Boaler, J., & Wiliam, D. (2001). "We've still got to learn!" Students' perspectives on ability grouping and mathematics achievement. In P. Gates (Ed.), *Issues in mathematics teaching*. Routledge-Falmer.

Boaler, J., Wiliam, D., & Brown, M. (2001). Students' experiences of ability grouping—disaffection, polarisation and the construction of failure. *British Educational Research Journal, 26*(5), 631–648.

Bransford, J., Brown, A., & Cocking, R. (1999). *How people learn: Brain, mind, experience and school*. National Academy Press.

Brousseau, G. (1984). The crucial role of the didactical contract in the analysis and construction of situations in teaching and learning mathematics. In H. G. Steiner (Ed.), *Theory of mathematics education* (pp. 110–119). Institut für Didactik der Mathematik der Universität Bielefeld.

Brousseau, G. (1997). *Theory of didactical situations in mathematics: Didactique des mathématiques (1970–1990)*. Springer.

Brown, K. (in press). The impact of tracking on mathematics identity development. Submitted manuscript. Youcubed.

Bryant, A. (2013, June 19). In head-hunting, big data may not be such a big deal. *New York Times.* http://www.nytimes.com/2013/06/20/business/in-head-hunting-big-data-may-not-be-such-a-big-deal.html

Burris, C., Heubert, J., & Levin, H. (2006). Accelerating mathematics achievement using heterogeneous grouping. *American Educational Research Journal, 43*(1), 103–134.

Burton, L. (1999). The practices of mathematicians: What do they tell us about coming to know mathematics? *Educational Studies in Mathematics, 37*, 121–143.

Butler, R. (1987). Task-involving and ego-involving properties of evaluation: Effects of different feedback conditions on motivational perceptions, interest and performance. *Journal of Educational Psychology, 79*, 474–482.

Butler, R. (1988). Enhancing and undermining intrinsic motivation: The effects of task-involving and ego-involving evaluation on interest and performance. *British Journal of Educational Psychology, 58*, 1–14.

Challenge Success. (2012). Changing the conversation about homework from quantity and achievement to quality and engagement. Challenge Success. http://www.challengesuccess.org/wp-content/uploads/2015/07/ChallengeSuccess-Homework-WhitePaper.pdf Cohen, E. (1994). *Designing groupwork*. Teachers College Press.

Cohen, E., & Lotan, R. (2014). *Designing groupwork: Strategies for the heterogeneous classroom* (3rd ed.). Teachers College Press.

Cohen, G. L., & Garcia, J. (2014). Educational theory, practice, and policy and the wisdom of social psychology. *Policy Insights from the Behavioral and Brain Sciences, 1*(1), 13–20.

Common Core State Standards Initiative. (2015). Standards for mathematical practice. Common Core State Standards Initiative. http://www.corestandards.org/Math/Practice/

Conner, J., Pope, D., & Galloway, M. K. (2009). Success with less stress. *Educational Leadership, 67*(4), 54–58.

Darling-Hammond, L. (2000). Teacher quality and student achievement. *Education Policy Analysis Archives, 8*, 1.

Deevers, M. (2006). *Linking classroom assessment practices with student motivation in mathematics*. Paper presented at the American Educational Research Association, San Francisco.

Delazer, M., Ischebeck, A., Domahs, F., Zamarian L., Koppelstaetter, F. Siedentopf, C. M., Kaufmann, L. Benke, T., & Felber, S. (2005). Learning by strategies and learning by drill—evidence from an fMRI study. *NeuroImage*, 839–849.

Devlin, K. (1997). *Mathematics: The science of patterns: The search for order in life, mind and the universe*. Scientific American Library.

Devlin, K. (2001). *The math gene: How mathematical thinking evolved and why numbers are like gossip*. Basic Books. (Originally published in 1997)

Devlin, K. (2006). *The math instinct: Why you're a mathematical genius (along with lobsters, birds, cats, and dogs)*. Basic Books.

Dixon, A. (2002). Editorial. *FORUM, 44*(1), 1.

Doidge, N (2007). *The brain that changes itself*. Penguin.

Duckworth, A., & Quinn, P. (2009). Development and validation of the short grit scale. *Journal of Personality Assessment, 91*(2), 166–174.

Duckworth, E. (1991). Twenty-four, forty-two and I love you: Keeping it complex. *Harvard Educational Review, 61*(1), 1–24.

Dweck, C. S. (2006a). Is math a gift? Beliefs that put females at risk. In W.W.S.J. Ceci (Ed.), *Why aren't more women in science? Top researchers debate the evidence*. American Psychological Association.

Dweck, C. S. (2006b). *Mindset: The new psychology of success.* Ballantine Books.

Eccles, J., & Jacobs, J. (1986). Social forces shape math attitudes and performance. *Signs, 11*(2), 367–380.

Elawar, M. C., & Corno, L. (1985). A factorial experiment in teachers' written feedback on student homework: Changing teacher behavior a little rather than a lot. *Journal of Educational Psychology, 77*(2), 162–173.

Elmore, R., & Fuhrman, S. (1995). Opportunity-to-learn standards and the state role in education. *Teachers College Record, 96*(3), 432–457.

Engle, R. A., Langer-Osuna, J., & McKinney de Royston, M. (2014). Towards a model of influence in persuasive discussions: Negotiating quality, authority, and access within a student-led argument. *Journal of the Learning Sciences, 23*(2), 245–268.

Esmonde, I., & Langer-Osuna, J. (2013). Power in numbers: Student participation in mathematical discussions in heterogeneous spaces. *Journal for Research in Mathematics Education, 44*(1), 288–315.

Feikes, D., & Schwingendorf, K. (2008). The importance of compression in children's learning of mathematics and teacher's learning to teach mathematics. *Mediterranean Journal for Research in Mathematics Education, 7*(2).

Flannery, S. (2002). *In code: A mathematical journey.* Workman Publishing Company.

Fong, A. B., Jaquet, K., & Finkelstein, N. (2014). Who repeats Algebra I, and how does initial performance relate to improvement when the course is repeated? (REL 2015–059). U.S. Department of Education, Institute of Education Sciences, National Center for Education Evaluation and Regional Assistance, Regional Educational Laboratory West. http://files.eric.ed.gov/fulltext/ED548534.pdf

Frazier, L. (2015, February 25). To raise student achievement, North Clackamas schools add lessons in perseverance. *Oregonian*/OregonLive. http://www.oregonlive.com/education/index.ssf/2015/02/to_raise_student_achievement_n.html

Galloway, M. K., & Pope, D. (2007). Hazardous homework? The relationship between homework, goal orientation, and well-being in adolescence. *Encounter: Education for Meaning and Social Justice, 20*(4), 25–31.

Girl Scouts of the USA. (2008). Evaluating promising practices in informal science, technology, engineering and mathematics (STEM) education for girls. ESTEAM Initiative. https://esteaminitiative.weebly.com/uploads/2/6/2/1/26214991/evaluating_promising_practices_in_informal_stem_education_for_girls.pdf

Gladwell, M. (2011). *Outliers: The story of success.* Back Bay Books.

Good, C., Rattan, A., & Dweck, C. S. (2012). Why do women opt out? Sense of belonging and women's representation in mathematics. *Journal of Personality and Social Psychology, 102*(4), 700–717.

Grant, A. M. (2016).*Originals: How non-conformists move the world.* Penguin.

Gray, E., & Tall, D. (1994). Duality, ambiguity, and flexibility: A "proceptual" view of simple arithmetic. *Journal for Research in Mathematics Education, 25*(2), 116–140.

Gunderson, E. A., Gripshover, S. J., Romero, C., Dweck, C. S., Goldin-Meadow, S., & Levine, S. C. (2013). Parent praise to 1–3 year-olds predicts children's motivational frameworks 5 years later. *Child Development, 84*(5), 1526–1541.

Gutstein, E., Lipman, P., Hernandez, P., & de los Reyes, R. (1997). Culturally relevant mathematics teaching in a Mexican American context. *Journal for Research in Mathematic Education, 28*(6), 709–737.

Haack, D. (2011, January 31). Disequilibrium (I): Real learning is disruptive. A Glass Darkly (blog). http://blog4critique.blogspot.com/2011/01/disequilibrium-i-real-learning-is.html

Hersh, R. (1999). *What is mathematics, really?* Oxford University Press.

Horn, I. S. (2005). Learning on the job: A situated account of teacher learning in high school mathematics departments. *Cognition and Instruction, 23*(2), 207–236.

Humphreys, C., & Parker, R. (2015). *Making number talks matter: Developing mathematical practices and deepening understanding, grades 4–10.* Stenhouse Publishers.

Iuculano, T. et al., Cognitive tutoring induces widespread neuroplasticity and remediates brain function in children with mathematical learning disabilities. *Nature Communications* 6 (2015): 8453, https://doi.org/10.1038/ncomms9453

Jacob, W. (2015). [Math Acceleration]. Personal communication.

Jones, M. G., Howe, A., & Rua, M. J. (2000). Gender differences in students' experiences, interests, and attitudes toward science and scientists. *Science Education, 84*, 180–192.

Karni, A., Meyer, G., Rey-Hipolito, C., Jezzard, P., Adams, M., Turner, R., & Ungerleider, L. (1998). The acquisition of skilled motor performance: Fast and slow experience-driven changes in primary motor cortex. *PNAS, 95*(3), 861–868.

Khan, S. (2012). *The one world schoolhouse: Education reimagined.* Twelve.

Kitsantas, A., Cheema, J., & Ware, W. H. (2011). Mathematics achievement: The role of homework and self-efficacy beliefs. *Journal of Advanced Academics, 22*(2), 310–339.

Klarreich, E. (2014, August 13). Meet the first woman to win math's most prestigious prize. *Quanta Magazine.* http://www.wired.com/2014/08/maryam-mirzakhani-fields-medal/

Kohn, A. (1999). *Punished by rewards: The trouble with gold stars, incentive plans, A's, praise, and other bribes.* Mariner Books.

Kohn, A. (2000). *The schools our children deserve: Moving beyond traditional classrooms and "tougher standards.* Mariner Books.

Kohn, A. (2008, September). Teachers who have stopped assigning homework (blog). http://www.alfiekohn.org/blogs/teachers-stopped-assigning-homework

Kohn, A. (2011, November). The case against grades. http://www.alfiekohn.org/article/case-grades/

Koonlaba, A. E. (2015, February 24). 3 visual artists— and tricks— for integrating the arts into core subjects. *Education Week Teacher.* https://www.edweek.org/teaching-learning/opinion-3-visual-artists-and-tricks-for-integrating-the-arts-into-core-subjects/2015/02

LaCrosse, J., Murphy, M. C., Garcia, J. A., & Zirkel, S. (2021, July). The role of STEM professors' mindset beliefs on students' anticipated psychological experiences and course interest. *Journal of Educational Psychology, 113*, 949–971. https://doi.org/10.1037/edu0000620.

Lakatos, I. (1976). *Proofs and refutations.* Cambridge University Press.

LaMar, T., Leshin, M., & Boaler, J. (2020). The derailing impact of content standards— an equity focused district held back by narrow mathematics. *International Journal of Educational Research, 1*, 100015. https://www.sciencedirect.com/science/article/pii/S2666374020300157?via%3Dihub

Langer-Osuna, J. (2011). How Brianna became bossy and Kofi came out smart: Understanding the differentially mediated identity and engagement of two group leaders in a project-based mathematics classroom. *Canadian Journal for Science, Mathematics, and Technology Education, 11*(3), 207–225.

Lawyers' Committee for Civil Rights of the San Francisco Bay Area. (2013, January). Held back: Addressing misplacement of 9th grade students in Bay Area school math classes. www.lccr.com

Lee, D. N. (2014, November 25). Black girls serving as their own role models in STEM. Scientific American. http://blogs.scientificamerican.com/urban-scientist/2014/11/25/black-girls-serving-as-their-own-role-models-in-stem/

Lee, J. (2002). Racial and ethnic achievement gap trends: Reversing the progress toward equity? *Educational Researcher, 31*(1), 3–12.

Lemos, M. S., & Veríssimo, L. (2014). The relationships between intrinsic motivation, extrinsic motivation, and achievement, along elementary school. *Procedia— Social and Behavioral Sciences, 112*, 930–938.

Leslie, S.-J., Cimpian, A., Meyer, M., & Freeland, E. (2015). Expectations of brilliance underlie gender distributions across academic disciplines. *Science, 347*(6219), 262–265.

Letchford, L. (2018). *Reversed: A memoir.* Acorn.

Lupton, T., Pratt, S., & Richardson, K. (2014). Exploring long division through division quilts. *Centroid, 40*(1), 3–8.

Maguire, E., Woollett, K., & Spiers, H. (2006). London taxi drivers and bus drivers: A structural MRI and neuropsychological analysis. *Hippocampus, 16*(12), 1091–1101.

Mangels, J. A., Butterfield, B., Lamb, J., Good, C., & Dweck, C. S. (2006). Why do beliefs about intelligence influence learning success? A social cognitive neuroscience model. *Social Cognitive and Affective Neuroscience, 1*(2), 75–86.

Mathematics Teaching and Learning to Teach, University of Michigan. (2010). SeanNumbers-Ofala video [Online]. http://deepblue.lib.umich.edu/handle/2027.42/65013

McDermott, R. P. (1993). The acquisition of a child by a learning disability. In S. Chaiklin & J. Lave (Eds.), *Understanding practice: Perspectives on activity and context* (pp. 269–305). Cambridge University Press.

McKnight, C., Crosswhite, F. J., Dossey, J. A., Kifer, J. O., Swafford, J. O., Travers, K. J., & Cooney, J. (1987). *The underachieving curriculum—Assessing US school mathematics from an international perspective.* Stipes Publishing.

Mikki, J. (2006). *Students' homework and TIMSS 2003 mathematics results.* Paper presented at the International Conference, Teaching Mathematics Retrospective and Perspective.

Moser, J., Schroder, H. S., Heeter, C., Moran, T. P., & Lee, Y. H. (2011). Mind your errors: Evidence for a neural mechanism linking growth mindset to adaptive post error adjustments. *Psychological Science, 22*, 1484–1489.

Moses, R., & Cobb, J. C. (2001). *Radical equations: Math, literacy and civil rights.* Beacon Press.

Mueller, C. M., & Dweck, C. S. (1998). Praise for intelligence can undermine children's motivation and performance. *Journal of Personality and Social Psychology, 75*(1), 33–52.

Murphy, M. C., Garcia, J. A., & Zirkel, S. (in prep). *The role of faculty mindsets in women's performance and participation in STEM.*

Nasir, N. S., Cabana, C., Shreve, B., Woodbury, E., & Louie, N. (Eds.). (2014). *Mathematics for equity: A framework for successful practice.* Teachers College Press.

Noguchi, S. (2012, January 14). Palo Alto math teachers oppose requiring Algebra II to graduate. *San Jose Mercury News.* http://www.mercurynews.com/ci_19748978

Núñez-Peña, M. I., Suárez-Pellicioni, M., & Bono, R. (2016). Gender differences in test anxiety and their impact on higher education students' academic achievement. *Procedia-Social and Behavioral Sciences, 228*, 154–160.

Organisation for Economic Co-operation and Development (OECD). (2013). *Lessons from PISA 2012 for the United States, strong performers and successful reformers in education.* (Paris: OECD.)

Organisation for Economic Co-operation and Development (OECD). (2015). The ABC of gender equality in education: Aptitude, behaviour, confidence. A Program for International Student Assessment (PISA) Report. OECD Publishing.

Organisation for Economic Co-operation and Development (2017). *PISA 2015 results* (Volume V): *Collaborative problem solving. OECD Publishing.* https://doi.org/10.1787/9789264285521-en

Organisation for Economic Co-operation and Development (2018). *PISA 2018.* OECD Publishing. https://www.oecd.org/pisa/test/

Paek, P., & Foster, D. (2012). *Improved mathematical teaching practices and student learning using complex performance assessment tasks*. Paper presented at the National Council on Measurement in Education (NCME), Vancouver, BC, Canada.

Park, J., & Brannon, E. M. (2013). Training the approximate number system improves math proficiency. *Psychological Science, 24*(10), 2013–2019.

Parker, R. E., & Humphreys, C. (2018). *Digging deeper: Making number talks matter even more, grades 3–10*. Stenhouse Publishers.

Parrish, S. (2014). *Number talks: Helping children build mental math and computation strategies, grades K–5, updated with Common Core Connections*. Math Solutions.

Piaget, J. (1958). *The child's construction of reality*. Routledge & Kegan Paul.

Piaget, J. (1970). Piaget's theory. In P. H. Mussen (Ed.), *Carmichael's manual of child psychology*. Wiley.

Picciotto, H. (1995). *Lab gear activities for Algebra I*. Creative Publications.

Program for International Student Assessment (PISA). (2012). *PISA 2012 results in focus. What 15-year-olds know and what they can do with what they know*. OECD.

Program for International Student Assessment. (2015). Does homework perpetuate inequities in education? *PISA in Focus 46*. https://doi.org/10.1787/5jxrhqhtx2xt-en

Program for International Student Assessment. (2018). Program for International Student Assessment. https://www.oecd.org/pisa/test/

Pulfrey, C., Buchs, C., & Butera, F. (2011). Why grades engender performance-avoidance goals: The mediating role of autonomous motivation. *Journal of Educational Psychology, 103*(3), 683–700. http//doi.org/10.1037/a0023911

Reeves, D. B. (2006). *The learning leader: How to focus school improvement for better results*. Association for Supervision & Curriculum Development.

Romero, C. (2013). *Coping with challenges during middle school: The role of implicit theories of emotion (Doctoral dissertation)*. Stanford University, Stanford, CA. http://purl.stanford.edu/ft278nx7911

Rose, H., & Betts, J. R. (2004). The effect of high school courses on earnings. *Review of Economics and Statistics, 86*(2), 497–513.

Schmidt, W. H., McKnight, C. C., & Raizen, S. A. (1997). *A splintered vision: An investigation of US science and mathematics education*. Kluwer Academic Publishers.

Schmidt, W. H., McKnight, C. C., Cogan, L. S., Jakwerth, P. M., & Houang, R. T. (2002). *Facing the consequences: Using TIMSS for a closer look at U.S. mathematics and science education*. Kluwer Academic Publishers.

Schwartz, D., & Bransford, J. (1998). A time for telling. *Cognition and Instruction, 16*(4), 475–522. Schwartz, L. (2001). *A mathematician grappling with his century*. Birkhäuser.

Seeley, C. (2009). *Faster isn't smarter: Messages about math, teaching, and learning in the 21st century*. Math Solutions.

Seeley, C. (2014). *Smarter than we think: More messages about math, teaching, and learning in the 21st century*. Math Solutions.

Selbach-Allen, M. E., Williams, C. A., & Boaler, J. (2020). What would the Nautilus say? Unleashing creativity in mathematics! *Journal of Humanistic Mathematics, 10*(2), 391–414.

Selling, S. K. (2015). Learning to represent, representing to learn. *Journal of Mathematical Behavior, 41,* 191–209. https://doi.org/10.1016/j.jmathb.2015.10.003

Silva, E., & White, T. (2013). *Pathways to improvement: Using psychological strategies to help college students master developmental math*. Carnegie Foundation for the Advancement of Teaching.

Silver, E. A. (1994). On mathematical problem posing. *For the Learning of Mathematics, 14*(1), 19–28.

Sims, P. (2011, August 6). Daring to stumble on the road to discovery. *New York Times*. http://www.nytimes.com/2011/08/07/jobs/07pre.html?_r=0

Solomon, Y. (2007). Not belonging? What makes a functional learner identity in undergraduate mathematics? *Studies in Higher Education, 32*(1), 79–96.

Stanford Online Lagunita. (2014). How to learn math: For students. Stanford University. https://lagunita.stanford.edu/courses/Education/EDUC115-S/Spring2014/about

Steele, C. (2011). *Whistling Vivaldi: How stereotypes affect us and what we can do*. Norton.

Stigler, J., & Hiebert, J. (1999). *The teaching gap: Best ideas from the world's teachers for improving education in the classroom*. Free Press.

Stipek, D. J. (1993). *Motivation to learn: Integrating theory and practice*. New York: Pearson.

Supekar, K., Swigart, A. G., Tenison, C., Jolles, D. D., Rosenberg-Lee, M., Fuchs, L., & Menon, V. (2013). Neural predictors of individual differences in response to math tutoring in primary-grade school children. *Proceedings of the National Academy of Sciences, 110*(20), 8230–8235.

Thompson, G. (2014, June 2). Teaching the brain to learn. *THE Journal*. http://thejournal.com/articles/2014/06/02/teaching-the-brain-to-learn.aspx

Thurston, W. (1990). Mathematical education. *Notices of the American Mathematical Society, 37*(7), 844–850.

Tobias, S. (1978). *Overcoming math anxiety*. Norton.

Treisman, U. (1992). Studying students studying calculus: A look at the lives of minority mathematics students in college. *College Mathematics Journal, 23*(5), 362–372.

Vélez, W. Y., Maxwell, J. W., & Rose, C. (2013). Report on the 2012–2013 new doctoral recipients. *Notices of the American Mathematical Society, 61*(8), 874–884.

Wang, J. (1998). Opportunity to learn: The impacts and policy implications. *Educational Evaluation and Policy Analysis, 20*(3), 137–156. doi:10.3102/01623737020003137

Wenger, E. (1998). *Communities of practice: Learning, meaning and identity*. Cambridge University Press. White, B. Y., & Frederiksen, J. R. (1998). Inquiry, modeling, and metacognition: Making science accessible to all students. *Cognition and Instruction, 16*(1), 3–118.

Wolfram, C. (2010, July). Teaching kids real math with computers. TED Talks. http://www.ted.com/talks/conrad_wolfram_teaching_kids_real_math_with_computers?language=en

Wolfram, C. (2020). *The math(s) fix: An education blueprint for the AI age*. Wolfram Media, Incorporated.

Woollett, K., & Maguire, E. A. (2011). Acquiring "The Knowledge" of London's layout drives structural brain changes. *Current Biology, 21*(24), 2109–2114.

Youcubed at Stanford University. (2015a). Making group work equal. Stanford Graduate School of Education. http://www.youcubed.org/category/making-group-work-equal/

Youcubed at Stanford University. (2015b). Moving colors. Stanford Graduate School of Education. http://www.youcubed.org/task/moving-colors/

Youcubed at Stanford University. (2015c). Tour of mathematical connections. Stanford Graduate School of Education. http://www.youcubed.org/tour-of-mathematical-connections/

Youcubed at Stanford University. (2015d). Video: High-quality teaching examples. Stanford Graduate School of Education. www.youcubed.org/high-quality-teaching-examples/

Zaleski, A. (2014, November 12). Western High School's RoboDoves crushes the competition, stereo types. *Baltimore Sun*. http://www.baltimoresun.com/entertainment/bthesite/bs-b-1113-cover-robodoves-20141111-story.html

Zohar, A., & Sela, D. (2003). Her physics, his physics: Gender issues in Israeli advanced placement physics classes. *International Journal of Science Education, 25*(2), 261.

附錄一

數學回家作業反思問題
第一部分：書面回應題

＊要詳盡回答你所選答的問題！作答時請寫出完整的句子，並準備隔天在課堂上跟同學分享自己的回應。

1. 你今天學到或是我們今天討論到什麼基本數學概念或觀念？

2. 你對於 _____ 還有什麼疑問？
如果沒有疑問，就寫出一個類似的問題，並且求解。

3. 寫下你或同學在今天的課堂上所犯的錯誤或誤解。你從這個錯誤或誤解學到什麼？

4. 你或你的小組是怎麼思考今天的問題或題組的？你的思考方式獲得結果了嗎？你從你的思考方式學到什麼？

5. 詳述班上其他人思考某個問題的方式。他們的思考方式跟你思考同一個問題的方式類似，還是有所不同？

6. 今天介紹了哪些新的詞彙或術語？你認為每個新詞彙的意思各是什麼？替每個字舉個例子或畫一張圖。

7. 今天的數學課上有什麼重大的爭論？你從這個爭論學到了什麼？

8. _____ 與 _____ 有何相似或相異之處？

9. 如果你改變了 _____ ，會發生什麼結果？

10. 你在這個單元有哪些強項及弱點？你計畫怎麼改進自己不足的領域？

資料來源：Licensed under Creative Commons Attribution 3.0 by Yekaterina Milvidskaia and Tiana Tebelman

形狀任務

你覺得這些方塊看起來是怎麼增加的？

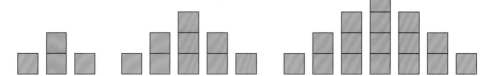

資料來源：Ruth Parker；這是用於數學教育合作（MEC）課程的作業。

古氏數棒列車

找出每一種長度的數棒，可排出多少種以不同長度的積木組成的
「列車」。以淺綠色的數棒為例，就可以排出以下四種列車：

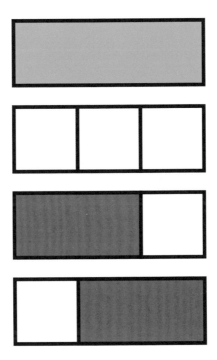

資料來源：Ruth Parker；這是用於數學教育合作（MEC）課程的作業。

巴斯卡三角形

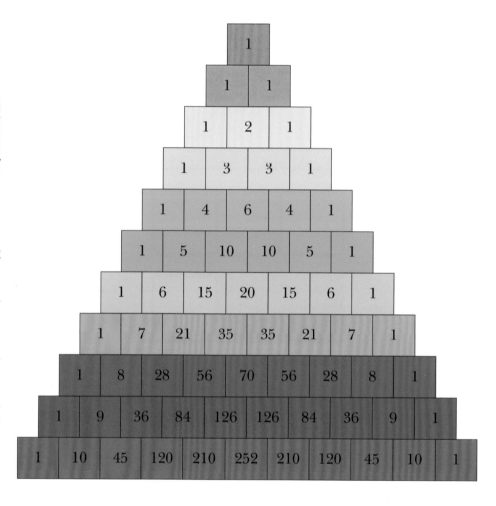

負空間任務

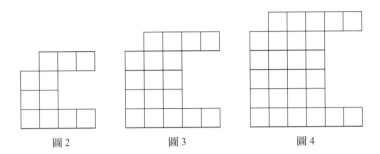

圖2　　　　　圖3　　　　　圖4

1. 圖 100 會是什麼模樣？

2. 想像你可以把模式繼續往回推。圖 −1 中會有多少塊磚？（這是圖 −1，不管它代表的意義是什麼！）

3. 圖 −1 會是什麼模樣？

資料來源：改寫自 Carlos Cabana。

找出四邊形！

有幾對平行的邊

	0	1	2
0			
1			
2			

有幾對等長的邊

四個4

你能不能只用四個 4 和任何一種運算，來寫出
1 到 20 的每一個數？

更上一層樓……
你能不能找到超過一種用四個 4 寫出每個數的方法？

大於 20 的數也辦得到嗎？

能不能用四個 4 寫出負整數？

寫一封信

你正在寫一封信，和親朋好友分享你在這個數學主題的所學。你將有機會描述自己對這些觀念的理解，並寫出為什麼你學到的這些數學觀念很重要。你還要描述自己做過且覺得有趣的幾個活動。

在寫信的過程中，你可以取用以下幾種資源：

- 不同活動的照片

- 速寫

- 漫畫

- 訪談／調查

為了喚起你的記憶，下面列舉了幾個我們做過的活動：

請準備以下四個部分。各部分的標題可以按照你的寫作方向來更動。

頭條新聞 用至少兩種方式說明這個數學主題的重要觀念及意義。可用文字、圖示、圖片、數字和等式。	**新發現** 從我們做過的活動中，選出至少兩個對理解這些概念有所幫助的活動。 並針對每個活動： • 說明你選擇這個活動的原因。 • 說明你從這個活動學到的知識。 • 說明這個活動帶來什麼挑戰。 • 說明你用來因應挑戰的對策。
連結 另外再選一個幫助你學會某個數學觀念，而且能夠連結到其他學習的活動或過程。 • 說明你選擇這個活動的原因。 • 說明你從這個活動學到的重要數學觀念。 • 說明你把這個觀念連結到什麼事物，以及你對這個關聯的想法。 • 說明這個關聯的重要性，以及日後你大概會怎麼應用這個關聯。	**將來** 為這封信寫個總結，要提到以下兩點： • 這個重要的數學觀念有什麼用處？ • 你對重要觀念還有哪些疑問？

跳遠

你準備參加跳遠代表隊的選拔，需要跳出 5.2 公尺的平均成績。教練說她會參考你一週內每天跳出的最佳成績然後算出平均值。以下是你在那週跳出的五次紀錄：

	公尺
星期一	5.2
星期二	5.2
星期三	5.3
星期四	5.4
星期五	4.4

很不幸，星期五那天你身體不太舒服，所以成績很差！

要怎麼算出你認為比較能夠代表實力的平均值？請用不同的方法算出幾個平均值，看看你認為哪個最公平，並提出你的理由。解釋你所用的方法，說服其他人相信你的計算方法是最好的。

兩平行線與一條截線

1. 用顏色編碼標示出相等的角。
2. 標示出對頂角與補角。
3. 寫出你看到的關係式。寫的時候也要用到你在圖示中所用的顏色。

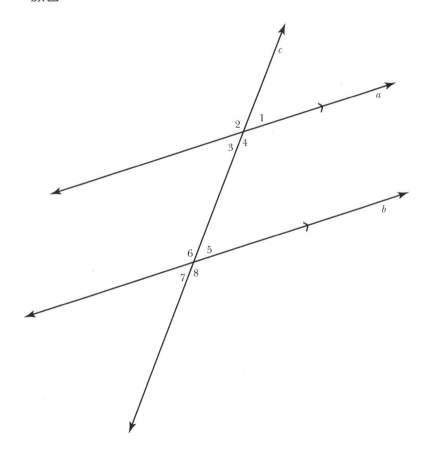

對頂角：

補角：

關係式：

階梯

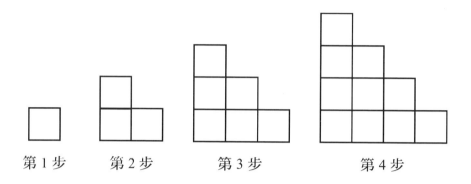

第 1 步　　第 2 步　　　第 3 步　　　　第 4 步

你看出什麼樣的模式增長？

第 100 步時會有多少個方塊？

第 n 步呢？

摺紙

和另一個同學一起做。你們要輪流當懷疑者或說服者。輪到你負責說服的時候，你的任務就是要讓夥伴信服！所有的論點都要提出理由來解釋。擔任懷疑者的一方一定要心存懷疑！別輕易被說服，要對方提出你認為合理的解釋和正當理由。

針對下列的每個問題，其中一人要摺出形狀並且要令對方信服；你的夥伴是懷疑者。進入下一題時，兩人角色互換。

拿一張正方形的紙來，摺成新的形狀。然後說明你怎麼知道你摺出的形狀的面積等於指定的大小。

1. 摺出一個正方形，且面積剛好是原來正方形紙的 $\frac{1}{4}$。說服你的夥伴相信它是正方形，而且面積是原來的 $\frac{1}{4}$。

2. 摺出一個三角形，且面積剛好是原來正方形紙的 $\frac{1}{4}$。說服你的夥伴相信它的面積是原來的 $\frac{1}{4}$。

3. 摺出另外一個三角形，且面積也是原來正方形的 $\frac{1}{4}$，但和你摺出的第一個三角形不全等。說服你的夥伴相信它的面積是原來的 $\frac{1}{4}$。

4. 摺出一個面積剛好是原來正方形紙的 $\frac{1}{2}$ 的正方形。說服你的夥伴相信它是正方形，且面積為原來的 $\frac{1}{2}$。

5. 摺出另外一個正方形，面積也是原來正方形的 $\frac{1}{2}$，但和你在第 4 題摺出的正方形是不同的摺法，說服你的夥伴相信它的面積是原來的 $\frac{1}{2}$。

資料來源：改寫自 Driscoll, 2007, p. 90, http://heinemann.com/products/E01148.aspx。

圓錐與圓柱

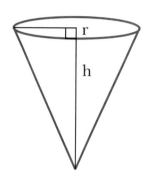 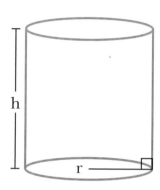

圓錐與圓柱有相同的高與半徑。圓錐的體積與圓柱的體積有什麼關係？請你做一個猜想，並設法說服其他同學。可利用圖示、模型、顏色編碼來增加說服力。

我的回家作業
我的反思

你今天學到的主要觀念是什麼？

你比較不容易理解或有疑問的地方是什麼？

今天課堂上學到的觀念要怎麼運用在生活中？

數字排序

來玩一下簡單的拼圖怎麼樣？

這個問題是設計給約四人一組來進行的。（讓老師自行延伸的注意事項和構想詳見：http://nrich.maths.org/6947&part=note。）

1. 有 A、B 兩個拼圖遊戲，你的老師可以印出來給你。
   完成每個拼圖，並把散片放入以下的黑邊正方形內（可以影印第 274 頁的正方形）：

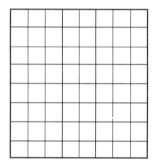 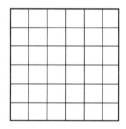

2. 照你喜歡的方式把數字較小的方塊擺在另一個數字較大的方塊上方，並使正方形裡的小方格剛好填滿。（你可能會覺得把小方塊上的數字複印在描圖紙上比較容易做。）

3. 探討一下，若把出現在另一個數上方的數字全加起來，會發生什麼情形。

4. 在你的小組中探討你想到的任何想法。

在考慮 36 種組合時，你可能必須問：「我想知道如果我們⋯⋯
會怎麼樣？」稍微做點改動，研究一下，然後把兩組結果做個比
較。
你也許想問：「為什麼⋯⋯？」

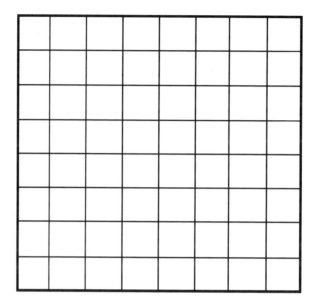

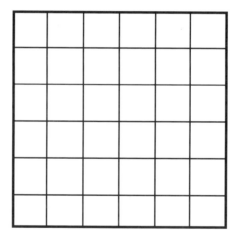

資料來源：取自NRICH（http://nrich.maths.org/6947）。

越來越大的長方形

想像有個面積為 20 平方公分的長方形。

它的長和寬可能是多少？列出至少五種不同的長寬組合。

假想一下你把這個長方形按比例放大成原來的 2 倍：

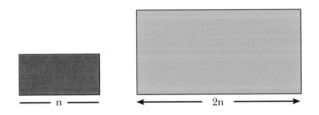

列出各個放大版長方形的長寬大小並算出面積。你有沒有注意到什麼事？

設法從面積不等的長方形開始，把它們再等比放大 2 倍。現在發生什麼情形？

能不能解釋一下發生了什麼事？

如果把一個長方形按比例放大 3 或 4 或 5 倍，它的面積會發生什麼變化？若是等比放大某個分數倍，長方形面積又會發生什麼變化？
倘若你把一個長方形按比例放大 k 倍，長方形的面積會發生什麼變化？

解釋並證明你得出的任何結論。

你的結論對長方形以外的平面形狀也適用嗎？

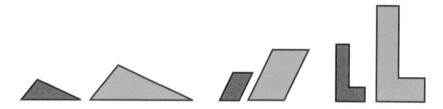

現在探討一下把不同的長方體按比例放大之後，表面積與體積會發生什麼變化。

解釋並證明你得出的任何結論。

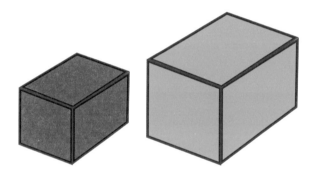

你的結論對長方體以外的立體也適用嗎？

資料來源：取自 NRICH（http://nrich.maths.org/6923）。

線性函數任務

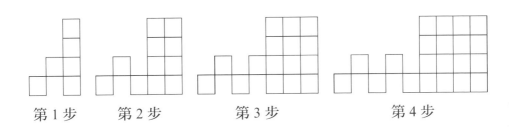

第 1 步　　　第 2 步　　　　第 3 步　　　　　　第 4 步

這些形狀是如何增長的？

你能不能預測第 100 步後是什麼形狀？

第 n 步又是如何呢？

數學函數任務

第 1 階段　第 2 階段　　第 3 階段　　　　　第 4 階段

$$y = 4x + 1$$

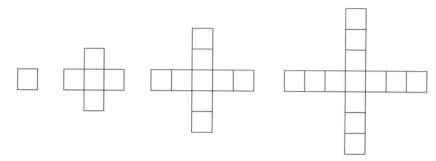

X	Y
0	4(0) + 1 = 1
1	4(1) + 1 = 5
2	4(2) + 1 = 9
3	4(3) + 1 = 13
n	4n + 1

1	2	3	4	5	6	7	8	9	10
11	12	13	14	15	16	17	18	19	20
21	22	23	24	25	26	27	28	29	30
31	32	33	34	35	36	37	38	39	40
41	42	43	44	45	46	47	48	49	50

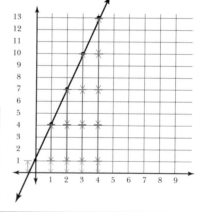

- 在第 1 階段有一個正方形
- 每增加一階段，就在原本的正方形的四邊各加一個正方形
- 這個圖形會朝上下左右四個方向繼續增長，在每個新階段都會添四個正方形

鞋帶

不同尺碼的鞋子需要多長的鞋帶？

探討一下鞋帶長度與鞋子尺碼之間的關係。

寫出形式為 $y = mx + b$ 的等式，好讓製鞋師知道他們要替不同的鞋子買多長的鞋帶。

圖片來源：Guzel Studio/Shutterstock

組員角色（美國版）

主持人：

在開始之前你務必讓全組把這張角色單讀過一遍。「誰來大聲讀一遍？大家都清楚自己要做什麼了嗎？」

讓你這組保持團結。每個人的想法一定都要聽得見。「誰還有不同的看法？我們可以繼續了嗎？」一定要讓每個人都能解釋。

記錄／通訊員：

你必須協助全組整理所有的結論。你們的結論必須呈現出大家的想法，要有條有理，可以用顏色、箭頭等數學工具傳達你們的數學、理由和連結。「我們想要怎麼表達這個想法？」隨時準備集合聽取老師的指示。

資源管理員：

- 替你這組拿取用具。
- 確保所有的問題都是你這組的問題。
- 你這組做完時，請老師過來聽你們的數學報告。

組長：

- 提醒你這組為每個數學陳述找到理由，並找出不同陳述之間的關聯。「你要怎麼確定這一點？這跟……有什麼關聯？」
- 別跟其他組討論！

組員角色（英國版）

召集人：

● 讓你這組保持團結，把注意力集中在問題上；確保沒有人跟別組的人討論。

總務：

● 只有你能離座，替你們這組領取直尺、電子計算機、鉛筆等用品。

● 確定大家都準備好了，再去請老師過來。

了解者：

● 確定所有的想法都經過解釋，大家都滿意為止。

● 如果你不懂，就向懂的人問個明白……如果你懂了，就確認其他人也懂了。

● 確定大家把你解釋的所有重點都寫下來了。

傾聽者：

● 確定每個人的想法大家都聽見了；請其他人提出建議。

自我評量：多邊形

	我可以獨力完成這件任務，並把我的解法解釋給同學或老師聽。	我可以獨力完成這件任務。	我需要更多時間。我需要看個例子來輔助。
畫出直線與已知長度的線段。			
畫出平行線與線段。			
畫出相交直線與線段。			
作一個已知周長的多邊形。			
作一個已知面積的正方形或長方形。			
作一個不規則的形狀，你可以把它切成長方形或正方形來求出面積。			

資料來源：取自 Lori Mallett。

代數一自我評量

第 1 單元：一次方程式與不等式

☐ 我會解一元一次方程式。

☐ 我會解一元一次不等式。

☐ 我會求解公式中的特定未知數。

☐ 我會解一元絕對值方程式。

☐ 我會解聯立一元不等式並畫出圖形。

☐ 我會解一元絕對值不等式。

第 2 單元：表示數學關係

☐ 求解公式時我會使用並解釋單位。

☐ 我會做單位換算。

☐ 我可以確認數學式的各部分。

☐ 我會寫出最能模擬問題的一元方程式或不等式。

☐ 我會寫出最能模擬問題的二元方程式。

☐ 我可以說明能代入方程式的適當值，並捍衛自己的選擇。

☐ 我可以在模擬的情境中解釋我的解法，並判斷解法是否合理。

☐ 我可以用適當的坐標軸標記和刻度，把方程式畫在坐標圖上。

☐ 我可以驗證圖形上任何一點的坐標代入方程式後，會讓等式成立。

☐ 我可以用圖形、對應值表及代數的方式來比較兩個函數的性質。

第 3 單元：理解函數

☐ 我可以指出一個圖形、對應值表或一組（有序）數對是不是代表一個函數。

☐ 我能解讀函數的記法，解釋一個函數產出的數值和輸入值是如何配對的。

☐ 我可以把一串數字（數列）轉換成函數，也就是把整數當輸入值，而以這個數列的元素當輸出值。

☐ 我可以利用圖形、對應值表或方程式，指出函數圖形的關鍵特徵，譬如截距、函數是遞增還是遞減、最大值與最小值，以及圖形端點行為。

☐ 我能解釋函數的定義域和值域要如何表示在函數圖形中。

第 4 單元：一次（線性）函數

☐ 我會計算並解釋函數的平均變化率。

☐ 我會畫一次函數的圖形，指出它的截距。

☐ 我可以在坐標平面上畫出一次不等式。

☐ 我能證明一次函數的變化率固定不變。

☐ 我可以指出哪些情形是相等區間呈現相同變化率、而且能用一次函數來模擬的情形。

☐ 我可以從等差數列、圖形、對應值表或關係的描述寫出一次函數。

☐ 如果一條直線是在模擬真實世界中的某個關係，我會解釋這條直線的斜率、y 截距及直線上其他各點的意義（使用適當的單位）。

第 5 單元：聯立一次方程式與不等式

☐　我可以透過圖形解一次方程組。

☐　我可以透過代入消去法解一次方程組。

☐　我可以透過加減消去法解一次方程組。

☐　我可以透過圖形解聯立一次不等式。

☐　我可以為一個線性規畫問題寫出一組限制條件並畫出圖形，然後找出最大值與（或）最小值。

第 6 單元：統計模型

☐　我可以描述資料分布的中心（平均數或中位數）。

☐　我可以描述資料分布的離散程度（四分位距或標準差）。

☐　我會用實數線上的圖（點圖、直方圖、盒狀圖）呈現資料。

☐　我會把兩個或多個資料集用相同的刻度畫出來，從圖形的形狀、中心、離散程度來比較這些資料集的分布。

☐　我可以在問題的情境中，解釋資料集的形狀、中心、離散程度有何差異，也能說明極端資料點的影響。

☐　我可以理解並解釋雙向表呈現出來的資料。

☐　我可以在問題的情境中解釋相對次數的意義。

☐　我會繪製散布圖，畫一條迴歸直線，並寫出這條直線的方程式。

☐　我會用最佳配適函數進行預測。

☐　我會分析殘差圖，判定這個函數是否配適得妥善。

☐　我可以運用技術算出相關係數，並加以解釋。

☐　我可以了解有相關性不代表有因果關係，而散布圖並未說明因果關係。

第 7 單元：多項式與函數

☐ 我會做多項式的加減法。

☐ 我會做多項式的乘法。

☐ 我會用因式分解來改寫一個多項式。

☐ 我會利用因式分解來解二次方程式。

☐ 我會利用二次函數的零點（即二次方程式的根）和其他容易識別的點，來畫出約略的函數圖形。

第 8 單元：二次函數

☐ 我會用配方法把二次函數式化成頂點式。

☐ 我會畫二次函數的圖形，指出圖形的截距、極大與（或）極小值、對稱性、圖形端點行為等重要特徵。

☐ 我可以指出變換對於函數圖形的影響，不論有沒有透過技術。

☐ 我可以繪製散布圖，利用技術找出最佳配適二次函數，並用這個函數進行預測。

第 9 單元：二次方程式

☐ 我可以解釋為什麼和與積不是有理數就是無理數。

☐ 我會用配方法解二次方程式。

☐ 我會透過找平方根來解二次方程式。

☐ 我會用公式解來解二次方程式。

第 10 單元：非線性（一次）的關係

☐ 我會應用指數的性質去化簡帶有有理指數的代數式。

☐ 我可以畫出平方根或三次方根函數的圖形，指出像截距、極大與（或）極小值、圖形端點行為之類的重要特徵。

☐ 我可以畫出分段函數（包括階梯函數及絕對值函數）的圖形，指出像截距、極大與（或）極小值、圖形端點行為之類的重要特徵。

第 11 單元：指數函數與方程式

☐ 我可以證明指數函數在相等區間有固定不變的倍數。

☐ 我可以指出在相等區間呈現相同變化率、並且可用指數函數來模擬的情形。

☐ 我會利用圖形或對應值表，比較一次函數、二次函數及指數函數的變化率。

☐ 我會用指數的性質改寫指數函數。

☐ 我可以解釋實際問題中的指數函數的參數。

☐ 我可以畫出指數函數的圖形，並指出截距、極大與（或）極小值、漸近線、圖形端點行為等重要特徵。

☐ 我會繪製散布圖，利用技術找出最佳配適指數函數，並用這個函數進行預測。

資料來源：Lisa Henry 提供。

兩顆星和一個願望

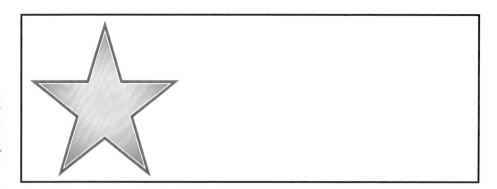

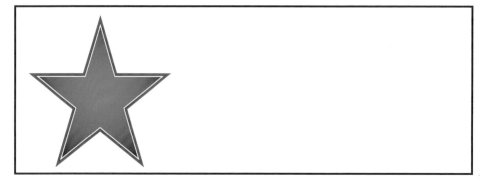

以及一個願望

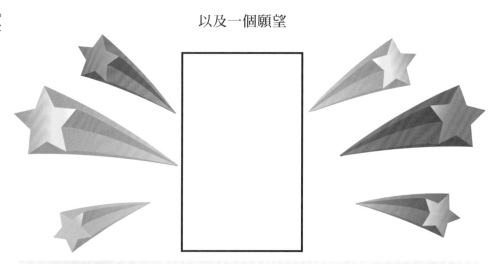

反思

我們今天討論到的重要觀念是什麼？

我今天學到什麼？

我今天有提出什麼好的想法？

我今天學到的知識能夠用在什麼情況下？

我對今天的討論內容有什麼問題？

這一課讓我思考的內容給我什麼新的想法？

代數拼圖任務A

任務 A

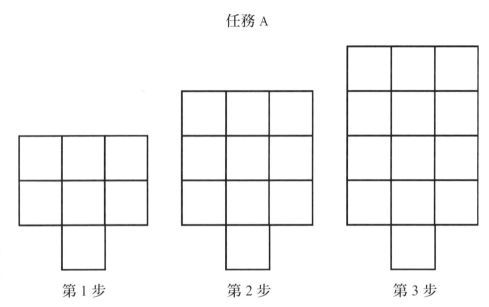

第 1 步　　　　　　第 2 步　　　　　　第 3 步

代數拼圖任務B

任務 B

第 1 步　　　　　　　第 2 步　　　　　　　第 3 步

代數拼圖任務C

任務 C

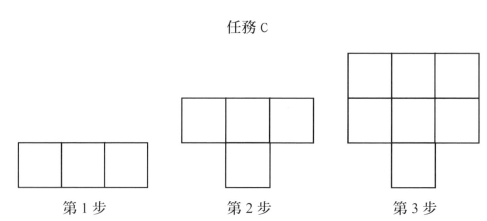

第 1 步   第 2 步   第 3 步

代數拼圖任務D

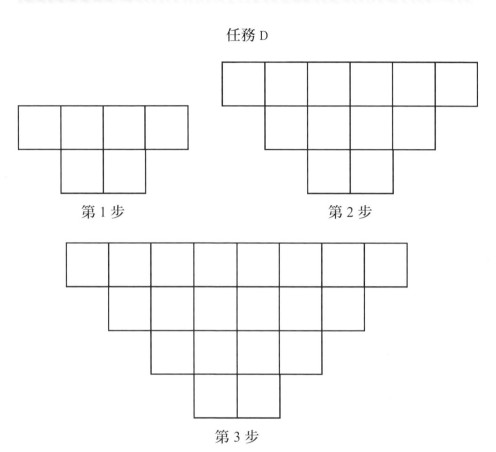

任務 D

第 1 步

第 2 步

第 3 步

出場券

出場券		姓名 日期
我今天學習到的三件事 ……	我覺得很有趣的兩件事 ……	我的疑問……

展現你能做到多少？

我們重視的個人特質	解釋理由（有必要的話）	
毅力 • 你有堅持下去嗎？ • 你做了其他的嘗試嗎？ • 你有沒有問題？ • 你有沒有描述一下自己在哪裡卡住？		有做到！
		同意
多種表示法 文字　　　圖片 示意圖　　圖解 圖形　　　超過一種解法 資料表		有做到！
		同意
明確的期望 • 你有描述自己的思考過程嗎？ • 你的答案是怎麼得來的？或你是在哪裡卡住的？ • 想法：箭頭、顏色、文字、數字		有做到！
		同意
結果 • 你有沒有完成任務？或你是在哪裡卡住的？ • 你盡了最大的努力完成任務嗎？		有做到！
		同意

資料來源：Ellen Crews 提供。

參與測驗：數學目標

你們這組今天會很成功，只要你們……

- 認出並描述模式

- 用理由解釋想法並採用多種表示法

- 在不同的做法和表示法之間建立關聯

- 利用文字、箭頭、數字、顏色編碼來清楚傳達想法

- 向組員和老師清楚解釋想法

- 藉由提問來了解其他組員的想法

- 提出讓小組更深入思考的問題

- 安排一個報告，讓別組的人也能了解你們這組的想法

沒有人擅長所有的事情，但每個人都擅長某件事。你們會需要全體組員在今天的任務中都有成功的表現。

資料來源：出自Carlos Cabana。

參與測驗：小組目標

在參與測驗期間，我會尋找……

- 圍著桌子聚在一起討論

- 發言時間同等

- 團結一致

- 互相傾聽

- 互問很多問題

- 扮演好自己在小組中的角色

資料來源：出自Carlos Cabana。

狗骨頭

把 24 支狗骨頭分成兩堆的方法有幾種？

平均分配 24 支狗骨頭的方法有幾種？

把你找出的所有組合用圖像表示法的方式畫出來。

凸顯數學關聯

把 $\frac{3}{4}$、$\frac{6}{8}$、$\frac{12}{16}$ 這幾個分數畫在圖上。

證明這幾個分數是相似三角形。

分數的不同表示法（數、圖形、三角形）之間有什麼相同和相異之處？你能不能用顏色碼標出每個表示法的特徵，使這些特徵在不同表示法中有相同的顏色？

顏色編碼布朗尼

山姆烤了一盤布朗尼蛋糕，他想切成相等的 24 份。他希望跟 5 個朋友平分這些蛋糕。請你分割這盤布朗尼蛋糕，用顏色編碼呈現山姆和他的朋友會分到多少個蛋糕。

彩繪立方體

想像有個由 1×1×1 的小立方體組成的 5×5×5 立方體，表面彩繪成藍色。

考慮以下幾個問題：

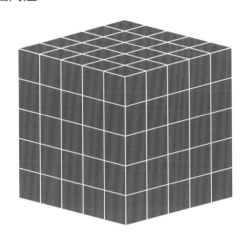

有 3 面是藍色的小立方體有多少個？

有 2 面是藍色的小立方體有多少個？

有 1 面是藍色的小立方體有多少個？

完全沒有著色的小立方體有多少個？

拴山羊

想像有隻山羊用繩子拴在羊圈的角落。羊圈的大小是 4 英尺乘 6 英尺，繩長 6 英尺。

這個情境讓你想到什麼？

替這個情境畫一張圖。

你想到什麼問題？

太陽從羊圈的東邊升起，從西邊落下。如果有地方遮蔭，這隻山羊會很開心。你應該把樹種在哪裡？你會種哪種樹？

資料來源：Cathy Williams 設計。

全球財富分配模擬

1. 找出生活在各大洲的全球人口比例。

2. 算出我們班上與上述各比例對應的人數。

3. 算出各大洲的全球財富比例。

4. 算出各大洲擁有的財富（以餅乾數為單位）。

表 1　全球財富資料

洲名	2000 年時的人口 （百萬人）	人口比例	財富 （GDP，兆美元）	財富比例
非洲	1,136		2.6	
亞洲	4,351		18.5	
北美洲	353		20.3	
南美洲	410		4.2	
歐洲	741		24.4	
大洋洲 / 澳洲	39		1.8	
總計	7,030	100%	71.8	100%

資料來源：活動取自 Charmaine Mangram。人口資料根據的是人口資料局（Population Reference Bureau，prb.org）。
財富資料根據國際貨幣基金會（International Monetary Fund）。

北美洲　　歐洲　　亞洲

拉丁美洲　　非洲　　大洋洲

表 2　課堂資料

班上人數 _____

餅乾總數 _____

洲	人口（%）	班上人數	財富（%）	餅乾數
非洲				
亞洲				
北美洲				
南美洲				
歐洲				
大洋洲 / 澳洲				
總計	～ 100%		～ 100%	

足球守門員

如果你是足球守門員，敵隊進攻球員突破隊友的防線，朝你飛奔而來，你站在哪個位置最好呢？設法根據進攻球員射門時的位置，安排出不同的站位。

我們想知道

組員：

日期：

我們想知道

利用圖片、數字及文字呈現你回答問題的方式。

我們想探討

利用圖片、數字及文字呈現你回答問題的方式。

資料來源：取自 Nick Foote。

附錄二：　**數學課堂上的
正面規範**

作者：裘·波勒

以下是七個我最喜歡給數學課學生的訊息，
以及一些援引自 Youcubed、關於該如何鼓勵學生的建議：

每個人 都能學習到 最高程度的 數學。	錯誤 是很寶貴的。	問題 非常重要。

數學講求的是 創造力和 講出道理。	數學講求 關聯與溝通。	深度比速度 更重要。	數學課 講求的是學習， 而非表現。

1. 每個人都能學習到最高程度的數學。

鼓勵學生對自己有信心。這有幾個部分——首先我們必須讓學生知道，他們可以達到任何等級的數學程度，沒有哪個人天生就適合學數學。學習對此非常有益。

其次，我們必須讓他們有「成長型思維」——相信自己可以學會任何東西，而且越努力就會越聰明。

助長成長型思維的重要方法是稱讚學生做到及學到的事，而不是誇獎他們本人，所以不要說「你真是聰明」，而要說「太好了，你學會了」。

為了激發出正向的成長型思維，你可能會想和學生分享幾段影片：

youcubed.org/teachers/from-stanford-onlines-how-to-learn-math-for-teachers-and-parents-brain-science

youcubed.org/students/boosting-messages

什麼是成長型思維？

有個非常有害的迷思普遍存在於英美及其他國家——即認為有些人天生就有「數學腦」，而有些人沒有。已經有研究嚴正駁斥這種看法，不過許多學生及家長還是深信不疑。向學生傳遞「成長型思維」訊息是很重要的。要協助他們明瞭每個人都能學好數學，而且最新的研究都在告訴我們，由於大腦有驚人的可塑性，因此學生在數學的學習上是可以達到任何等級的。

2. 錯誤是很寶貴的。

讓學生明白你喜歡看到他們犯錯,而且你會一直重視錯誤,要告訴他們犯錯很好,因為我們知道人在犯錯時大腦也會增長。這個訊息可能會令學生感到十分自在。以下是促使大家對錯誤有正向思考的幾個建議:

1. 請犯錯誤的學生在黑板上寫出錯誤(尤其是深入、概念上的錯誤),好讓大家都能有所學習。如果有一個學生犯了概念上的錯誤,可能就會有很多學生也犯同樣的錯誤。

2. 學生弄錯的時候,不要潑冷水或是表示同情,而要説:「你的大腦剛才增長了!突觸正在激發,這樣非常好。」

3. 請學生讀正向的大腦/錯誤訊息,並選出他們最喜歡而且在接下來這一年都會記住的訊息。比如說:「輕而易舉是在浪費時間」、「努力可以健腦」、「犯錯非常重要」。要他們畫出大腦的圖,並把這些訊息一起畫在圖上,然後可以把大家的作品展示在教室的牆上。

4. 揉紙團:請學生把一張紙揉成紙團並朝黑板丟,丟紙團的時候要想著犯錯時的心情。然後要他們撿回紙團,把上頭所有的線條著上顏色,這些彩色線就代表因犯錯而帶來的突觸激發和大腦增長。請他們把這張皺巴巴的紙收進數學資料夾或筆記本,隨時提醒自己。

研究指出,學生在出錯時,突觸會受激發,大腦會增長。具備成長型思維的人的腦部活動特別活躍。犯錯是好事。

第三點的活動範例,由維斯塔聯合學區的金·哈莉維爾提供。

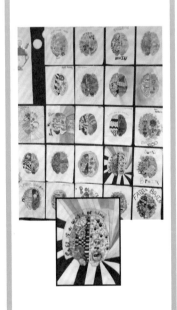

3. 問題非常重要。

讓你的學生明白你喜歡跟數學有關的問題，而且這些問題很重要。研究指出，發問和高成就有關——然而隨著學生升上更高年級，問的問題也越來越少，因為怕別人覺得自己一竅不通。你不必答得出學生可能會問的每個問題，有時候直接說你不知道但你會找出答案，或是問其他學生有誰想回答這個問題，也是好事。

鼓勵大家發問的幾個建議：

1. 只要有學生問了很好的問題，就把問題用色筆寫在海報上貼在教室裡，以示嘉許。各類型學生的問題都要貼出來。

2. 告訴學生他們在你的課堂上有兩個職責。第一個職責是有問題就要問，而另一個則是，只要有同學發問，大家就要回答。

3. 鼓勵學生發問——可以問你、問其他同學和他們自己，譬如：為什麼可以這樣做？為什麼那樣會合理？我可以畫出來嗎？那個方法和另外一個方法有什麼關聯？

4. 鼓勵學生自己問數學問題。不要替他們發問，而是要給他們有趣的數學情境，看看他們會想到什麼問題。

許多研究顯示，在美國，學生的發問會隨著年級升高而逐步減少，呈現這個關係：

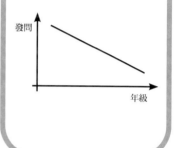

4. 數學講求的是創造力和講出道理。

理解數學的關鍵在於講出其中的道理。很多學生認為數學就是要把公式背下來——低成就和這種看法脫不了關係。數學其實是非常有創造力的科目，核心在於把模式圖像化及想出解決步驟，讓其他人能夠理解、討論並批評。

以下是鼓勵推理及有創造力的數學的幾個方法：

從全球一千五百萬個十五歲學生蒐集到的 PISA 評量資料顯示，最低成就的學生普遍認為數學好是因為很會背東西。在英美兩國持這種看法的學生最多。

1. 隨時問學生——為什麼那樣說得通？問他們，他們的答案對還是錯。

2. 鼓勵圖像化的數學。請學生把他們的解答畫出來。要求他們思考自己看待數學的方式。在這支影片中（http://youtu.be/1EqrX-gsSQg），凱西・亨弗瑞斯請學生畫出他們的解法，來解釋 $1 \div \frac{2}{3}$ 的道理。

3. 透過圖像表示法來呈現數學觀念。所有的數學都可以圖像化呈現，而圖像表示法能讓更多學生獲得理解的機會。Youcubed 網站及平台上的課堂影片裡有很多圖像化數學的例子。

4. 可以利用「number talk」，重視學生對數學的不同看法及不同的解題方法。這支教導「number talk」的影片也讓我們看到圖像化的解法。

http://youcubed.org/teachers/2014/from-stanford-onlines-how-to-learn-math-for-teachers-and-parents-number-talks/

5. 在學生做完題目後，請他們想一些新的、更難的問題。可以問其他學生這些問題。這是很好的差異化策略。

5. 數學講求關聯與溝通。

數學是相通的科目，但學生往往認為數學是一堆
互不連貫的方法。我們製作了一支影片，說明一
些關聯，結果學生都很喜歡。

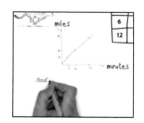

youcubed.org/students/a-tour-of-mathematical-
connections

數學是一種溝通形式，有些人會把它視為一種語
言。以下是幾個鼓勵連結與溝通的策略：

1. 給大家看數學之間相互關聯的影片。

2. 鼓勵學生用不同的形式（比如說文字、圖片、圖形、等式）表達他們的
數學結果，並把這些表示法連結在一起，如左下圖。

3. 鼓勵顏色編碼，請學生用顏色呈現數學觀念在哪裡，如右下圖。

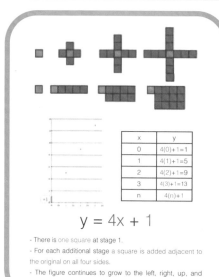

x	y
0	4(0)+1=1
1	4(1)+1=5
2	4(2)+1=9
3	4(3)+1=13
n	4(n)+1

$$y = 4x + 1$$

- There is one square at stage 1.
- For each additional stage a square is added adjacent to
the original on all four sides.
- The figure continues to grow to the left, right, up, and
down, adding four squares for each new stage.

1	2	3	4	5	6	7	8	9	10
11	12	13	14	15	16	17	18	19	20
21	22	23	24	25	26	27	28	29	30
31	32	33	34	35	36	37	38	39	40
41	42	43	44	45	46	47	48	49	50
51	52	53	54	55	56	57	58	59	60
61	62	63	64	65	66	67	68	69	70
71	72	73	74	75	76	77	78	79	80
81	82	83	84	85	86	87	88	89	90
91	92	93	94	95	96	97	98	99	100

6. 深度比速度更重要。

很多人誤以為數學好就是在數學上反應要快。但這並非事實，我們必須把數學和速度切開來。當我們重視快速計算（這是許多數學課堂重視的東西），我們就是在鼓勵算得很快的一部分學生，而打擊其他多數人，包括深入慢思的人，但後者才是對數學很重要的人物（見右欄）。

我們不再需要學生算得快（我們有電腦幫忙做這件事了），而是需要他們深思熟慮、連結方法、推理、提出理由來證明。

1. 告訴學生你並不看重做得很快。數學思考講求的是深度而非速度。

2. 別讓速度最快的學生帶動數學討論。

3. 要大家舉手回答的時候，不要老是點到速度最快的學生。

4. 別使用閃卡、搶答、計時測驗，而是要重視深度、創造力、不同的數學思路，以及不同的解釋。這裡有一篇文章，提到計時測驗會導致數學焦慮的研究結果：http://youcubed.org/pdfs/nctm-timed-tests.pdf。

「我一直很不確定自己的智識程度；我以為我資質魯鈍。那時我確實遲鈍，現在也仍然如此。我總是要把事情全部弄懂，所以需要花時間理解。快讀完十一年級的時候，我暗自認為我很愚笨。有很長一段時間我都在擔心這件事。

現在我仍舊那麼遲鈍……讀完十一年級時我評估了情況，斷定反應迅速跟智力沒有確切的關係。重要的是把事物與相互關係了解透徹，這才是智慧所在。反應快慢其實無關宏旨。」

——洛朗·史瓦茨，費爾茲獎得主（語出《對抗時代的數學家》）

7. 數學課講求的是學習，而非表現。

很多學生認為他們在數學課堂上的職責不是學習，而是正確答題——也就是表現。讓他們知道數學是在學習、是成長型的科目，而學習需要花時間、需要努力，這點很重要。以下是讓數學成為學習而非表現的科目的幾個策略：

1. 少打分數，少考試。數學是課程中評分和考試最過度的科目。已經有研究指出，評分和考試都不能增進學習，而且都會讓學生感到他們是在執行程序而不是學習。學生經常覺得成績不是在顯現他們的所學，而是他們自己。有個影片就反映了這件事：http://youtu.be/eoVLBExuqB0

2. 相反地，要給診斷性的評語。給評語要花比較多時間，但極有價值，而且可以不用那麼常做。

3. 採用「促進學習的評量」策略（見右欄）。

4. 如果非打分數不可，那就為學習評分，而不要為表現評分，譬如去評量發問、以不同方式表達觀念、向他人解釋、建立關聯等等。評量數學的廣度，而不要只局限於一小部分——程序的執行。

5. 你可能必須把成績提交給學校行政單位，但這並不表示你得交給學生。成績所傳達的，是跟學習有關的僵固訊息，往往會在學生身上產生反效果。

據研究，如果以「促進學習的評量」這種教學策略取代總結式的考試和成績，學生的學業成就會大幅提高。據估計，如果英國的教師採用「促進學習的評量」策略，學生的成就會提高到使英國在各國間的排名從中間擠進前五名（Black and Wiliam, 1998）。我們在 Youcubed 平台上分享了我們最喜歡的「促進學習的評量」策略：https//www.youcubed.org/category/assessment-and-grading/

七個正面數學規範

作者：裘·波勒

1. 每個人都能學習到最高程度的數學。
鼓勵學生對自己有信心。沒有哪個人「天生」就數學好。只要肯努力，人人都可以達到自己想達成的最高程度。

2. 錯誤是很寶貴的。
錯誤會讓你的大腦增長！吃力和犯錯是好事。

3. 問題非常重要。
每次都要發問，每次都要回答問題。問你自己：為什麼這樣做是合理的？

4. 數學講求的是創造力和講出道理。
數學是非常有創造力的科目，核心在於把數學圖像化及想出解決步驟，讓其他人能夠理解、討論並批評。

5. 數學講求關聯與溝通。
數學是相通的科目，也是一種溝通的形式。用不同的形式表示數學，比如文字、圖片、圖形、方程式，然後把這些表示法連結在一起。用顏色編碼！

6. 深度比速度更重要。
像洛朗·史瓦茨這樣的頂尖數學家，都會深思熟慮。

7. 數學課講求的是學習，而非表現。
數學是成長型的科目；學習數學需要時間，一切全靠努力。

圖片來源：MEE KO DONG/Shutterstock.